A CIENTIFICIDADE DA PSICANÁLISE

CONSELHO EDITORIAL

André Luiz V. da Costa e Silva

Cecilia Consolo

Dijon De Moraes

Jarbas Vargas Nascimento

Luís Augusto Barbosa Cortez

Marco Aurélio Cremasco

Rogerio Lerner

A CIENTIFICIDADE DA PSICANÁLISE

Novos velhos horizontes

Organizadores

Vitor Orquiza de Carvalho
Marcelo Galletti Ferretti

A cientificidade da psicanálise: novos velhos horizontes
© 2024 Vitor Orquiza de Carvalho e Marcelo Galletti Ferretti (organizadores)
Editora Edgard Blücher Ltda.

Série Psicanálise Contemporânea
Coordenador da série Flávio Ferraz
Publisher Edgard Blücher
Editor Eduardo Blücher e Jonatas Eliakim
Coordenação editorial Andressa Lira
Produção editorial Alessandra de Proença
Preparação de texto Amanda Fabbro
Diagramação Iris Gonçalves
Revisão de texto Mariana Zambon, Raquel Catalani e Gabriela Castro
Capa Laércio Flenic
Imagem de capa iStockphoto

Blucher

Rua Pedroso Alvarenga, 1245, 4º andar
04531-934 – São Paulo – SP – Brasil
Tel.: 55 11 3078-5366
contato@blucher.com.br
www.blucher.com.br

Segundo o Novo Acordo Ortográfico, conforme 6. ed. do *Vocabulário Ortográfico da Língua Portuguesa*, Academia Brasileira de Letras, julho de 2021.

É proibida a reprodução total ou parcial por quaisquer meios sem autorização escrita da editora.

Todos os direitos reservados pela Editora Edgard Blücher Ltda.

Dados Internacionais de Catalogação na Publicação (CIP)
Angélica Ilacqua CRB-8/7057

A cientificidade da psicanálise : novos velhos horizontes / organizado por Vitor Orquiza de Carvalho, Marcelo Galletti Ferretti. – São Paulo : Blucher, 2024.

378 p. (Série Psicanálise Contemporânea / coordenador Flávio Ferraz)

Bibliografia
ISBN 978-85-212-2097-8

1. Psicanálise. I. Título. II. Série.

23-6069 CDD 150.195

Índice para catálogo sistemático:
1. Psicanálise

*Este livro é dedicado à memória de
Luiz Roberto Monzani e de Eynard José Ferretti.*

Conteúdo

Apresentação   11
Vitor Orquiza de Carvalho
Marcelo Galletti Ferretti

Parte I – Psicanálise e ciência: questionamentos e investigações gerais   21

1. Evidências da psicanálise   23
   Christian Ingo Lenz Dunker

2. Metapsicologia: por que e para quê   43
   Renato Mezan

3. Psicanálise e ciência: trabalhando juntas em direção a um entendimento   69
   Linda A. W. Brakel

4. Como não escapar da Síndrome de Grünbaum: uma crítica à "nova visão" da psicanálise 91
   Morris N. Eagle
   Jerome C. Wakefield

5. Psicanálise e ciências em conflito? Algumas questões filosóficas 115
   Carlota Ibertis

Parte II – Sobre Freud: desdobramentos e influências para a cientificidade da psicanálise 131

6. Freud e o abismo entre a natureza e o humano 133
   Aline Sanches

7. Freud seria um arauto do modelo científico-natural? Considerações heideggerianas 151
   Caroline Vasconcelos Ribeiro

8. Brentano e Stuart Mill na concepção freudiana sobre ciências da natureza 167
   Vitor Orquiza de Carvalho
   Luiz Roberto Monzani

9. A temática darwiniana em Freud: um exame das referências a Darwin na obra freudiana 189
   Marcelo Galletti Ferretti
   Ana Maria Loffredo

10. Revolução científica e condições de possibilidade da
    psicanálise: sobre a presença de Husserl em
    A ciência e a verdade 219
    João Geraldo Martins da Cunha
    Léa Silveira

Parte III – Os caminhos de cientificidade a partir de Freud: continuidades, suplementações e contestações 243

11. A verdade e o nominalismo dinâmico: cruzamentos entre
    Freud, Lacan e Hacking 245
    Paulo Beer

12. A psicanálise na comunidade científica segundo Laplanche 267
    Luiz Carlos Tarelho

13. Ferenczi e o estatuto científico da psicanálise 285
    Helio Honda

14. Afeto, corpo e sentido: a clínica psicanalítica com
    Freud e Merleau-Ponty 305
    Nelson Ernesto Coelho Junior

15. Um estudo, uma denúncia e uma proposta para a
    psicanálise na saúde mental 325
    Sonia Alberti
    Ana Paula Lettiere Fulco

16. Metodologia psicopatológica e ética em psicanálise:
    o princípio da alteridade hermética 349
    Nelson da Silva Junior

Sobre os autores 363

Apresentação

Vitor Orquiza de Carvalho
Marcelo Galletti Ferretti

Em novembro de 2021, a respeitada revista *Science* publicou cartas de pesquisadores brasileiros que faziam apelos à comunidade científica internacional. Numa delas, duas pesquisadoras e um pesquisador salientam a "onda de *negacionismo institucionalizado* que afeta negativamente políticas públicas em áreas como educação, preservação ambiental e saúde pública" (Diele-Viegas, Hipólito & Ferrante, 2021, p. 948, grifos nossos). O apelo em questão não se baseia somente nos índices da destruição doméstica, resultantes de contingenciamentos draconianos de verbas para pesquisas, desmonte de políticas ambientais, mortes de membros de comunidades tradicionais e terraplanismo sanitário – este, por sua vez, responsável por mais (possivelmente, muito mais) de 600 mil mortes até então, apenas em razão da pandemia de Covid-19. O apelo se assenta na estimativa dos efeitos globais de tais descaminhos, especialmente ao clima, à biodiversidade e à saúde pública mundiais.

Tais quais mensagens dentro de garrafas jogadas aos oceanos, essas cartas dão a medida de nossa miséria. Não apenas assistimos a um aumento da descrença e do desprezo por políticas sanitárias, ambientais e educacionais entre certos setores da população como ainda testemunhamos a institucionalização dessa atitude no momento mais dramático, do ponto de vista político, econômico e sanitário, ao menos, de nossa história recente. Noutros termos, o negacionismo se tornou política de governo e nos fez prisioneiros do obscurantismo – tanto mais quanto se desce o extrato social.

Além disso, devemos notar que também assistimos à ascensão de outro fenômeno, muito menos notado nos meios de comunicação, menos nocivo do que o negacionismo, mas simétrico a este. Trata-se do que se poderia chamar de *fetichização da ciência*, especialmente evidenciada nas atuais manifestações das figuras de autoridade do campo da saúde (Carbonari, 2020). Elas parecem nos fazer crer que o saber científico ergue leis que nos permitem subjugar a natureza, produz certezas que nos protegem do desamparo, capta verdades inquebrantáveis, dá-nos o mundo do ponto de vista do *olho de Deus*. Como se estivéssemos no século XVII, partilhando de uma imagem de ciência semelhante à de Descartes e de Bacon.

Provocados por esses fenômenos, julgamos oportuno retomar um assunto que, mais ou menos explicitamente e desde seu surgimento, sempre rondou a psicanálise: a questão de sua cientificidade. Efetivamente, tais fenômenos não deixam de pautar certas atitudes relativamente a ela hoje. Por exemplo, certas denúncias – algumas das quais serão retomadas neste livro – a respeito de seu caráter pseudocientífico demonstram com clareza a imagem anacrônica de ciência subjacente a elas. E, considerando a recente decepção com as "promessas de felicidade" dos psicofármacos de última geração e de certas psicoterapias, talvez não seja demasiado supor que se possa encontrar na raiz de tal anacronismo – efeito da fetichização da ciência – o mesmo mal-estar que alimentou os negacionismos cuja ascensão testemunhamos hoje. A diferença seria que, ao invés do desprezo e da descrença, assistimos a uma radicalização cientificista, como a que vimos em projetos bilionários com o Research Domain

Criteria e sua aposta na patofisiologia (Zorzanelli, Dalgarrondo & Banzato, 2014) ou a psicologia positiva e sua retórica da demarcação científica (Yen, 2010).

Contudo, há motivos menos conjunturais para revisitar a questão da cientificidade da psicanálise. A começar pelo próprio estado da arte da questão, uma espécie de *elephant in the room*, visto que, apesar de ter sido largamente explorada durante o século XX, ela gerou acordos silenciosos em razão de uma enorme dificuldade de encaminhá-la. Da parte dos que relutam em conceder alguma cientificidade à psicanálise, o rótulo de pseudociência ou o escárnio ante suas figuras fundadoras; da parte dos psicanalistas, a indiferença ou a exaltação acrítica da excepcionalidade do saber analítico.

De fato, a questão não apenas nunca encontrou uma resolução como ainda há fortes razões para se pensar que ela jamais consiga encontrar. Mesmo deixando de lado a enorme dificuldade de se definir o que é a psicanálise de modo unívoco, encaixá-la num critério único de cientificidade significaria acomodar ao menos dois debates filosóficos distintos, insolúveis até o momento e que assombram toda teoria psicológica que se pretenda científica.

O primeiro diz respeito ao estatuto das entidades ou dos objetos existentes. No final do século XIX, as ciências naturais convencionaram que o mundo não seria apenas matéria, mas um conjunto natural de entidades físicas. Malfeito o consenso, ele passou a ser contestado pela rainha de tais ciências, a física, quando, nas primeiras décadas do século XX, a sua versão moderna abalou a segurança teórica que a versão clássica buscava avalizar. Embora continue sendo a régua pela qual se medem as supostas *verdadeiras ciências* – em especial, por regular o sentido do que pode ser considerado como uma evidência empírica –, não há razão para afirmar que a física estabeleça uma base ontológica incontestavelmente segura para mostrar o que é o mundo factualmente.

O segundo debate compreende o problema mente-corpo-cérebro. A despeito dos avanços expressivos das neurociências nas últimas décadas, estamos longe da conquista dos entendimentos indispensáveis para resolução desse problema. Os maiores exemplos do que ainda escapa a elas são os fenômenos da consciência e da intencionalidade. Ao mesmo tempo, surgem inovações teóricas em psicologia que se apoiam em construções neurocientíficas para preencher laboratórios e lacunas teóricas com formulações as quais, ainda que se proponham causais, raramente ultrapassam a assimilação de evidências correlacionais. Sequer sabemos se a interação mente-corpo-cérebro é de natureza causal ou explanatória, o que arrefece o entusiasmo de se pensar o movimento da psicologia recente como uma sequência de superações – e muito menos como uma disciplina indiscutivelmente científica.

Toda e qualquer teoria psicológica que se pretenda científica deve buscar dar algum encaminhamento a tais debates, mas são poucas as teorias que não lançam mão de acordos silenciosos. Ao invés deles, buscam encarar os problemas ontológicos, epistemológicos, éticos e políticos suscitados por suas investigações; em vez de se adequar aos cânones e mimetizar os métodos, procuram o rigor da fidelidade ao objeto. Eis aí o que poderíamos chamar de um verdadeiro exercício de cientificidade.

É o que parece encontrarmos em Freud. Do início ao fim de sua obra, ele procurou meditar sobre as razões pelas quais o que fazia não poderia ser arte, religião, filosofia ou ciência do espírito (*Geisteswissenschaft*). Fiel a seu objeto, ele não poderia saber de antemão o que a psicanálise se tornaria e, por isso, tampouco saberia a medida da defesa sobre o teor científico de suas ideias. O que, de fato, sabia é que falava em nome de um tipo determinado de ciência: uma ciência natural (*Naturwissenschaft*), em torno da qual fez orbitarem os mais diversos argumentos para sinalizar por que não havia outro compromisso possível. À medida que conhecia e construía os conceitos fundamentais de sua intervenção no campo do saber – como o de sexualidade e de *Trieb* –, ele lidava com choques demarcatórios da ciência de sua época. O resultado é um movimento de autocompreensão epistemológica que perdurou até os seus últimos textos.

O que chama a atenção na defesa freudiana da cientificidade da psicanálise é sua recusa em concebê-la como um saber fechado e sem convívio com as demais áreas do conhecimento. Para Freud, não poderia haver acordos silenciosos. Essa abertura para a interdisciplinaridade data do próprio nascimento da psicanálise, como o diálogo promovido entre empirismo britânico e neurologia à época de "Projeto de uma psicologia" (Freud, 1895/2003), e manteve-se no correr de toda a obra freudiana. Embriologia, sexologia, arqueologia, antropologia, dentre outras, foram interpeladas pelo autor na busca da exploração de seu objeto.

Salvo raras exceções, a posteridade de vertentes psicanalíticas escutou este compromisso freudiano como algo que não deveria ser descuidado, apesar de boa parte delas divergirem a respeito dos modos de estabelecimento da psicanálise. Freud ainda vivia quando surgiram os primeiros caminhos que se propunham a continuar, suplementar ou contestar sua visão sobre a cientificidade da psicanálise – e até mesmo repensar o tipo de objeto a que ela deveria se ater.

Na chave da continuidade, poderíamos lembrar daqueles que apostaram na capacidade da metapsicologia de examinar uma dimensão fenomênica particular e se mostrar em consonância com o método clínico. Além disso, a investigação metapsicológica poderia erigir noções que se faziam em diálogo com outros saberes e, ao mesmo tempo, podiam fornecer a eles ensinamentos psicanalíticos. Ferenczi representa bem essa atitude, com sua defesa do caráter não apenas científico da psicanálise, como também revolucionário da metodologia psicanalítica. Sem grandes desvios categóricos da visão freudiana de ciência, como se pode ver, as ressonâncias de tal abordagem são vistas em vertentes que prosseguiram com a construção da metapsicologia.

Já na chave da contestação, deveríamos evocar aqueles que, com o intuito de vislumbrar possibilidades de renovação do horizonte psicanalítico, embrenharam-se na filosofia para criticar o alinhamento de Freud a uma visão dita positivista da ciência. Georges Politzer foi quem abriu esse caminho. Ainda que sua mira fosse a psicologia clássica, a proposta politzeriana de uma psicologia concreta se distendeu na psicanálise como uma maneira de revisar a circunscrição do que deveria ser o seu verdadeiro objeto de investigação. Dessa forma, deveriam ser identificadas e removidas as mitologias e abstrações do maquinário metapsicológico as quais atravancavam a aparição do sujeito. Essa proposta contestava o cerne mesmo do sentido de ciência nutrido por Freud, o que promoveu uma profunda revisão ontológica e epistemológica do escopo de investigação psicanalítico. O resultado foi o privilégio de aspectos como a linguagem e a alteridade em proveito de outros, como os processos biológicos, secundarizados ou desprezados.

Na chave da suplementação, enfim, estariam aqueles que seguiram as pistas freudianas sobre relações possíveis entre a metapsicologia e as ciências duras, como as neurociências. Com efeito, o próprio Freud deve ser destacado nesse caso, visto que não foram poucas as suas afirmações a respeito das conexões entre as estruturas mentais e cerebrais, ainda que a prova dessa correspondência viesse como aposta no futuro. Nesse sentido, podemos evocar uma célebre passagem de *Além do princípio do prazer*:

> *A biologia é verdadeiramente um campo de possibilidades ilimitadas, podemos esperar dela os esclarecimentos mais surpreendentes, e não somos capazes de imaginar*

as respostas que em algumas décadas ela dará às questões que lhe dirigimos. Talvez sejam respostas que desmoronem todo o edifício artificial das nossas hipóteses (Freud, 1920/2007, pp. 58-59).

Entretanto, foi apenas no final da década de 1990 que, graças às pistas deixadas por grandes neurologistas, como Pribram e Gill, começaram a aparecer alguns desses *esclarecimentos*. Trata-se do momento de ascensão da neuropsicanálise, que pôde satisfazer as exigências de apresentação das chamadas *evidências empíricas* e, assim, corresponder aos critérios mais tradicionais da demarcação científica. É preciso lembrar, não obstante, que esses esclarecimentos não demoliram o edifício metapsicológico. Em vez disso, eles permitiram que um interessante diálogo interdisciplinar fosse aberto e que a psicanálise começasse a ser cotejada com os conhecimentos de outras psicologias, sobretudo as cognitivistas. O mais curioso é que, após apenas algumas décadas desse diálogo, pesquisas começaram a indicar as contribuições da metapsicologia para a resolução de antigos problemas das neurociências.

Outros caminhos certamente poderiam ainda ser lembrados, mas os indicados acima já nos permitem fazer ver como o diálogo entre psicanálise e outras ciências nunca cessou efetivamente. Independentemente de como se relacionam com critérios demarcatórios, tais caminhos mostram também um enorme alcance filosófico, assim como a força de hipóteses que, após um século, ainda conseguem dialogar com conhecimentos científicos de outros campos. Talvez por ter sido involuntariamente antidogmática, a psicanálise pode se revelar como um caso na história da ciência em que a permeabilidade teórica acabou por permitir uma ocupação produtiva daquele espaço de debates insolúveis.

O livro que se tem em mãos foi organizado para quebrar os acordos silenciosos que se formaram a despeito da atitude freudiana e para refletir sobre os *novos velhos* horizontes que circunscrevem a questão da cientificidade da psicanálise. Reunimos textos que não silenciam, hesitam ou retrocedem ante os problemas espinhosos que envolvem a questão, de modo que um exercício de cientificidade transcorre o livro. As autoras e os autores convidados enfocam a questão a partir de perspectivas distintas, seja no âmbito mais geral da relação entre a psicanálise e a ciência; seja no âmbito dos compromissos científicos ou cientificistas de Freud; seja, enfim, no que diz respeito aos desdobramentos significativos desses debates sob a pena de grandes psicanalistas, como Ferenczi, Lacan, Laplanche e outros. O intuito desta obra é o de mostrar como, por mais que não seja possível encontrar uma *solução* para a cientificidade da psicanálise, os problemas que ela enfrenta ainda podem contribuir para a sua atualização, para a comunicação com outras áreas e para o próprio sentido de cientificidade, bem como as possibilidades de se fazer ciência, no universo psicológico.

Referências

Carbonari, P. C. (2020). Reflexões sobre ética e ciência: ensaio no contexto de pandemia Covid-19. *Revista Interdisciplinar de Direitos Humanos*, 8(2), 55-69.

Diele-Viegas, L. M., Hipólito, J. & Ferrante, L. (2021). Scientific denialism threatens Brazil. *Science*, 374(6570), 948-949. https://www.science.org/doi/10.1126/science.abm9933.

Freud, S. (2003). Projeto de uma psicologia. In O. Gabby Junior. *Notas a projeto de uma psicologia: as origens utilitaristas da psicanálise.* Imago. (Trabalho original publicado em 1895).

Freud, S. (2007). Más allá del principio del placer. In *Obras completas de Sigmund Freud.* (Vol. XVIII, pp.1-62). Amorrortu. (Trabalho original publicado em 1920).

Yen, Jeffery. (2010). Authorizing happiness: rhetorical demarcation of science and society in historical narratives of positive psychology. *Journal of Theoretical and Philosophical Psychology, 30*(2), 67-78. https://doi.org/10.1037/a0019103.

Zorzanelli, R., Dalgalarrondo, P. & Banzato, C. E. M. (2014). O projeto Research Domain Criteria e o abandono da tradição psicopatológica. *Revista Latinoamericana de Psicopatologia Fundamental, 17*(2), 328-341. https://doi.org/10.1590/1984-0381v17n2a12.

PARTE I
Psicanálise e ciência: questionamentos e investigações gerais

PARTE I
Estabalise a ciência:
questionamentos e investigações gerais

1. Evidências da psicanálise

Christian Ingo Lenz Dunker

Para começarmos a reflexão sobre os novos velhos horizontes da psicanálise, proponho lembrarmo-nos da relação entre eficiência e eficácia. Se a *eficiência* de um tratamento clínico se mede pela correção dos procedimentos e pela maximização dos recursos para alcançar determinado fim, a *eficácia* responde por sua correção genérica e pela persistência dos seus efeitos ao longo do tempo. Quando estabeleceu as bases da Medicina Baseada em Evidência, Cochrane subordinou a eficácia à eficiência, introduzido as noções de cura (*cure*) e cuidado (*care*) para traduzir estas duas noções. A eficácia do tratamento é definida como a avaliação sistemática e científica da eficácia de um tratamento. Além disso, ele fala em utilidade clínica, considerando aplicabilidade, viabilidade e utilidade da intervenção no ambiente específico onde ela será oferecida (Berg, 2021). A utilidade clínica também subentende que a intervenção tenha sua eficácia estabelecida cientificamente, segundo a hierarquia entre três tipos de evidências: opinião clínica, observação clínica sistematizada e experimentos controlados randomizados (topo da pirâmide). Portanto, em nenhum momento observações clínicas são descartadas como pseudociência, "anedotas erráticas" ou casos clínicos enviesados, como se tornou corrente na crítica da psicanálise como pseudociência. Ademais, muitos estudos têm insistido na permanência dos efeitos da psicanálise, quando se considera os efeitos do tratamento de longo prazo. Isso torna artificial, senão mais complexa a comparação entre práticas clínicas e medicação, ou entre psicoterapias de longo e de curto prazo. A má aplicação do conceito de evidência, incapaz de separar prática clínica e ciência, seu transporte sem mediação a partir da medicina para as psicoterapias e a imprecisão de identificar o princípio ativo das psicoterapias, a subordinação da eficácia à eficiência tornam os resultados e até mesmo a precariedade definicional do que vem a ser uma psicoterapia em obstáculos que questionam o conceito de evidência em psicoterapia. Contudo, resguardadas estas restrições, não há mais dúvida de que a psicanálise e as psicoterapias psicodinâmicas que ela inspira apresentam evidências. O psicanalista sul-africano Marc Solms (2018) fez um bom resumo das evidências de eficácia e eficiência apresentadas pela psicanálise.

> *A terapia psicanalítica alcança bons resultados, pelo menos tão bons quanto e, em alguns aspectos, melhores do que outros tratamentos baseados em evidências na psiquiatria atualmente.*
>
> *(1) A psicoterapia em geral é uma forma de tratamento altamente eficaz. Meta-análises de psicoterapia normalmente revelam tamanhos de efeito entre 0,73 e 0,85. Um tamanho de efeito 0,8 é considerado grande em pesquisas psiquiátricas, 0,5 é considerado moderado e 0,2 é considerado pequeno. Para colocar a eficácia da psicoterapia em perspectiva, medicamentos antidepressivos recentes alcançam tamanhos de efeito entre 0,24 e 0,31 (Kirsch et al., 2008; Turner et al., 2008). As mudanças provocadas pela psicoterapia, não menos do que a terapia medicamentosa, são, obviamente, visualizáveis por meio de imagens cerebrais.*

(2) A psicoterapia psicanalítica é igualmente eficaz como outras formas de psicoterapia baseadas em evidências (por exemplo, terapia cognitivo-comportamental – TCC). Isso agora está inequivocamente estabelecido (Steinert et al., 2017). Além disso, há evidências que sugerem que os efeitos da terapia psicanalítica duram mais tempo – e até aumentam – após o término do tratamento. A revisão autorizada de Shedler (2010) de todos os estudos controlados e randomizados até o momento relatou tamanhos de efeito entre 0,78 e 1,46, mesmo para formas diluídas e truncadas da terapia psicanalítica. Uma meta-análise metodologicamente rigorosa (Abbass et al., 2006) produziu um efeito geral de 0,97 para a melhora geral dos sintomas com a terapia psicanalítica. O efeito aumentou para 1,51 quando os pacientes foram avaliados no acompanhamento. Uma meta-análise mais recente de Abbass et al. (2014) produziu um tamanho de efeito geral de 0,71, e a descoberta de efeitos mantidos e aumentados no acompanhamento foi reconfirmado. Isso foi para tratamento psicanalítico de curto prazo. De acordo com a meta-análise de Maat et al. (2009), que foi menos metodologicamente rigorosa do que os estudos de Abbass, a psicoterapia psicanalítica de longo prazo produz um tamanho de efeito de 0,78 no término e 0,94 no acompanhamento, e a psicanálise propriamente dita alcança um efeito médio de 0,87 e 1,18 no acompanhamento. Esse é o resultado geral; o tamanho do efeito para a melhora dos sintomas (em oposição à mudança de personalidade) foi de 1,03 para terapia psicanalítica de longo prazo e para a psicanálise foi de 1,38. Leuzinger-Bohleber et al. (2018) informarão em breve tamanhos de efeito ainda maiores para a psicanálise na depressão. A tendência

> *consistente em direção a tamanhos de efeito maiores no acompanhamento sugere que a terapia psicanalítica põe em movimento processos de mudança que continuam após o término da terapia (enquanto os efeitos de outras formas de psicoterapia, como a* TCC, *tendem a se deteriorar). (Solms, 2018, p. 7, tradução nossa)* [1]

Levantamentos como esse existem em vários tipos, alguns mais organizados, outros mais focais; alguns têm ligações com projetos de pesquisa específicos, outros são simples reatualizações com os achados mais recentes.

O problema como os estudos de eficácia terapêutica em psicanálise é duplo: definir "o que é psicanálise" e separar qual é o "princípio ativo da cura". Por um lado, muitos psicanalistas não concordariam em reduzir a psicanálise a uma forma de psicoterapia. Há estudos históricos e epistemológicos que sugerem que, se a psicanálise é uma das primeiras, senão a primeira, formas de psicoterapia pela fala, ela é também uma prática ética de cura, nos sentidos do cuidado de desenvolvido pelos filósofos helênicos, bem como uma prática variante do método clínico, com semiologia, diagnóstica, terapêutica e etiologia ligadas à linguagem (Dunker, 2013). A consideração da psicanálise também como uma psicoterapia nos leva ao problema de sua definição e consequentemente de sua manualização, como forma de definir procedimentos elementares.

Uma forma de enfrentar este problema é reconhecer uma espécie de forma genérica da psicanálise, que se poderia reconhecer nas

---

[1] Ver, também Abbass A. A. et al (2006); Abbass A. A. et al (2014); Bargh J. & Chartrand T. (1999); Blagys M. D. & Hilsenroth M. J. (2000); de Maat S. et al (2009); Hayes A. M., Castonguay L. G. & Goldfried M. R. (1996); Kirsch I. et al (2008); Leuzinger-Bohleber M. et al (2018); Norcross J. C. (2005); Panksepp J. (1998); Solms M. (2017); Steinert C. et al (2008).

chamadas abordagens psicodinâmicas. Neste ponto, há um curioso desencontro, porque no artigo que analisa as evidências da psicanálise somos questionados por empregar a noção de psicodinâmica de tal forma que ela representa uma espécie de versão manualisável da psicanálise. Surgem então críticas de que esta não é a forma de psicanálise praticada no Brasil, que Lacan não aprovava as correntes psicodinâmicas e que o uso do termo é impróprio. Curioso porque nos sucessivos artigos de crítica à psicanálise se dava, exatamente, pela expressão psicodinâmica:

> *(1) Segundo a doutrina psicodinâmica, esse inconsciente tem poder;*
> *(2) o inconsciente psicodinâmico, se existe, é feito das culpas, dores, memórias (e de um monte de outras coisas, dependendo da escola psicanalítica a que se adere) que nunca sequer notamos que existem. (Orsi, 2020, p. 186)*

Vejamos a pirâmide das definições de psicodinâmica para verificarmos como elas apresentam referências consistentes, em sua definição a conceitos psicanalíticos. Fazendo uma analogia, é como se o princípio ativo da psicanálise fosse difícil de isolar, porque ele se apresenta distribuído em tantas e variadas formas, sendo aplicado há mais tempo do que outras psicoterapias. À medida que vamos diluindo este princípio ativo, podemos perceber melhor do que ele é feito, mas ao mesmo tempo perdemos a "pureza" de sua concentração máxima (que porventura jamais existiu senão como uma conjectura). De tal forma que, assim como existe uma pirâmide de evidências para a PBE, existiria uma pirâmide invertida de definições progressivamente mais próximas da psicanálise, como a adesão a mais de seus conceitos para criar uma versão operacional. Isso significa que as pesquisas de eficácia não estão comparando as práticas kleiniana, lacaniana, winnicottiana, mas suas versões feitas em laboratório para fins científicos:

Quadro 1.1. Versões genéricas e específicas da psicanálise

Psicoterapia Psicodinâmica (PT)	As intervenções interpretativas visam melhorar a percepção dos pacientes sobre conflitos repetitivos que sustentam seus problemas; intervenções de apoio visam fortalecer as habilidades que estão temporariamente inacessíveis aos pacientes devido ao estresse agudo (por exemplo, eventos traumáticos) ou que não foram suficientemente desenvolvidas (por exemplo, controle de impulsos no transtorno de personalidade limítrofe). A criação de uma aliança de ajuda (ou terapêutica) é considerada um componente importante das intervenções de apoio. A transferência, definida como a repetição de experiências passadas nas relações interpessoais atuais, constitui outra dimensão importante do relacionamento terapêutico (Leichsenring & Rabung, 2011, p. 1552).
Psicoterapia Psicodinâmica de Longo Prazo (LTPP)	"uma terapia que envolve atenção cuidadosa a interação terapeuta paciente, com interpretações pensadas no tempo da transferência, envolvendo uma sofisticada apreciação da contribuição do campo interpessoal" (Leichsenring & Rabung, 2008, 16).
Terapia Psicanalítica de Longo Prazo (LPT)	Na psicoterapia, os pacientes se sentam em frente ao terapeuta, e não há mais do que duas sessões por semana, entre os polos da interpretação e apoio. Objetiva-se redução de sintomas, prevenção da recorrência, melhor funcionamento social, maior qualidade de vida. Mudanças devem ser duradouras, devem permitir que os pacientes enfrentem os problemas da vida com mais sucesso e façam melhor uso de seu potencial pessoal e das oportunidades oferecidas por suas vidas. (de Maat et. al, 2009, p. 16).
Psicanálise	Na psicanálise "propriamente dita", o paciente se deita em um divã e há pelo menos três sessões por semana e privilegia-se a interpretação. Objetiva-se a "mudança estrutural", "mudança de personalidade", "reconstrução ou construção da personalidade" ou a "mudança de personalidade", ou desenvolvimento de um "eu coeso", "adulto" e "integrado". (de Maat et. al, 2008, p. 17).

Há autores que fizeram uma comparação muito interessante entre princípios genéricos das Terapias Cognitivo Comportamentais e da Psicanálise, chegando a isolar os seguintes pontos:

Quadro 1.2. Comparação entre princípios genéricos da TCC e da psicanálise

Psicodinâmicas	Terapias Cognitivo Comportamentais
1. Foco no afeto e na expressão da emoção (associação livre) + 35% a 65% na chance de sucesso.	1. Foco em temas cognitivos como sistemas de crença e de pensamento.
2. Exploração das tentativas para evitar pensamentos e sentimentos perturbadores.	2. Diálogo com foco específico e tópicos introduzidos pelo terapeuta.
3. Identificação de temas e padrões recorrentes.	3. Atitude didática ou pedagógica.
4. Discussão de experiencias passadas (foco desenvolvimental).	4.Foco na situação de vida atual do paciente.
5. Foco nas relações interpessoais.	5. Orientações e conselhos explícitos.
6. Foco na relação terapêutica.	6. Discussões sobre o objetivo do tratamento para o paciente.
7. Exploração das fantasias.	7. Explicitação da racionalidade por trás da técnica e das intervenções.

Fonte: adaptado de Shedler (2010).

O segundo problema é que, para falar em evidências no sentido próprio e admissível pela psicanálise, deveríamos antes distinguir evidências internalistas, produzidas pelos psicanalistas, e evidências externalistas, produzidas e partilhadas com outras disciplinas, com outros métodos e envolvendo provas extraclínicas. Até aqui, esperamos ter mostrado os esforços da psicanálise em participar do debate da ciência e as fragilidades da recepção baseada em evidências. Agora, vamos nos deter na crítica de que as evidências são ruins, fracas, criticáveis ou refutadas. Posto que "a psicanálise não possui evidências" é um enunciado falso, que deveria ser substituído por "a psicanálise apresenta evidências com as quais eu não concordo", vamos nos concentrar nestes dois problemas. Vimos também que a Psicologia Baseada em Evidências (PBE) não é uma linha teórica, mas se comporta como se fosse. Não é uma abordagem, mas uma meta-abordagem, que se propõe a comparar e qualificar evidências atuando como porteiro, a quem devemos apresentar o *ticket* para poder entrar no condomínio da ciência. Faz parte desta retórica reunir todas as *bobagens* que ficam de fora em um mesmo grupo: cromoterapia, homeopatia, espiritismo, feminismo, cientologia, teoria pós-moderna, marxismo, ufologista, teoria decolonial e "outros absurdos que não merecem ser levados a sério" como a psicanálise.

A PBE não se apresenta como uma concepção entre outras, dentro da psicologia, como a psicanálise, o behaviorismo, o cognitivismo, o interacionismo simbólico, o construtivismo ou a fenomenologia, mas como uma espécie de meta-abordagem, que pretende julgar práticas, usando o crivo da ciência para excluir más práticas, simplesmente porque elas não apresentam evidências. Aqui não há mais espaço para a diferença que Sven Hansson propõe entre *science* e *wissenschaft*. Vimos que a não apresentação de evidências não permite concluir que se trate de uma má prática, porque a falta de evidências pode refletir apenas a ausência de esforços sistemáticos para produzi-las. Mas agora cabe perguntar quem cria as evidências sobre os métodos de criação de evidências? Ou seja, se São Cristóvão carrega o mundo nas costas, quem é que está segurando São Cristóvão?

Já nos anos 1990, bem antes da explosão de pesquisas sobre eficácia positiva da psicanálise, encontramos um bom exemplo de como os psicanalistas não se negavam a produzir evidências sobre sua prática. Trata-se da extensa pesquisa longitudinal, realizada na Suécia, entre 1988 e 1996, intitulada *Projeto de Resultados de Psicanálise e Psicoterapia de Estocolmo*, pesquisa que tinha por horizonte uma pergunta relevante para a Medicina Baseada em Evidências, ou seja: seria producente para políticas públicas, no âmbito do Estado e da saúde dos cidadãos, financiar tratamentos psicanalíticos de longa duração?

Comparou-se desta maneira o percurso de 1.500 pessoas, durante três anos, em psicanálise, em Psicoterapia Psicodinâmica de

Longo Prazo e em fila de espera. Partiu-se do diagnóstico baseado no DSM-IV, considerando o eixo dos sintomas, o da personalidade e o do funcionamento global. Registrava-se a situação do paciente em termos de qualidade de vida, profissão e saúde, bem como escalas de avaliação de adaptação social e senso de coerência. Genericamente os casos foram considerados "bem perturbados".

Anualmente, repetiam-se os registros e, em caso de término do tratamento, aplicava-se um procedimento de avaliação de psicoterapia que verificava sintomas, capacidade adaptativa, *insight* sobre si, evolução de conflitos e mudança estrutural. Tais fatores eram ponderados contra a presença de eventos de mudança extraterapêutica. Do outro lado, levantou-se o perfil dos terapeutas e suas concepções clínicas. Os psicanalistas, formados pela Sociedade Sueca de Psicanálise, filiada à Associação Internacional de Psicanálise, realizaram em média 624 sessões à razão de três a cinco sessões por semana, em tratamentos que duraram em média quatro anos e meio. Os psicoterapeutas eram formados pelo Centro Nacional de Saúde Mental e realizaram em média 233 sessões, à razão de uma a três sessões por semana, que duraram em média quatro anos. Além de quase 400 sessões a mais, os psicanalistas eram em média mais velhos e mais experientes que os psicoterapeutas. Os psicoterapeutas tinham mais experiência em instituições e usavam expressões diferenciais de sua prática, como: objetivos concretos, ajuste a condições sociais, gentileza, autoexposição, admissão de erros. Mas 95% dos psicoterapeutas declararam que sua orientação psicanalítica era "forte" ou "bem forte".

O uso de medicação, a experiência prévia com tratamentos e a gravidade eram semelhantes nos dois grupos, observando que a probabilidade de um paciente buscar um novo tratamento, depois do término de uma primeira experiência, foi duas vezes maior entre terapeutas do que entre psicanalistas. Os resultados indicaram que:

1. Nenhum fator específico pode ser associado à curva de mudança, fosse ela negativa ou positiva, seja em terapia seja em psicanálise.

2. Quando se associa o aumento da frequência das sessões, com a maior duração destas, a eficácia aumenta.

3. Nem a subvenção, nem o pagamento feito pelo paciente mudaram os parâmetros de eficácia, nem mesmo quando os pacientes dispunham do dinheiro para escolher ritmo e frequência das sessões. Isso vai contra o consenso de que responsabilizar-se pelo pagamento aumenta o engajamento e consequentemente melhora os resultados.

4. As terapeutas e psicanalistas, saíram-se melhor do que os homens, independente do gênero dos pacientes.

5. Quanto maior a duração da análise ou terapia dos clínicos e quanto mais tempo de supervisão, melhores os resultados.

6. Quanto mais o clínico entendesse sua prática como um trabalho artístico e menos como um artesanato científico, melhor os resultados.

7. Os pacientes de psicoterapia saíam-se mal quando seus psicoterapeutas (por autoavaliação) apresentavam baixos níveis de gentileza, *insight*, autoexposição, neutralidade e arte, mas para os analisandos estes critérios não fizeram diferença nos resultados.

8. A autoavaliação pós-tratamento, em ambos os grupos, indicou melhora na situação de bem-estar e redução de sintomas, mas curiosamente apresentou elevação de absenteísmo laboral, usos de serviços de saúde e seguro social.

9. As piores curvas de evolução foram encontradas entre os psicoterapeutas que conduziam os tratamentos de maneira

psicanalítica pouco adequada, sem formação específica ou supervisão.

Tabela 1.1. Comparação entre eficácia da psicanálise e da psicoterapia

Tamanho do efeito	Psicanálise	Psicoterapia	Referência
Eficácia geral	1,55 (muito alta)	0,6 (mediana)	0,8
Senso de coerência e bem-estar	1,8	0,34	
Passagem de nível clínico a sub-clínico	12% para 70%	33% para 55%	
Adaptação social	0,45	0,44	

Mas até que ponto é possível insistir na falsa notícia de que a psicanálise não apresenta evidências, que ela é uma pseudociência e está trapaceando com seus pacientes, se isso decorre afinal e ao cabo de uma qualidade estipulada por critérios moventes, emanados da medicina e sujeitos a todas as ponderações que fizemos até aqui?

A síntese do artigo diz o seguinte:

> *Conduzimos avaliações pareadas e independentes sobre um estudo quase-experimento com o instrumento* RO-BINS-I, *três ensaios clínicos randomizados com o instrumento RoB 2 e duas revisões sistemáticas, além de seis meta-análises, com o instrumento* AMSTAR 2. *Também discutimos a pertinência de um relato de experiências e quatro revisões narrativas. Em síntese, as 10 pesquisas analisadas continham "problemas" de delineamento,*

> *escolha estatística, controle e viés que prejudicam a confiança nos bons resultados obtidos. (Ferreira et al., 2022)*

O artigo parece dar razão, ainda que involuntariamente, a todos os argumentos apresentados neste livro. Apresentar evidências não significa adquirir credenciais científicas. A psicanálise não é uma ciência, mas sob vários aspectos ela é *como uma ciência*. Pseudociências não podem ter seus artigos nem refutados nem qualificados. Elas não apresentam seu discurso e sua teoria da prova de modo evidencialista. Só é possível aplicar instrumentos de verificação de qualidade de pesquisas científicas a... pesquisas científicas. Nem ROBINS-I, nem AMSTAR 2 ou RoB 2 são passíveis de aplicação à arte da culinária, ao ofício da marcenaria ou ao filme da Barbie. Agradeço aos autores pela corroboração da prova cabal de que a psicanálise funciona no campo da ciência. Ademais, nenhum artigo foi mobilizado por nossos críticos para trazer evidências de que ela *não funciona*. Nenhum esforço foi realizado no sentido de provar que a psicanálise não funciona, mas apenas e tão somente provou-se que ela é provável. Com isso, ficam para trás todas as tolices popperianas, todas as bobagens levantadas por uma falsa "questão de ciência". Mas como ciência se faz com argumentos e ideias, e não com desqualificação de pessoas ou práticas, aqui segue um comentário sobre os resultados da pesquisa.

Existem controvérsias na literatura sobre o que constitui evidências de boa qualidade, quais métodos devem ser empregados para estabelecer a eficácia de uma terapia e quais as melhores formas de medir resultados. Critérios de evidência produzidos para a pesquisa em medicina são aplicados problematicamente para avaliar práticas da psicologia clínica (Reed, Kihlstrom, & Messer, 2006).

Apenas algumas áreas da medicina os estudos mostram uma excelente qualidade de pesquisas.[2] Entre elas, estão as pesquisas sobre alfabetização em saúde, triagem de câncer (Sharma & Oremus, 2018) e diretrizes de prática clínica para o tratamento do transtorno por uso de opioides (Ross et al., 2017). Um amplo estudo sobre a qualidade da pesquisa farmacológica e psicoterapêutica com depressão maior (Shea et al., 2017) examinou a confiança geral nos resultados das pesquisas de acordo com AMSTAR 2, chegando ao seguinte resultado: "A qualidade metodológica das pesquisas sobre intervenções farmacológicas e psicológicas para depressão maior em nossa amostra atual e representativa foi decepcionante." Apenas quatro revisões foram classificadas como "alta" (três delas Revisões Cochrane), duas como "moderada", uma como "baixa" e 53 como "criticamente baixa".

Quanto mais complexa uma intervenção, maior a heterogeneidade e maior a chance de redução na qualidade do delineamento experimental e da qualidade final da evidência produzida (Vandaele & Daeppen, 2022). Um estudo que queira realmente reduzir vieses tão complexos como os que atribuímos às intervenções psicanalíticas teria que modular pelo menos 10 fatores de homogeneização da amostra (Bohleber & Hau, 2015): sintomas DSM mais comorbidades, reação do paciente à psicopatologia, massa corporal, personalidade, nível de inteligência, regulação de emoções, adoecimentos, passagem por tratamentos médicos (não psicoterápicos), desemprego, condição laboral, desenvolvimento social e qualidade de vida. Além disso, devem incluir dimensões de complexidade envolvendo:

---

2 Ao classificar a confiança geral nos resultados das RS de acordo com Shea et al. (2017), apenas quatro revisões foram classificadas como "alta" (três delas, Revisões Cochrane), duas como "moderada", uma como "baixa" e 53 como "criticamente baixa". A qualidade metodológica das RS sobre intervenções farmacológicas e psicológicas para depressão maior em nossa amostra atual e representativa foi decepcionante.

a) Intervenções com múltiplos componentes.

b) Intervenções em que ocorre significativa interação entre a intervenção e seu contexto.

c) Intervenções introduzidas em sistemas complexos.

Agora, quem avalia os avaliadores? Análises análogas feitas com instrumentos semelhantes sobre a produção de pesquisa sobre eficácia e eficiência da psicanálise (de Maat et al., 2008) afirmam, sob a perspectiva da Medicina Baseada em Evidências, que os resultados têm uma força científica apenas moderada e que "não podemos tirar conclusões definitivas sobre a eficácia da psicanálise".[3] Um estudo que analisou a qualidade de 94 pesquisas sobre Psicoterapia Psicodinâmica, publicados entre 1974 e 2010, com grupo controle randomizado chegou nos seguintes resultados:

a) Das 103 pesquisas, 63 comparavam Psicoterapia Psicodinâmica e Não-Dinâmica.

b) Das 39 comparações entre Psicoterapia Psicodinâmica e uma Intervenção ativa:

- 6 mostraram que a Psicoterapia Psicodinâmica é superior;
- 5 mostraram que a Psicoterapia Psicodinâmica é inferior;
- 28 mostraram que não há diferença significativa entre ambas.

c) Das 24 comparações adequadas com um Fator Inativo:

- 18 mostraram que a Psicoterapia Psicodinâmica é superior.

d) "Isso é suficiente para tornar a Psicoterapia Psicodinâmica um tratamento "empiricamente validado" (de acordo com os

---

3 "Entspechend kommen Maat. (2013) zu der Schlussfolkgerung, dass die Ergebnisse unter der perspective der evidence-based medicine eine only moderade scientific strengh "aufweise das "we cannot drae firm conclusions regarding the effectiveness of psychoanalysis".

padrões da Divisão 12 da Associação Americana de Psicologia) se outros estudos controlados e randomizados de qualidade e tamanho de amostra adequados replicassem os resultados dos estudos positivos existentes para transtornos específicos" (Gerber et al., 2011).

A psicanálise é um tratamento psicoterápico psicodinâmico baseado em evidências (Woll & Schönbrodt, 2021). Os tamanhos dos efeitos são tão grandes quanto os de outras terapias que são ativamente promovidas como "apoiadas empiricamente" e "baseadas em evidências", e os pacientes que recebem terapia psicanalítica não apenas mantêm os ganhos terapêuticos, mas continuam melhorando após o término do tratamento.

Tabela 1.2. Intervenções terapêuticas e tamanhos de efeito

Tipo de Intervenção	Tamanho do Efeito
Psicodinâmica	0,85
Cognitivo Comportamental	0,76
Genérico	0,73
Fluexetina	0,25
Certralina	0,26
Citalopram	0,24

A Psicoterapia Psicodinâmica de Longo Prazo pode ser superior a outras formas de psicoterapia no tratamento de transtornos mentais complexos, em que a força do efeito representou ganho adicional da LTPP em relação a outras formas de psicoterapia, principalmente de longo prazo. Reanálise estatística das meta-análises de Leichsenring, Abbass, Luyten, Hilsenroth e Rabung, encaminhadas para o escrutínio no artigo em questão, encontraram evidências da eficácia da PPTL no tratamento de transtornos mentais complexos, e a força do efeito terapêutico nas replicações foram, em geral, um pouco menores. Uma nova meta-análise atualizada de ensaios clínicos randomizados comparando LTPP (com duração de pelo menos 1 ano e 40 sessões) com outras formas de psicoterapia no tratamento de transtornos mentais complexos, usando critérios de pesquisa transparente, de acordo com os padrões de ciência aberta, com procedimentos meta-analíticos e controle de viés incluindo 191 tamanhos de efeito e 14 estudos elegíveis, revelou tamanhos de efeito pequenos e estatisticamente significativos no pós-tratamento para os domínios de resultados de sintomas psiquiátricos, problemas-alvo, funcionamento social e eficácia geral (Hedges variando entre 0,24 e 0,35). O tamanho do efeito para o domínio funcionamento da personalidade (0,24) não foi significativo (p = 0,08). Não foram detectados sinais de viés de publicação (Woll & Schönbrodt, 2019).

Referências

Abbass, A. A. et al. (2006). Short-term psychodynamic psychotherapies for common mental disorders. *The Cochrane Database of Systematic Reviews*, (4), CD004687.

Abbass, A. A. et al. (2014). Short-term psychodynamic psychotherapies for common mental disorders. *The Cochrane Database of Systematic Reviews*, (7), CD004687.

Bargh, J. & Chartrand, T. (1999). The unbearable automaticity of being. *American Psychologist*, 54, 462-479.

Berg H. (2021). Why only efficiency, and not efficacy, matters in psychotherapy practice. *Frontiers in psychology*, 12, 603211.

Blagys, M. D. & Hilsenroth, M. J. (2000). Distinctive activities ofshor-t-term psychodynamic-interpersonal psychotherapy: a review of the comparative psychotherapy process literature. *Clinical Psychology: Science and Practice*, 7(2), 167-188.

Bohleber, L. & Hau, B. (2015). *Psychoanalitische Forschung – methonden und kontroversen in Zeiten wissenschaftlicher Pluraliät*. Kohhammer.

De Maat, S. et al. (2008). Costs and benefits of long-term psychoanalytic therapy: changes in health care use and work impairment. *Harvard Review of Psychiatry*, 15(6), 289-300.

De Maat, S. et al. (2009). The effectiveness of long-term psychoanalytic therapy: a systematic review of empirical studies. *Harvard review of psychiatry*, 17(1), 1-23.

Dunker, C. I. L. (2013). *Estrutura e constituição da psicanálise*. Zagodoni.

Ferreira, C. M. C. et al. (2022). *Psicanálise funciona? Avaliando a prova cabal de Christian Dunker*. https://doi.org/10.31234/osf.io/aevt7.

Fisher, S. & Greenberg, R. (1977). *The scientific credibility of Freud's theory and therapy*. Basic Books.

Gerber, A. J. et al. (2011). A quality-based review of randomized controlled trials of psychodynamic psychotherapy. *The American Journal of Psychiatry*, 168(1), 19-28.

Hayes, A. M., Castonguay, L. G., & Goldfried, M. R. (1996). Effectiveness of targeting the vulnerability factors of depression in cognitive therapy. *Journal of Consulting and Clinical Psychology*, 64(3), 623–627.

Kirsch, I. et al. (2008). Initial severity and antidepressant benefits: a meta-analysis of data submitted to the food and drug administration. *PLoS Medicine*, 5(2), e45.

Leichsenring, F. & Rabung, S. (2008). Effectiveness of long-term psychodynamic psychotherapy: a meta-analysis. *JAMA*, 300(13), 1551-1565.

Leichsenring, F. & Rabung, S. (2011). Long-term psychodynamic psychotherapy in complex mental disorders: update of a meta-analysis. *The British Journal of Psychiatry: the journal of mental science, 199*(1), 15-22. https://doi.org/10.1192/bjp.bp.110.082776.

Leuzinger-Bohleber, M. et al. (2018). Outcome of psychoanalytic and cognitive-behavioral therapy with chronic depressed patients. A controlled trial with preferential and randomized allocation. *Canadian Journal of Psychiatry, 64*(1), 47-58.

Matthias, K. et al. (2020). The methodological quality of systematic reviews on the treatment of adult major depression needs improvement according to AMSTAR 2: A cross-sectional study. *Heliyon, 6*(9), e04776.

Mendes, F. (2019). In "A Eficácia da Psicoterapia Psicodinâmica" Psicanálise Paralêla 19. YouTube. https://www.youtube.com/watch?v=4EzZwntcAnI&t=66s

Norcross, J. C. (2005). The psychotherapist's own psychotherapy: educating and developing psychologists. *The American Psychologist, 60*(8), 840-850.

Orsi, C. (2020) *A conspiração do inconsciente*. Instituto Questão de Ciência. https://www.revistaquestaodeciencia.com.br/apocalipse-now/2020/06/27/conspiracao-do-inconsciente" https://www.revistaquestaodeciencia.com.br/apocalipse-now/2020/06/27/conspiracao-do-inconsciente.

Panksepp, J. (1998). *Affective neuroscience*. Oxford University Press.

Reed, G. M., Kihlstrom, J. F., & Messer, S. B. (2006). What qualifies as evidence of effective practice? In J. C. Norcross, L. E. Beutler, & R. F. Levant (Orgs.). *Evidencebased practices in mental health: Debate and dialogue on the fundamental questions* (pp. 13-55). American Psychological Association.

Ross, A. M., Morgan, A. J., Jorm, A. F. & Reavley, N. J. (2019). A systematic review of the impact of media reports of severe mental illness on stigma and discrimination, and interventions that aim to mitigate any adverse impact. *Social Psychiatry and Psychiatric Epidemiology*, 54(1), 11-31.

Sandell, R.; Blomberg, J., Lazar, A., Carlson, J., Bromberg, J. & Schubert, J. (2002). Diferença de resultados a longo prazo entre pacientes de psicanálise e psicoterapia. In *Psicopatologia Psicanalítica e outros estudos: Livro Anual de Psicanálise* (Vol. XVI, pp. 259-280). Escuta.

Sharma, S., & Oremus, M. (2018). PRISMA and AMSTAR show systematic reviews on health literacy and cancer screening are of good quality. *Journal of Clinical Epidemiology*, 99, 123-131.

Shea, B. J. et al. (2017). AMSTAR 2: a critical appraisal tool for systematic reviews that include randomised or non-randomised studies of healthcare interventions, or both. *BMJ*, 358(8122), j4008.

Shedler, J. (2010). The efficacy of psychodynamic psychotherapy. *American Psychologist*, 65(2), 98-109. https://doi.org/10.1037/a0018378.

Solms, M. (2017). What is 'the unconscious' and where is it located in the brain? A neuropsychoanalytic perspective. *Annals of the New York Academy of Sciences*, 1406, 90-97.

Solms, M. (2018) The scientific standing of psychoanalysis. *BJPsych International*, 15(1), 5-8.

Steinert, C. et al. (2017). Psychodynamic therapy: As efficacious as other empirically supported treatments? A meta-analysis testing equivalence of outcomes. *The American Journal of Psychiatry*, 174(10), 943-953.

Tronson, N. C. & Taylor, J. R. (2007). Molecular mechanisms of memory reconsolidation. *Nature Reviews. Neuroscience*, 8(4), 262-275.

Turner, E. H. et al. (2008). Selective publication of antidepressant trials and its influence on apparent efficacy. *The New England Journal of Medicine*, 358(3), 252-260.

Vandaele, Y. & Daeppen, J. B. (2022). From concepts to treatment: a dialog between a preclinical researcher and a clinician in addiction medicine. In *Translational psychiatry*, 12(1), 401.

Woll, C. & Schönbrodt, F. D. (2021) A series of meta-analytic tests of the efficacy of long-term psychoanalytic psychotherapy. *European Psychologist*, 25, 51-72.

Woll, C. ;Schönbrodt, F. D. (2019) Efficacy of Long-Term Psychoanalytic Psychotherapy. A Meta-Analysis European Psychologist, Hogrefe Publishing Group.

2. Metapsicologia: por que e para quê

Renato Mezan

O diálogo entre a filosofia e a psicanálise tem já uma longa tradição no Brasil. Um dos autores que dele participa é Zeljko Loparic, filósofo de origem heideggeriana e estudioso da obra de Winnicott. Neste capítulo,[1] comentarei dois trabalhos seus, publicados na década de 1990, que, a meu ver, merecem ser conhecidos pelos leitores contemporâneos porque apresentam argumentos ainda hoje ouvidos nesses debates. São eles: *Um olhar epistemológico sobre o inconsciente freudiano* (1991) e "A máquina no homem" (1997).

Posto que o segundo retoma e aprofunda a visão da psicanálise exposta no primeiro, convém recordar o núcleo dela, que encontramos na seção "A metodologia e epistemologia implícita na obra de Freud". Após afirmar que a metodologia freudiana é "fortemente convencionalista", o filósofo escreve:

> *Sua afirmação da existência do inconsciente dinâmico é uma tese realista? Ela pretende ser objetivamente verdadeira sem restrição alguma? Aparentemente não.*

---

[1] Versão condensada do capítulo de mesmo título incluído em Mezan, R. (1998). *Tempo de Muda*. Companhia das Letras. pp. 328-356. (Edição atual: São Paulo, Blucher, 2020). Na presente forma, o texto é inédito.

> *Segundo Freud, a prova da existência do inconsciente dinâmico reside na possibilidade de fornecer explicações dinâmicas (causais) da existência dos sintomas. Isso não é uma prova da verdade objetiva da tese do inconsciente dinâmico, e sim da sua utilidade heurística e explicativa dentro do quadro metodológico preferido por Freud. Essa preferência se deve à sua filiação a uma tradição filosófica e não à evidência dos fatos. A afirmação do caráter dinâmico do inconsciente reflete, como diz Freud, um "ponto de vista", uma postura metodológica, frutífera no seu entender, e não um fato de experiência ou uma tese justificada por indução. (Loparic, 1991, pp. 51-52)*

Tese polêmica. De fato, Freud sugeriu diversas vezes que os termos metapsicológicos eram metafóricos e poderiam ser substituídos por outros se e quando isso fosse conveniente – "a metapsicologia é nossa mitologia". Loparic conclui disso que o que Paul Ricoeur chamava de hermenêutica – a busca do sentido – é o essencial da psicanálise, e que a dinâmica – a teoria das forças psíquicas – é apenas um ponto de vista, ou, em seus termos, convencional (Ricoeur, 1965). Penso que aqui se colocam ao menos duas dificuldades, uma interna do próprio argumento, outra que diz respeito à maneira como o autor utiliza o conceito de inconsciente.

A dificuldade interna ao argumento apresentado por Loparic reside na noção de dinâmico. Mais adiante em sua conferência, ao falar da angústia, explicita sua interpretação dessa ideia de Freud: a angústia não pertence ao campo das representações, mas ao do "jogo das forças pulsionais", isto é, à esfera do afetivo. Isso lhe permite revelar "nosso relacionamento concreto ('ontológico', diria Heidegger, 'dinâmico' ou 'quantitativo', diria Freud) com as situações-limite" (Ricoeur, 1965, p. 56).

Ora, se a angústia revela nosso relacionamento *concreto*, vital, com as situações-limite, e se seu domínio é o das forças pulsionais em jogo – à exclusão de qualquer representação –, segue-se que esse jogo das forças pulsionais não é em absoluto *convencional*, mas sim existe *realmente*, e determina uma das possibilidades concretas do ser humano. Em outras palavras, Loparic admite que os afetos são entidades realmente existentes, aspectos fundamentais da psique. Então, por que a designação *teórica* – e não apenas *terminológica* – desse plano pertenceria ao reino das convenções? Por que seria apenas questão de *comodidade* pensá-los por meio de conceitos de tipo energético?

Pois é preciso que fique claro: o ponto de vista dinâmico não é uma postura apenas metodológica. Ao contrário, é a formalização em termos conceituais de uma postura *ontológica*, a categorização abstrata de uma série de fenômenos que se dão na realidade e que exigem, como seu princípio e como sua condição de possibilidade, a afirmação da existência igualmente real do inconsciente dinâmico. A dificuldade interna ao argumento de Loparic me parece consistir em que, segundo seu texto – se o compreendi corretamente –, o inconsciente dinâmico é, ao mesmo tempo e contraditoriamente, uma convenção terminológica e o terreno concreto no qual se dá o embate dos afetos.

Mas há outro problema que não diz respeito à coerência do argumento, mas à própria coisa. A psicanálise não afirma apenas que todo ato psíquico tem um sentido, por menos evidente que possa ser; afirma também, e, principalmente, que todo ato psíquico tem um ou mais sentidos *ocultos* e *inacessíveis* à consciência, a não ser que sejam examinados pelo método psicanalítico. Ora, por que tais sentidos – prefiro deixar o termo no plural – são ocultos e inacessíveis?

Não estamos aqui falando das conotações e dos implícitos que todo discurso e toda ação veiculam consigo. Trata-se de uma dimensão radicalmente heterogênea à consciência e à autopercepção, e a questão é saber por que o inconsciente é inconsciente nessa acepção forte. A resposta de índole kantiana – porque ele não é dado como fenômeno à percepção interna – não pode nos satisfazer, pois é evidente a sua circularidade. O que falta na concepção proposta por Loparic é, a meu ver, um elemento essencial e constitutivo da doutrina freudiana sobre o psiquismo, o postulado de que ele é atravessado pelo *conflito*, postulado do qual decorrem várias consequências de grande envergadura.

A principal delas é a de que o ser humano é habitado por desejos e impulsos contra os quais necessita se defender, mas que persistem apesar e por meio das defesas. O ponto de vista dinâmico nada mais é que a consideração dos acontecimentos e formações psíquicas enquanto modelados por esse conflito fundamental e por seus derivados ao longo da história do indivíduo. O motivo para considerar as coisas de tal maneira não se origina em nenhuma preferência metodológica ou metafísica, mas na constatação daquilo que ocorre cotidianamente e sem exceção em todas as sessões de análise: ao desejo de se conhecer e de superar seus problemas, opõe-se no paciente uma poderosa resistência à mudança. Foi a necessidade de dar fundamento ao fato bruto da resistência que conduziu Freud à hipótese de um conflito basilar e constitutivo do funcionamento psíquico.

Digo basilar, pois ele anima simultaneamente o acontecer psíquico e a teoria que pretende explicá-lo. Com efeito, seria possível organizar os diversos planos da teoria psicanalítica, seus principais conceitos e hipóteses, tomando como fio condutor a ideia de conflito. Por exemplo, um conflito requer agentes e forças à disposição desses agentes: temos aqui o solo de ideias como as de ego, sexualidade, libido, pulsão, narcisismo etc. Um conflito se organiza segundo modalidades específicas: elas podem ser categorizadas de acordo com a famosa tríade neuroses, psicoses e perversões. Um conflito se estrutura ao longo do tempo, já que as posições dos combatentes podem variar, e sempre incluem em si a história dos movimentos passados: eis aí a base para a série das fases ou etapas psicossexuais. O conflito produz consequências na forma de sintomas, traços de caráter e, sobretudo, na maneira pela qual se apresentará a transferência na análise, o que, por sua vez, permite ter uma ideia de qual é ele e de em torno de quais eixos se dispõe. E assim por diante: essa amostra é suficiente para percebermos que seria possível distribuir quase todo o arcabouço conceptual da Psicanálise pelas diversas facetas da ideia de conflito. É por isso que a noção de *dinâmica* tem em si um lugar eminente.

Vejamos, então, como nosso autor a caracteriza. Para ele, a significação primordial do termo dinâmico é a causal: "Segundo Freud, a prova da existência do inconsciente dinâmico reside na possibilidade de fornecer explicações dinâmicas (causais) da existência dos sintomas" (Loparic, 1991, p. 51). Qual poderia ser o fundamento dessas explicações? Ele se assenta em duas teses: (1) o sintoma representa um compromisso entre as forças recalcantes e as forças recalcadas; (2) a história pregressa do indivíduo determina os *pontos de incidência* e as *vias de formação* dos seus sintomas. A formulação de uma hipótese plausível sobre como se deu esse processo – que Freud denomina "construção" – é um dos objetivos da análise, e essa construção só pode se dar de modo regrediente, do presente para o passado e dos efeitos para as causas.

Contudo, a ideia de *causa* não pode ser tomada aqui sem alguns cuidados. Um bom exemplo disso aparece num artigo que Freud escreveu em 1920, "Sobre a psicogênese de um caso de homossexualidade feminina", em cuja seção IV encontramos uma reflexão que nos esclarece quanto a esse tópico. Em síntese, ele assinala que foi possível obter uma "visão geral das forças que [...] conduziram [essa moça] à homossexualidade" (Freud, 1920, p. 207), o que é frequente no trabalho analítico: partindo do resultado final, podemos estabelecer com relativa segurança como ele foi sendo construído desde a infância da pessoa. No entanto,

> se tomarmos o caminho inverso – partindo das premissas descobertas pela análise e tentando seguir sua trajetória até o resultado – desaparece nossa impressão de uma concatenação necessária e impossível de estabelecer de outra forma. Percebemos imediatamente que o resultado poderia ter sido diferente, e que teríamos chegado igualmente a compreendê-lo e a explicá-lo. Assim, pois, a síntese não é tão satisfatória quanto a análise, ou, dito de outra maneira, o conhecimento das premissas não nos permitiria predizer a natureza do resultado.[2] (Freud, 1920, p. 207)

Por quê? Porque estamos lidando com um ser que reage às suas circunstâncias, e, com isso, introduz mudanças nelas. Tais mudanças, embora longe de ser aleatórias, não podem ser previstas de modo absoluto. Imaginemos um viajante que chega a uma encruzilhada: se tomar a direção A, será conduzido para o norte, mas se escolher a B, irá rumo ao sul. A malha de estradas do norte é, claro, diferente daquela do sul; portanto, quanto mais ele se enfronhar na primeira, mais distante ficará das opções que se lhe apresentariam caso tivesse escolhido a segunda. Toda a sequência de acontecimentos teria sido outra – esse é o ponto essencial – e, portanto, não há como prever o resultado. É só com isso em mãos

---

2 Cabe aqui mencionar um livro curioso, que se propõe a narrar esta história do ponto de vista de cada um dos personagens envolvidos: Abras, R. (org.). (1996). *A jovem homossexual. Ficção psicanalítica.* Passos.

(a escolha de objeto homossexual) que podemos retraçar, até onde for possível, por quais vias ele foi alcançado.

Continuando seu raciocínio, Freud atribui à impossibilidade de se conhecer de antemão a força relativa dos fatores etiológicos – ainda que se soubesse exatamente *quais* são – a dificuldade de prever onde o interjogo deles conduzirá o indivíduo. Este é o chamado ponto de vista econômico, como se sabe. Mas há outro aspecto a ser considerado, que exige cautela quando se fala em causas psíquicas: a contingência da história. Tratamos com pessoas que têm uma biografia, que passaram por situações determinadas e reagiram a elas de modo específico. Mesmo no caso de um trauma, é difícil avaliar a força relativa dos fatores, posto que o traumático não é necessariamente o violento ou o espetacular. O traumático é aquilo que *excede a capacidade de elaboração do sujeito*, e, portanto, depende de parâmetros subjetivos, que podem ser mais ou menos elásticos em momentos e em condições diferentes da vida deste indivíduo. Pascal já nos prevenia: "quem não sabe que a visão dos gatos e dos ratos, o esmagamento de um carvão, põe a razão fora dos seus eixos?" (1957, pensamento 82, artigo II).

Essas considerações convidam a uma reflexão sobre o que significa, precisamente, o termo *causa* em psicanálise. Cada ato psíquico, segundo ela, resulta de um compromisso entre as defesas e os impulsos; para cada um, é idealmente possível verificar a tese do determinismo – e os exemplos da *psicopatologia da vida cotidiana* o demonstram. Mas o ato falho, embora possa ser sutil, é uma formação psíquica relativamente simples. Um sonho já se mostra mais complicado de retraçar até seus elementos últimos: a metáfora do "umbigo do sonho" presente na *Traumdeutung* alude ao ponto em que as raízes dele mergulham no desconhecido. Que dizer de um delírio, ou de uma fobia? De modo geral, quanto mais sobredeterminada uma formação psíquica, tanto maior a contingência que terá presidido à sua constituição, posto que os elementos que a formam podem provir de épocas variadas e de estratos diversos da psique. Na verdade, uma consideração mais atenta do problema da causalidade não poderia dispensar o exame daquilo que talvez seja a mais relevante contribuição de Freud à psicologia em geral: o conceito de *das Infantile* – o infantil.

***

Em "A máquina no homem" (1997), Loparic retoma sua crítica da metapsicologia freudiana do ponto em que a deixara alguns anos antes. A base do novo argumento é que a psicanálise, enquanto método e enquanto teoria, "pertence à tradição metafísica ocidental". Ora, existiriam "boas razões para se desconstruir, no sentido de Heidegger, a tradição metafísica e a imagem do mundo e do homem que ela oferece." Além disso, "a própria psicanálise, tal como reescrita por Winnicott, convida a uma tal desconstrução" (Loparic, 1997, p. 97).

O que vincula a psicanálise à tradição metafísica ocidental? Responde o filósofo: a sua metapsicologia, que faz parte do "projeto de mecanização da imagem do mundo e do ser humano que se iniciou com a astronomia grega". Ela também faz parte da "teoria da subjetividade, de origem filosófica, definitória da modernidade e aliada do projeto de mecanização". Por sua vez, o que vincula à metafísica tanto o projeto de mecanização heleno-europeu quanto à teoria moderna da subjetividade, é o princípio do determinismo universal: de onde a proposta de "elaborar uma concepção da clínica que também esteja livre dos pressupostos da metafísica, e que seja, ao mesmo tempo, satisfatória do ponto de vista da clínica" (Loparic, p. 1997, 97).

Juntamente com o pressuposto do determinismo universal, deveriam ser varridas da reflexão psicanalítica as metáforas do aparelho, da energia e do mecanismo, com o que se abriria o caminho para pensar, em vez da "estrutura da mente" (outro entulho metafísico), a "estrutura da acontecência do existir humano". Isso conduziria a descobrir que essa estrutura é a do "tempo de este acontecer" (Loparic, 1997, p. 111). O referencial filosófico é aqui *Ser e tempo* (1927/2014), e, segundo Loparic, o psicanalista inglês Donald Winnicott já teria dado os primeiros passos nessa direção – a de um encontro involuntário, porém feliz, com Heidegger – na medida em que "deixa de pensar o homem a partir do princípio de causalidade, inclusive do princípio do prazer, para tentar entender o homem a partir da solução que dá à pergunta pelo sentido do ser" (Loparic, 1997, p. 112). O que conduz o professor a concluir com uma frase que deve ser entendida como elogio: "também na análise winnicottiana, a metafísica da máquina e da subjetividade está em desconstrução" (Loparic, 1997, p. 112).

Que pensar dessas afirmações? Em primeiro lugar, nada há de espantoso no fato de Freud, escrevendo e pensando na época em que o fez, ser tributário da tradição metafísica ocidental, se concordarmos em incluir, entre os frutos dela, as ciências da Natureza e do Espírito. Contudo, o fato de algumas filosofias procurarem escapar das redes da dita tradição não garante automaticamente que (parafraseando a célebre tirada de Laing e Cooper) *metaphysics is bad for you*. Afinal, o projeto da metafísica, desde sua fundação por Aristóteles, sempre foi buscar os primeiros princípios, a fim de dar conta da realidade sob o seu aspecto mais universal – e, embora o Estagirita não tenha batizado com esse termo a investigação cuja finalidade assim se exprime,[3] é evidente que tais princípios se situam além das coisas naturais: *metà tà physikà*. Por muitos séculos, o termo significou algo nobre e elevado, a busca do conhecimento sobre o tema mais abrangente e importante da curiosidade humana – o ser, a realidade, Deus, ou como quer que fosse denominado.[4]

---

3   Ele a chama "sabedoria", *sophia*; ou *próte philosophia*, filosofia primeira. *Metafísica* é um nome cunhado pelos editores da sua obra.
4   Embora, obviamente, não seja um metafísico, Merleau-Ponty (1966) resgata o sentido elevado da palavra em seu belo artigo sobre a filosofia e as ciências, que – certamente, não por acaso – intitulou "Le métaphysique dans l' homme".

Foi com alguns herdeiros de Kant que o termo começou a ganhar, aliás *malgré lui*, o sentido pejorativo que, atualmente, é o seu. Com efeito, Kant (1952) prova, na *Crítica da razão pura*, que o conhecimento dos objetos tradicionais dessa disciplina (Deus, a alma, o Universo) é impossível, porque a razão especulativa é incapaz de determiná-los de modo suficiente. No lugar do que denomina "dogmatismo metafísico" – a pretensão de conhecer tais objetos como se fossem objetos naturais –, Kant (1952) propõe o exame da razão enquanto tal, das suas possibilidades e limites, das noções que é capaz de produzir em seu trabalho, da sua "arquitetônica" etc. A solução dualista que lhe parece adequada (reservar aos objetos do antigo dogmatismo metafísico um lugar eminente no domínio da razão prática, isto é, na região da moral) foi posta em xeque pelos largos avanços da ciência positiva no século XIX, e, assim, a palavra *metafísica* veio a designar algo próximo de *ilusão*, algo que pretendesse se subtrair à lógica científica, e, de um modo ou de outro, visasse a restaurar o domínio da teologia sobre a investigação racional. Mas será que toda pesquisa sobre o porquê das coisas é necessariamente desprezível, rançosa ou estúpida? Não penso assim, e, se alguém quiser qualificar (ou desqualificar) como metafísica tal inquietação, nem por isso ela deixará de ser legitima.

Essa, contudo, não é a opinião de Loparic. Sua crítica incide sobre três conceitos herdados pela psicanálise – como de resto por todo o pensamento ocidental – da especulação metafísica dos gregos, dos medievais e do que Merleau-Ponty chamou de "grande racionalismo": a noção de *causa*, a noção de *sujeito*, e a noção de *representação*. A psicanálise freudiana seria tributária da filosofia da representação, uma variante da teoria da subjetividade que, como vimos anteriormente, é aliada do projeto de mecanização.

Embora "A máquina no homem" (1997) não se proponha a discutir a questão da representação, na seção "A máquina da mente de Freud e a teoria da subjetividade" o "sujeito da representação" é mencionado como "o ponto de referência de Freud em toda a questão do real". A via pela qual esses produtos da especulação metafísica determinam o modo de pensar psicanalíticos é a noção de *aparelho psíquico*, ou máquina da mente, de onde se origina o título do artigo. Na verdade, o que está em causa é, mais uma vez, a validade da metapsicologia: esse é o ponto em que o segundo texto de Loparic se enlaça ao primeiro.

O que é *metapsicologia*? Antes de mais nada, um neologismo inventado por Freud para descrever e fundamentar teoricamente os processos psíquicos inconscientes, isto é, que se situam além (ou aquém) da consciência. Ele utiliza também, num sentido mais descritivo, o termo *Tiefenpsychologie*, ou psicologia das profundezas, que, como assinala Paul-Laurent Assoun, nada tem a ver com "uma problemática romantizante dos lados noturnos da alma" (Assoun, 1996, p. 239). "Profundo" é aqui tomado como oposto a superficial, imediato, consciente, e, como conceito, se refere ao domínio das *causas* que nos movem sem que delas tenhamos conhecimento.

A metapsicologia é, assim, a tentativa de dar, dos processos psíquicos inconscientes, uma *descrição em termos gerais* (para além do trabalho clínico com o indivíduo singular) e, ao mesmo tempo, uma *explicação causal*, no sentido forte definido acima. Ela responde à necessidade de ultrapassar o plano sempre singular no qual ocorre o trabalho analítico – isto é, com *aquele* paciente, quer se trate de uma pessoa ou de um grupo – e atingir um patamar propriamente teórico, dando aos fenômenos nomes capazes de se transformar em conceitos e às interpretações específicas um grau de generalidade que permita a construção de hipóteses mais e mais distantes da experiência imediata, portanto, de alcance mais e mais abrangente. Dito de outro modo, a tarefa da metapsicologia é a construção de *modelos processuais*, já que seu objetivo é expor a gênese e o funcionamento de um determinado *tipo de ser*: os processos psíquicos inconscientes, tidos como *causa* dos fenômenos conscientes.

Por aí se vê que a psicanálise é simplesmente impensável sem sua dimensão metapsicológica, quer esta seja vazada nos termos que Freud escolheu, quer em outros. Amputá-la da metapsicologia significa retirar-lhe a possibilidade de pensar o que faz, de se construir como saber. Seria o mesmo que, a pretexto de tornar mais concretas a física ou a química, proibir-lhes o uso de noções como força, massa, átomo ou valência.

Por que Freud escolheu a terminologia mecânica criticada por Loparic, para descrever os processos psíquicos? Porque, até então, a psicologia era o território das causas finais, e, empenhado num trabalho de investigação que se queria científico, Freud faz todo o possível para dar do funcionamento mental uma explicação baseada em causas eficientes. Esse vocabulário, na aparência vetusto, está sendo aqui empregado de propósito, já que Loparic fala do projeto de mecanização da alma humana como parte da teoria da subjetividade moderna.

A noção de causa nos vem dos gregos, em parte da prática jurídica (ligada ao estabelecimento da responsabilidade por um ato criminoso), em parte da prática médica, em parte das investigações dos primeiros filósofos sobre a Natureza, em parte ainda de historiadores como Heródoto e Tucídides, que desejavam compreender o porquê dos acontecimentos políticos e das guerras. Foi Aristóteles quem compilou a famosa lista das quatro causas – material, formal, eficiente e final –, as quais, uma vez estabelecidas, bastariam para dar conta de uma coisa qualquer. Dessas, são mais propriamente causas (no sentido atual) a eficiente e a final. *Causa eficiente* é a fonte da mudança que ocorre em alguma coisa, ou da cessação desse processo; *causa final* é aquilo em vista do que, ou a finalidade pela qual, uma causa eficiente é acionada.

O que caracteriza a posição moderna – de Francis Bacon em diante – quanto ao problema da causalidade é o esforço para expurgar da natureza as causas finais, por exemplo, a que explicava as nuvens como algo destinado a fazer chover sobre a terra, ou as pestanas, como um artifício da natureza para proteger os olhos. Fenômenos naturais deveriam ter causas eficientes, isto é, capazes de produzir seus efeitos por simples combinação; imaginar a natureza querendo isso ou aquilo passa a ser visto como um equívoco antropomórfico, ao qual Espinosa dará o nome de *superstição*.[5] Mas as ações humanas, até Freud, continuavam sendo explicadas basicamente por causas finais – chamadas agora de motivos –, apesar dos esforços de filósofos como La Mettrie e outros para pensar o homem como um autômato.

É essencialmente a exigência de encontrar causas tanto quanto possível precisas para o que acontece na psique que leva Freud a nomear o que vai descobrindo com termos oriundos das ciências naturais, como a física, a biologia e a química. Mas por que um *aparelho*? Em parte, porque existe uma ampla tradição nesse sentido – e aqui reencontramos o argumento de Loparic –, que remonta ao século XVII (Descartes) e se estende por todo o século XVIII. Outra razão dessa escolha é que Freud tem, desde o início, uma visão da vida psíquica como constituída por movimentos opostos uns aos outros, bem como a imagem de um aparelho constituído por peças que devem apresentar um arranjo funcional, mas também podem se quebrar ou se danificar, útil para figurar essa concepção fundamental. A grande novidade do modelo freudiano em relação aos propostos pelos filósofos é que o funcionamento do aparelho é ao

---

5 A teoria da evolução reintroduzirá na natureza uma versão modificada da causa final: o objetivo da luta pela vida é a sobrevivência. Mas a mudança é de peso: as alterações que a favorecem não são planejadas, mas sim aleatórias e o fator que determina quais indivíduos de dada espécie sobreviverão é a maior ou menor adequação delas às circunstâncias do ambiente (a sobrevivência é reservada os mais aptos).

mesmo tempo o desarranjamento dele, porque é movido por forças que agem em sentido contrário – o conflito, anteriormente citado, cujo *locus* é o inconsciente.

Essa ideia, por sua vez, traz implícita uma concepção do que seja o sujeito, que o desvincula da consciência e, portanto, da vontade soberana do indivíduo. Em outros termos, é porque a neurose comprova que podemos ser coagidos – sem que nenhuma força externa nos obrigue – a sentir, pensar ou fazer aquilo que não queremos, que as causas finais não bastam para explicar o que ocorre na vida psíquica: a consciência soberana não é o foco originário das nossas ações, desejos e pensamentos. Por outro lado, é preciso admitir que os sintomas, os sonhos, atos falhos, fantasias e delírios são, de algum modo, produzidos; caso contrário, estaríamos de volta à opinião de que as histéricas são apenas manhosas e que os sonhos não significam nada.

A presença do sentido na vida psíquica exige que se preserve a função da causalidade – algo engendra o imediato, o perceptível –, mas a abolição da soberania da consciência impede que esse algo seja ligado apenas a finalidades conscientes. Isso pela boa e simples razão de que é impossível pensar uma finalidade no sentido tradicional sem um sujeito capaz de optar voluntariamente por este ou aquele fim, assim como de programar sua conduta em vista do fim escolhido.

Por outro lado – e isso solda indissoluvelmente a face hermenêutica à face dinâmica do pensamento freudiano –, as causas reveladas pela interpretação são, ao mesmo tempo, eficientes e finais, se entendermos finais numa acepção próxima de Darwin: o sentido de um sonho (ser a realização disfarçada de tais e quais desejos reprimidos) é simultaneamente a causa dele (ele é efeito dos ditos desejos quando submetidos à censura e aos demais mecanismos que configuram o trabalho do sonho). Portanto, longe de ser um fruto dos preconceitos de Freud, ou da sua ignorância quanto à "estrutura da acontecência do existir humano" (Loparic, 1997, p.111), a linguagem técnica da metapsicologia responde a uma exigência precisa, e a satisfaz muito bem, ao menos no início do percurso freudiano (veremos adiante que, depois, ela não se mantém exclusivamente nesse registro).

O aparelho psíquico é obviamente uma ficção, um recurso para pensar – um modelo, em suma. Mas, como deve ser um modelo útil, precisa ter alguma homologia com aquilo de que é modelo (a realidade psíquica); além disso, ainda precisa ser capaz de formular o que a caracteriza (sua natureza) de uma maneira que não se aplique unicamente ao caso em exame. A experiência do paciente ao lutar contra a regra de dizer o que vem à sua cabeça é um fenômeno observável por ele e por seu analista; já o conceito de "resistência" designa uma classe de coisas ou processos, no caso, aqueles que podem estar agindo no paciente que luta contra a necessidade de dizer coisas penosas. O que resiste? Ao que resiste, e como? Quanto resiste, e como deixa de resistir? A ideia de "pressão" se impõe quando queremos descrever este tipo de vivência: não é por acaso que os filósofos e poetas falaram desde sempre em impulsos e em controle. A metapsicologia leva a sério esses fatos e procura dar deles uma descrição que preserve a sua mobilidade e a sua complexidade.

Pois, tendo nascido relativamente simples – a descrição do aparelho psíquico na *Interpretação dos sonhos* –, ela não tarda a se complicar, na medida que vai sendo usada para dar conta de processos mais e mais complexos. Narcisismo, pulsões, objeto de amor, agressividade, patologias não neuróticas, fases da libido, e outras entidades psicanalíticas – como os números primos, o ângulo e o logaritmo são entidades matemáticas, já a lei, a promessa, a religião ou o dinheiro, são entidades sociais que surgem no vocabulário psicanalítico conforme novos problemas vão sendo enfrentados, e que, para situá-los e modelizá-los, os conceitos são ampliados em número ou em grau de abrangência.

A metapsicologia opera por níveis de abstração, e isso em dois sentidos diferentes. Em primeiro lugar, abstrai do imediato para o conceitual: há conceitos metapsicológicos mais próximos da experiência cotidiana (censura do sonho, resistência, *insight* etc.) do que outros (por exemplo, masoquismo, objeto interno, ego-prazer purificado, clivagem do ego no processo de defesa). Sob esse aspecto, é preciso definir o que são essas coisas e como se pode operar com os conceitos que as circunscrevem; não se fala de pessoas, embora elas estejam no horizonte de toda a conceituação psicanalítica. Temos aqui uma reflexão teórica no sentido mais rigoroso que se possa imaginar.

Mas há um segundo sentido para a abstração metapsicológica, que consiste em procurar dar, mediante os conceitos e hipóteses disponíveis, um modelo de um processo ou de um produto psíquico específico, digamos a evolução de um tratamento, ou a relação dos sintomas atuais do paciente com as vivências da sua infância. Poder-se-ia dizer que esses dois usos da metapsicologia equivalem, grosso modo, à física teórica e à física aplicada, ou, à teoria literária e à análise de um romance. Nesse segundo caso, a reflexão metapsicológica subsidia o raciocínio clínico, que opera tanto indutivamente (partindo da observação do singular e procurando inclui-lo em classes mais gerais) quanto dedutivamente (utilizando as relações entre conceitos gerais para compreender o que é dado na observação).

Por exemplo: uma paciente relata fatos que sugerem ter sido abusada sexualmente quando criança. O abuso é, conceitualmente, um trauma severo, que produz consequências de determinados tipos, inclusive a longo prazo. Algo semelhante ao que sabemos delas aparece, ou não, nas fantasias transferenciais daquela pessoa, nos seus sonhos, nas suas inibições etc.? Se sim, é legítimo vincular tais elementos ao possível abuso e utilizar essa compreensão para formular uma interpretação. Embora esquemático, esse exemplo nos serve para perceber como é indispensável, para a psicanálise e para o psicanalista, recorrer às hierarquias de conceitos e de hipóteses oferecidas pela metapsicologia, sob pena de trabalhar às cegas, apenas com a intuição e renunciar a qualquer explicação do que se passa na alma humana, em análise ou fora dela.

***

O segundo alvo da crítica de Loparic é a teoria da subjetividade, ancorada num sujeito da representação que seria a referência de Freud em toda a questão do real. Aqui, me parece que estamos diante de um equívoco, que consiste em ler os termos de Freud como se significassem exatamente o mesmo que suas contrapartes filosóficas. Para compreender bem o problema, é necessário dizer algumas palavras sobre o que são, para a filosofia e para a psicanálise, o sujeito e a representação.

O cerne da significação designada pela ideia de sujeito é o de um foco de atividade, e, primeiramente, na gramática que define o sujeito da oração como aquele que é ou faz o que o verbo indica. Ela se avizinha de outras, como pessoa, indivíduo, eu, que se referem a várias modalidades da percepção de si por si e pelos outros. Enumerar aqui as diferentes acepções atribuídas a essa noção desde os gregos até a atualidade equivaleria a escrever uma história do pensamento ocidental em poucas páginas, o que é obviamente impossível.[6] Foucault (1984a) as resume sob três rubricas, que nos servem aqui como indicação taquigráfica da complexidade do problema. São elas: o indivíduo enquanto polo independente do grupo a que pertence; o indivíduo como existindo num eixo privado, em oposição à sua vida pública; o indivíduo como investigador de si mesmo, voltado para o exame de si e para a busca da sua verdade interior.[7]

---

6 Podem-se consultar, entre outros, os seguintes trabalhos: Bezerra Jr., B. (1989); Logan, Richard. D. (1991); Braunstein, N. A. (1980), Parte II: "Hacia uma teoría del sujeto"; além dos clássicos de Michel Foucault, *O uso dos prazeres* e *O cuidado de si*.
7 Cf. *O cuidado de si*, e o comentário de Benilton Bezerra a esta passagem.

O que me parece importante assinalar é que, se ao longo dessa trajetória de vinte e tantos séculos, a imagem de si tornou-se mais clara e, eventualmente, mais independente do que podemos considerar como o seu Outro, em nenhum momento o sujeito filosófico foi concebido como totalmente autônomo e soberano: ele é sempre, de algum modo, limitado e parcialmente opaco a si mesmo, quer porque se defronta com os outros cidadãos na *pólis*, quer porque é criatura, não Criador, quer porque é habitado pelo pecado ou pelas paixões, quer porque o sujeito não é o indivíduo (em Hegel, é o Espírito, em Marx, a classe social etc.).

Há um momento na história da filosofia – o racionalismo dos séculos XVII e XVIII – em que o sujeito do conhecimento se emancipa da tutela da tradição e se vê como fiador da verdade das suas ideias, desde que adquiridas criticamente ou submetidas ao crivo da razão. A veracidade de tais ideias passa a depender mais da maneira pela qual são construídas do que da fidelidade àquilo de que são representações. É assim que surge o "sujeito da representação" ao qual Loparic se refere em seu artigo. São chamadas filosofias da representação aquelas que colocam no centro da sua problemática o sujeito que as elabora e de quem elas dependem para existir.

Contudo, daí à ideia de um sujeito inteiramente desvinculado do que quer que seja, produtor de si mesmo e do mundo, a distância é, no entanto, grande – e não foi Descartes quem a aboliu, ele, para quem a "coisa pensante" existe, lado a lado com a "coisa externa" e com o Deus veraz, e sim o bispo Berkeley, para quem "ser é ser percebido" ou representado. Assim, muito do que circula atualmente no debate entre filósofos e psicanalistas acerca da superação do sujeito da representação, da metafísica da representação e da necessidade de libertar a psicanálise das amarras da representação precisaria ser revisto à luz do que foram efetivamente os pensamentos da representação. Nem todas as genealogias atribuídas à psicanálise são necessariamente exatas.

O que é representação? A palavra designa duas coisas: o ato pelo qual se apreende um objeto, e o conteúdo deste ato, uma figuração do próprio objeto que ele apreende. Como ato, ela pode ser representação de um objeto presente (percepção); reprodução de uma percepção anterior (recordação); antecipação de algo futuro a partir da combinação de imagens já disponíveis (previsão); união de várias imagens ou ideias de algo possível ou desejado (imaginação). O termo designa, ainda, no sentido teatral, a materialização pelos corpos e vozes dos atores daquilo que constitui o texto da peça, mas essa acepção não nos interessa no momento. Nos quatro sentidos mencionados, a representação é sempre representação de alguma coisa, e, como mostra Foucault em *As palavras e as coisas*, o problema do vínculo entre a representação e o representado (ou, em termos contemporâneos, o seu referente) é central para todo o pensamento clássico. É por esse motivo que cabe ao sujeito zelar pela veracidade das suas representações, ordenando-as e mediando-as (este é o tema de um dos capítulos do livro mencionado).

Em resumo: falar em sujeito, em representação ou em sujeito da representação não implica de modo algum supor um solipsismo absoluto, no qual um ente desvinculado do mundo se autoengendrasse e produzisse suas representações de forma inteiramente autônoma e arbitrária. Nem na filosofia, nem na psicanálise se pode dizer que a realidade é uma função dos testes feitos desde o ponto de vista do sujeito do prazer. Tampouco é possível sustentar que "Freud trabalha com o sujeito da representação como ponto de referência em toda a questão do real" (Loparic, 1997, 103), se com isto se quer situá-lo no redil de um tal solipsismo.

Para nos certificarmos disso, basta observar como Freud emprega as noções em exame. O termo "sujeito" (*subjekt*) aparece, sobretudo, no contexto das discussões sobre o narcisismo, como mostra o estudo de Paul-Laurent Assoun mencionado há pouco.[8] Ora, esse é o terreno em que a dialética sujeito-objeto está mais presente em toda a reflexão freudiana: é o que comprovam as noções de identificação ao objeto, superego e objeto narcísico. Em nenhum momento Freud postula um sujeito autoengendrado ou independente do meio em que vive – será preciso lembrar o peso da noção de sedução em sua obra?

A novidade epistemológica da ideia psicanalítica de sujeito está na dimensão inconsciente, isto é, na clivagem interna que, ao final da sua obra, Freud chega a atribuir até mesmo ao ego. Esse é o famoso descentramento do sujeito do qual tanto se falou desde Lacan. Joel Birman assinala, com razão, que esse descentramento pode ser lido em três momentos ou segundo três perspectivas diferentes: descentramento da consciência para o inconsciente, descentramento do eu para o outro, descentramento da consciência, do eu do inconsciente para as pulsões (Birman, 1993).

Em nenhuma dessas perspectivas o sujeito coincide consigo mesmo, porque está cindido por uma fratura interna insanável, e isso é algo diferente da limitação ou da opacidade do sujeito tematizado pela filosofia, sempre opaco ou limitado por outra coisa que não ele mesmo enquanto sujeito pensante. A ideia de uma luz natural constitutiva do sujeito é assim substituída pela de uma obscuridade natural, se nos for permitido falar assim. O fato é que na filosofia clássica o tema do sujeito se vincula preferencialmente à problemática do conhecimento – daí falar-se em sujeito da representação – enquanto Freud estuda a sua gênese a partir de uma perspectiva na qual o conhecimento tem um papel extremamente reduzido, para não dizer inexistente. A psicanálise certamente não é uma psicologia cognitiva! Além disso, a noção de sujeito é bastante secundária na arquitetura conceitual do freudismo, talvez justamente pelas conotações filosóficas que carrega,

---

8   Cf. Loparic (1997, p.112).

e foi preciso esperar por Lacan – cuja relação com a filosofia é bem diversa da de Freud – para que a constituição do sujeito se tornasse uma expressão comum entre os analistas.

Da mesma forma, o termo representação – *Vorstellung* – não está associado em Freud ao conhecimento, embora seja herdado da tradição filosófica alemã. Não cabe aqui recensear toda a gama de empregos deste vocábulo nos textos de Freud – representação de coisa e de palavra, representantes da pulsão etc. –, mas sim assinalar brevemente o sentido psicanalítico do termo.

A representação é a atividade própria da psique, em seu esforço para dar sentido ao que lhe ocorre; equivale à tradução em elementos psíquicos das vivências corporais e relacionais que constituem a sua trama muda. Assim, pode-se falar em representação fantasmática, em representação ideativa ou de pensamento etc.[9] Em um sentido mais restrito, a representação é a figuração do objeto pulsional, do objeto do desejo e do objeto de amor e de ódio, e, nesse sentido, o próprio dela na sua categorização psicanalítica é que ela exerce uma atividade sobre o sujeito, excitando-o ou acalmando-o, provocando prazer, angústia, e assim por diante. Tal sentido, que eu saiba, é específico da psicanálise e justifica o emprego do termo, para além das acepções usuais que ecoam a tradição filosófica. Pense-se por exemplo no objeto fóbico, na cena originária, nas imagos edipianas: essas representações não reproduzem *ipsis litteris* o mundo exterior, mas ativam na psique reações que se traduzem por uma vivência afetiva.

Podemos agora concluir. Loparic recusa as metáforas freudianas tiradas da física, vincula a psicanálise a uma teoria da subjetividade alicerçada no determinismo universal e, a partir disso, afirma que o ponto de referência de Freud para pensar o real é a noção de representação. A desconstrução da metafísica inerente à metapsicologia

---

9 Piera Aulagnier é aqui a referência principal.

parece ter como alvo a seguinte fórmula, que – embora não presente no texto de Loparic – talvez possa condensar seu argumento: as metáforas fisicalistas de Freud provêm da sua crença, com base na metafísica, de que o sujeito é a (única) causa das suas representações. Ora, nem Freud nem os filósofos que antecederam Heidegger jamais afirmaram coisa semelhante.

A metapsicologia recorre a formulações mecânicas porque seu objetivo é descrever processos que escapam à alçada do sujeito entendido como consciência de si. Ao menos nas suas versões iniciais, anteriores à introdução do conceito de narcisismo, o propósito da reflexão metapsicológica é expurgar da psicologia a noção de sujeito, como corolário da afirmação de que o verdadeiramente psíquico é o inconsciente. É somente a partir da década de 1910 que a consideração dos processos ligados ao narcisismo forçará Freud a rever a radicalidade de suas posições, e, nessa revisão, entrará em cena uma concepção do sujeito como essencialmente constituído e afetado pelo outro, a qual pouco tem a ver com as asserções de Loparic sobre o sujeito da representação.

A própria noção de representação psíquica, tão essencial na obra do fundador, é por sua vez restringida em seu alcance por alguns autores pós-freudianos, que nas patologias mais graves se defrontam com um aquém da representação. Mas tais problemas não os conduzem a abandonar a metapsicologia; evitando jogar fora o bebê junto com a água do banho, eles procuram reformular certas hipóteses e certos conceitos herdados da metapsicologia freudiana, o que tem por efeito a criação de *outras metapsicologias*, mais ou menos afastadas das suas matrizes em Freud, e talvez mais aptas a dar conta de determinados problemas teóricos e clínicos.[10]

---

10 Desde a elaboração original do presente capítulo, ocupei-me dessa questão em várias oportunidades. Permito-me aqui referir o leitor a dois livros em que são

A tarefa de qualquer metapsicologia deriva da tese central da psicanálise, a saber a existência e eficácia do inconsciente dinâmico; reciprocamente, essa entidade – a pedra fundamental da disciplina freudiana – é o objeto do qual se ocupa a metapsicologia. Quem diz *inconsciente* diz outra coisa que acontecência do existir humano: diz causas que nos determinam à nossa revelia, diz sujeito cindido em seu próprio interior e agido por representações investidas de afeto, diz forças que se deslocam e se combinam para produzir efeitos proporcionais a elas.

Para finalizar, a metapsicologia não é toda a psicanálise, mas, sem uma a outra não pode ser nem ser concebida. Freudiana, kleiniana, lacaniana, kohutiana ou winnicottiana, consiste simplesmente no "conjunto de hipóteses que fundamentam um sistema de psicanálise".[11] Nesse sentido, cabe lembrar uma réplica famosa outrora proferida no castelo de Elsinore: entre o céu (das ideias) e a terra (da realidade psíquica), há mais coisas que aquelas com que sonham certas filosofias.[12]

Referências

Abras, R. (Org.). (1996). *A jovem homossexual: Ficção psicanalítica.* Passos.

Aristóteles. (1973). *Metafísica*, livro G, cap.2, 1033a. Tradução de Vincenzo Cocco e notas de Joaquim Carvalho. Abril Cultural.

---

tratadas: *O Tronco e os Ramos* (Blucher, 2019), e *Lacan, Stein et le narcissisme primaire* (Ithaque, 2020).

11 Cf. Freud, S. (1975). Complemento metapsicológico à doutrina do sonho. *Studienausgabe* III, p. 179, nota 1; Biblioteca Nueva (tradução Ballesteros), II, p. 2083.

12 A propósito, o adjetivo "vã" não se encontra no texto de Shakespeare (cf. *Hamlet*, Ato I, Cena 5, 167-168).

Assoun, P. L. (1996). Métapsychologie et psychanalyse. In Mijolla A. & Mijolla-Mellor S. *Fondamental de Psychanalyse* (pp. 239-319). PUF.

Bezerra Jr., B. (1989). Subjetividade moderna e o campo da psicanálise. In J. Birman (Org.). *Freud. 50 anos depois*, Relume-Dumará.

Birman, J. (1993) Sobre o sujeito no discurso freudiano. *Estudos em Saúde Coletiva*, 69, 1-32. Uerj/IMS. Recuperado de https://www.ims.uerj.br/wp-content/uploads/2017/05/SESC-069.pdf.

Braunstein, N. A. (1980). *Psiquiatría, teoría del sujeto, psicoanálisis*. Siglo Veintiuno.

Foucault, M. (1984a). *Histoire de la sexualité: L'usage des plaisirs* (Vol. 2). Gallimard.

Foucault, M. (1984b). *Histoire de la sexualité: Le souici de soi* (Vol. 3). Gallimard.

Freud, S. (2006). A psicogênese de um caso de homossexualidade numa mulher. *Edição Standard Brasileira das Obras Completas de Sigmund Freud* (Vol. XVIII). Imago. (Trabalho original publicado em 1920).

Freud, S. (1975). *Complemento metapsicológico à doutrina do sonho*. Studienausgabe. (Trabalho original publicado em 1917).

Heidegger, M. (2014). *Ser e tempo*. Vozes. (Trabalho original publicado em 1927).

Kant, E. (1952). *The critique of pure reason, the great books of the western world*. Britannica.

Logan, R. (1991). Reflections on Changes. In Self-Apprehension and Construction of the 'Other' in Western History. *The psychohistory Review*, 19(3).

Loparic, Z. (1991). Um olhar epistemológico sobre o inconsciente freudiano. In F. Knobloch. *O inconsciente: várias leituras*. Escuta.

Loparic, Z. (1997). A máquina no homem. *Psicanálise e Universidade*, 7, 97-114.

Merleau-Ponty, M. (1966). Le métaphysique dans l' home. In *Sense et non-sens*. Nagel.

Pascal. (1957). *Pensamentos* (Sérgio Milliet, Trad.). Difusão Europeia do Livro.

Ricoeur, P. (1965). *Freud et la philosophie; essai sur l'interprétation*. Seuil.

3. Psicanálise e ciência: trabalhando juntas em direção a um entendimento[1]

Linda A. W. Brakel

Ao longo de várias décadas, tem havido muitos debates – aparentemente intermináveis e talvez infrutíferos – sobre se a psicanálise é ou não uma ciência. Não me preocuparei com essa questão aqui: em vez disso, meu objetivo será o de assegurar o lugar da psicanálise nas ciências e demonstrar as inúmeras maneiras pelas quais ela, como um empreendimento científico, pode aprimorar o nosso conhecimento em vários níveis diferentes.

Tampouco irei retomar a eficácia (ou a falta dela) da psicanálise como método de tratamento. Embora existam muitos estudos dessa espécie, os quais geralmente são realizados com rigor científico e sob a suposição de que a psicanálise é um método clínico destinado a aliviar sintomas e sofrimentos psiquiátricos, não creio que estes sejam, de fato, os objetivos de uma psicanálise. Na verdade,

---

[1] Traduzido por Vitor Orquiza de Carvalho e Marcelo Galletti Ferretti.

analistas e analisandos tentam obter mudanças mais profundas, mas menos tangíveis.[2]

Há muitos assuntos que discutirei no presente capítulo. Eis um breve resumo: na primeira seção, sustentarei que a Psicanálise é (entre outras coisas) uma teoria científica – uma *teoria geral da mente*. Distinguirei a teoria geral das teorias clínicas[3] psicanalíticas e constatarei que a teoria geral psicanalítica da mente é uma boa teoria científica. A segunda seção será abrangente, discutindo, primeiro, embora brevemente, vários tipos diferentes de aplicações científicas da teoria clínica psicanalítica e, em seguida, a ciência da teoria geral psicanalítica da mente, e, particularmente, em dois aspectos importantes dela: (a) testes empíricos de aspectos testáveis da teoria geral da psicanálise; e (b) conexões entre a teoria geral psicanalítica da mente e as disciplinas científicas cognitivistas. Os elementos de ambas as subseções serão usados para dar ainda mais corpo à alegação de que a teoria geral psicanalítica da mente é realmente uma boa teoria científica. Por fim, um coda será apresentado com conclusões e uma avaliação mais pessoal.

---

2 Certamente, algo difícil de articular, mas o que se segue é a minha estranha, admito, tentativa de apresentar os objetivos das psicanálises clínicas. Uma análise pode ajudar uma pessoa – reconhecendo o que ela fez no passado junto com o que está fazendo atualmente, tanto na análise quanto na vida – a se tornar um eu mais ativamente engajado. De todo modo, seria difícil desenhar estudos com medidas adequadas para investigar tais desenvolvimentos e, mais ainda, para contrastar os resultados com outras modalidades de tratamento.

3 Uso o plural porque, embora haja alguns conceitos decisivos usados por todas as escolas psicanalíticas, diferentes escolas empregam diferentes conceitos e até diferentes teorias. A tarefa de caracterizar essas diferenças está além do escopo deste capítulo.

Primeira seção[4]

A expressão "teoria psicanalítica" tem sido convencionalmente usada para descrever a psicanálise tanto como um método clínico quanto como uma teoria geral da mente. Porém, existem diferenças significativas que são obscurecidas pela terminologia compartilhada. A teoria geral da mente é mais básica e dela derivam (pelo menos em parte) várias versões da teoria clínica. Além disso, seu status científico não depende do status de suas ramificações clínicas. Nesta seção, proponho que ela é uma teoria científica – e uma boa teoria científica.[5]

A teoria geral psicanalítica da mente

Como em qualquer teoria científica,[6] existem algumas suposições que formam a espinha dorsal da *teoria geral psicanalítica da mente*. Nela, verificam-se quatro suposições e um corolário.

---

4 Boa parte do material desta seção é uma versão consideravelmente revisada e compactada de Brakel (2009).

5 A Teoria Clínica Psicanalítica é mais problemática em termos de sua posição científica. Isso se deve, em parte, a escolas diferentes, com vários conceitos e teorias que se tornam facções contenciosas em relação ao que é considerado central. Em minha opinião, todas as escolas que são, de fato, psicanalíticas se enquadram na teoria psicanalítica geral da mente. Além disso, existem conceitos clínicos que fazem parte da Teoria Clínica Psicanalítica de todas as escolas. A transferência é um desses conceitos, cuja derivação da Teoria Geral Psicanalítica pode ser prontamente avaliada como segue: a transferência é, essencialmente, uma categorização inconsciente feita a partir da semelhança entre figuras do passado e do presente e, com base nos atributos do processo primário – o que demonstra claramente as premissas um e dois, como será discutido na subseção logo a seguir.

6 Todo o método científico se baseia em algumas suposições. Por exemplo, existem suposições no sentido de que múltiplas observações se inclinam para a geração indutiva de hipóteses e que hipóteses alternativas devem e podem ser testadas à medida que as teorias são desenvolvidas. A pesquisa empírica de cada ramo

Duas suposições são amplamente baseadas nas observações de Freud e derivadas delas:

1. Há um funcionamento mental (*mentation*) inconsciente com conteúdo significativo (representacional).
2. Existem dois tipos formais de funcionamento mental (*mentation*): processo primário e processo secundário.[7]

As próximas duas suposições são versões psicanalíticas de suposições da ciência geral:

3. Continuidade psicológica (psíquica).
4. Determinismo psicológico (psíquico).

As premissas três e quatro se vinculam da seguinte forma: a continuidade psicológica sustenta que os eventos mentais se seguem não aleatoriamente, e, sim, de maneira potencialmente compreensível. O determinismo psicológico sustenta que existe um componente psicológico que contribui para cada evento, ou, pelo menos, determina-o parcialmente.[8]

---

baseia-se na suposição de que todas as variáveis, exceto aquelas sob estudo específico, devem e podem ser mantidas (relativamente) constantes e, sempre que possível, as questões de interesse manipuladas experimentalmente devem ser contrastadas com as condições de controle, ou seja, aquelas sem intervenção experimental.

7 Freud, por volta de 1900, havia delineado as principais diferenças entre os processos secundários, os processos mentais (*mentation*) racionais normais de humanos adultos em vigília e os processos primários que são evidentes nos sonhos, sintomas psiquiátricos e muitos dos pensamentos diários de crianças pequenas. Os processos primários são a-racionais, sem as regras da lógica, de modo que as contradições são toleradas e o teste de realidade abjurado. O funcionamento (*mentation*) do processo primário é associativo por natureza, com associações, deslocamentos, condensações e categorizações frequentemente com base em pequenos recursos não essenciais. (Ver também Freud, A., 1936/1966, p. 7).

8 Eu defendo o determinismo psicológico contra as suas críticas em Brakel (2017).

5. O corolário é o método da associação livre.⁹

A associação livre opera fornecendo o conteúdo que pode preencher lacunas que seriam incompreensíveis na continuidade psicológica, restaurando, assim, o entendimento. Esse corolário se baseia nas premissas de continuidade psicológica e no determinismo psicológico.¹⁰

Com essas quatro suposições e o corolário no seu lugar, muitos comportamentos, atitudes e ações humanas, até então consideradas incoerentes, insanas ou simplesmente loucas – incluindo aquelas que são altamente irregulares, idiossincráticas e claramente sintomáticas –, puderam se tornar inteligíveis e compreensíveis. Existem inúmeros exemplos que se poderiam oferecer aqui, mas apresentarei o de um caso marcante de uma mulher que tratei durante minha residência psiquiátrica há muito tempo:

---

9 A associação livre é um corolário versátil, pois também faz parte da teoria clínica psicanalítica – é o método básico usado em todas as várias escolas de psicanálise. Relevantes para a teoria geral psicanalítica e para a teoria (ou teorias) clínica, existem cinco pontos de vista conceituais da metapsicologia, que, juntos, podem ser usados para ajudar a compreender (ou pelo menos descrever) todos os eventos e comportamentos psicológicos: (1) topográfico: relativo a conteúdos e comportamentos conscientes e inconscientes; (2) estrutural: pertencente às contribuições combinadas de Id, ego, superego, sendo tais conceitos da teoria clínica que consistem em diferentes processos funcionais psicológicos; (3) desenvolvimentista: marcando as diferentes fases da vida; (4) dinâmico/energético: consistindo dos conflitos entre estágios, estruturas, processos e estados de consciência e o trabalho (energia) necessário para lidar com eles, como, por exemplo, na montagem de defesas, tanto conscientes quanto inconscientes; (5) adaptativo: bastante relacionado ao energético/dinâmico, o ponto de vista adaptativo refere-se às tentativas de chegar a comportamentos psicológicos que alcancem os melhores compromissos possíveis – isso entre as muitas estruturas psicológicas, funções e processos, e a realidade (que inclui a realidade de outras pessoas).
10 A associação livre fornece conteúdos faltantes, resolvendo lacunas que ocorrem também no dia a dia. Exemplos conhecidos incluem lapsos de linguagem e esquecimento momentâneo.

> *Mãe de cinquenta e cinco anos de idade de dois filhos adultos, a Sra. M estava no serviço de internação psiquiátrica dos hospitais da Universidade de Michigan tentando empurrar um frasco de shampoo de plástico da marca Head and Shoulders através de sua vagina, gritando que a cabeça e os ombros a estavam matando. As informações de fundo revelaram que, depois de ter tido dor abdominal por alguns meses, pouco antes de sua internação psiquiátrica, ela recebeu um diagnóstico de câncer uterino em estágio 4. Essa malignidade exigiria uma operação pélvica para remover um grande tumor.*

Não era necessário ter muita experiência para compreender tal comportamento: a sra. M desejava que estivesse dando à luz um de seus bebês e que a dor que experimentava fosse a do parto normal, uma vez que a cabeça e os ombros (*head and shoulders*) estariam sendo paridos. Mas a própria Sra. M não estava consciente dessa conexão. Ela não tinha nem consciência do seu desejo muito compreensível de ser uma mãe jovem e saudável em vez de uma paciente de câncer de meia-idade desesperadamente doente – desejo que só lhe ocorreu bem após o tratamento, com um potente medicamento antipsicótico. Temos, assim, uma ilustração bastante clara da primeira suposição – funcionamento mental (*mentation*) inconsciente dotado de sentido. Há, ainda, uma presença expressiva do processo primário: a marca Head and Shoulders, representando a cabeça e os ombros de um recém-nascido; o frasco empurrado para dentro da vagina representando o bebê puxado e empurrado para fora; a antiga dor do parto substituindo a nova dor do tumor. Essas são figuras do funcionamento mental primário (*mentation*) do processo que demonstram a minha segunda suposição. Com relação ao determinismo psicológico, é evidente que seu desejo inconsciente – estar saudável e grávida, dando à luz novamente, em vez de sofrer de câncer com um mau prognóstico e uma cirurgia séria à frente – teve um papel crucial em seus sintomas e comportamento. E a continuidade psicológica nos permitiu pressupor que todas as manifestações que vimos eram contínuas, longe de serem aleatórias. O corolário também estava presente, pois esses comportamentos e suas expressões constituíam associações livres – algumas verbais, outras em ações.

Contudo, novamente, esse é apenas um dos inúmeros exemplos nos quais, dadas as suposições da teoria geral psicanalítica da mente, muitas pessoas que seriam consideradas irremediavelmente bizarras – exibindo comportamentos, sintomas, ações consideradas inexplicáveis – tornaram-se bastante e prontamente compreensíveis. Eis um dos traços da teoria geral da psicanálise que fazem dela uma boa teoria científica: permitir novas explicações, ampliando o domínio do que podemos compreender.

A seguir, a teoria geral da mente psicanalítica será revelada a partir de duas outras qualidades muito importantes, respaldando a afirmação de que não é apenas uma teoria científica, mas uma boa teoria científica. Uma delas diz respeito a descobertas empíricas que podem estar presentes em áreas consideradas díspares; a outra, ao alcance dos aspectos da teoria geral da psicanálise nos campos cognitivistas, o que fornece pontes interdisciplinares as quais são benéficas para o conhecimento em geral. Passemos, então, à Segunda Seção.

Segunda seção

Existem muitos tipos diferentes de pesquisas envolvendo a teoria clínica psicanalítica e a teoria geral psicanalítica da mente. Passarei a maior parte do meu tempo aqui (meu espaço, na verdade) falando sobre as que se referem a esta última, mas listarei também alguns dos tipos que se referem à primeira teoria.[11]

Além dos estudos e resultados brevemente discutidos anteriormente, existem pesquisas delineadas para validar certos conceitos psicanalíticos, como é o caso do conceito de pareceria de tratamento (*treatment alliance*). Trata-se de uma análise amplamente textual, na qual avaliadores leem transcrições de sessões psicanalíticas e identificam partes que sugerem o conceito em questão. Em determinadas pesquisas, às vezes, avaliadores experientes são contrastados com novatos para encontrar instanciações da pareceria de tratamento. Já outro trabalho envolve correlações de resultados com base em evidências sobre a presença ou ausência de uma boa pareceria de tratamento – às vezes incluindo se esta é ou não demonstrável pelo terapeuta e pelo paciente. A coordenação entre descobertas neurológicas e mais específicas do cérebro com conceitos psicanalíticos (principalmente conceitos clínicos), algo que o próprio Freud almejava, tem se tornado mais frequente e produtiva. Inclusive, uma nova subdisciplina, a neuropsicanálise, surgiu. Trabalhos sobre temas tão variados quanto sonhos, conflitos inconscientes, pulsões (*drives*), consciência e *Id/ego/superego* têm sido desenvolvidos.[12]

---

11 Peço desculpas por fornecer apenas referências escassas (de fato, nenhuma específica) para os tipos de estudos listados. Mas observem que essas referências são facilmente obtidas. Além disso, meu interesse e minha experiência residem nos domínios a serem discutidos no corpo deste capítulo.
12 Mark Solms é o fundador da neuropsicanálise. Os trabalhos dele e o do falecido Jaak Panksepp podem ser uma introdução útil para os interessados.

Tipos de aplicações científicas da teoria geral da mente psicanalítica

Depois dessa revisão, de fato breve, permitam-me examinar com mais detalhes dois tipos distintos de aplicações científicas da teoria geral da mente psicanalítica.

Estudos empíricos que testam aspectos testáveis da teoria geral da mente psicanalítica

(A) O primeiro experimento que abordarei aqui se assemelha em algum aspecto (e, certamente, antecede) aos estudos neuropsicanalíticos. Liderado por Shevrin et al. (1996), este trabalho foi projetado para fornecer evidências empíricas para a minha primeira suposição – um funcionamento mental (*mentation*) inconsciente significativo. Em seguida, encontramos um conjunto de palavras que melhor representavam esse conflito – as palavras de conflito inconsciente. A elas foram ligados três conjuntos de palavras de controle, todas correspondentes em comprimento e frequência. Esses conjuntos eram: palavras de sintomas conscientes e, em seguida, palavras agradáveis comuns e palavras desagradáveis comuns. Todos foram apresentados aos pacientes/participantes em ordem aleatória, tanto subliminarmente (bastante abaixo de qualquer limiar de consciência) quanto supraliminarmente (isto é, em plena consciência consciente), enquanto as ondas cerebrais (ERP, potenciais de resposta evocados) foram registradas. E os resultados de vários participantes foram os seguintes: as ondas cerebrais foram analisadas e constatou-se que formavam uma única categoria coerente das palavras de conflito inconsciente apenas subliminarmente e uma única categoria coerente das palavras de sintomas conscientes apenas supraliminarmente. Além disso, quando se solicitou aos participantes que agrupassem todas as palavras apresentadas em conjuntos convincentes, eles categorizaram todas as palavras de sintomas conscientes como um grupo coerente, ao passo que distribuíram as palavras de conflito inconsciente em várias coleções diferentes. Foi possível concluir de forma um tanto clara que esse experimento ganhou apoio empírico – por meio da categorização objetiva das ondas cerebrais, independentemente do relatório do sujeito – pela suposição de que existe um funcionamento mental (*mentation*) inconsciente significativo.

(B) A seguir, discutirei uma série de estudos empíricos elaborados para investigar outro aspecto testável da teoria geral da mente psicanalítica, a saber, a minha suposição dois – de que existem dois modos de funcionamento mental (*mentation*): processo primário e secundário. O pensamento do processo secundário nos é conhecido como nosso funcionamento mental racional e desperto do cotidiano. O funcionamento mental do processo primário, por outro lado, pode ser mais bem demonstrado pela experiência que a maioria tem durante o sono no estágio REM (*rapid eye movement*), no qual os sonhos são vivenciados. As categorizações de similaridade ilustram outra diferença importante. Enquanto as similares do processo secundário se baseiam em importantes relações centrais entre os elementos, características insignificantes formam as bases para categorizações de similaridade do processo primário. Assim, as relações de transferência, dentro ou fora das análises, geralmente, são baseadas nessas semelhanças não essenciais. Por exemplo, há um homem na minha academia local, por quem eu tenho uma aversão irracional. E por quê? Depois de analisar a situação, percebi que ele ostentava um bigode incomum, como o de um professor malvado que eu tinha na quarta série!

Em uma série de experimentos, com essas questões em mente, eu queria ver se haveria predominância de categorizações de tipo de processo primário nas áreas previstas por Freud. Mas, primeiro, para configurar adequadamente os experimentos, eu precisava de uma maneira de diferenciar o processo primário e o secundário, independentemente de qualquer viés (*bias*) introduzido ao pressupor aspectos da teoria psicanalítica. O trabalho de Medin e colaboradores (particularmente em Medin, Goldstone & Getner, 1990) forneceu a solução. Esses pesquisadores de psicologia cognitiva, em vários estudos, forneceram evidências empíricas para dois modos muito básicos de categorizações de similaridade – ATT, significando atributo; e REL, significando relacionamento. As avaliações de similaridade do tipo REL são baseadas na semelhança do relacionamento entre recursos (atributos) em um *display*, mesmo que tais recursos sejam diferentes. As categorizações de similaridade baseadas em ATT fundamentam-se na similaridade dos recursos ou atributos em si, mesmo que o arranjo (o relacionamento) seja bem diferente. A partir daí, parecia claro que eu podia indexar instâncias de categorizações de processos secundários de maneira independente com o REL de Medin e indexar as avaliações de similaridade do processo primário também de modo independente com o ATT de Medin.

O próximo passo foi construir vários conjuntos de itens nos quais as correspondências de recursos ATT contrastariam fortemente com as correspondências organizacionais REL. Esses itens foram, então, apresentados a vários conjuntos de participantes, em várias condições. Observe que foi solicitado a todos os participantes, em todas as condições, que respondessem à escolha de maneira forçada. (1) Nós (Brakel et al., 2000; Brakel, 2004) descobrimos que as avaliações de similaridade dos participantes estavam na direção do processo primário/ATT quando os itens foram apresentados de forma subliminar; e, quando apresentados de forma supraliminar, esses mesmos itens ocasionaram julgamentos de similaridade, favorecendo fortemente correspondências de REL/processo secundário. (2) Em seguida, levantamos a hipótese de que crianças pequenas avaliariam a semelhança do ATT/processo primário como sendo mais semelhante do que as correspondências em REL/processo secundário. De fato, em um estudo (Brakel, Shevrin, & Villa, 2002) com idades variando de 3 a 90 anos, descobrimos que crianças menores de 5 anos, diferentemente de qualquer outra faixa etária, faziam julgamentos de similaridade predominantemente de ATT sobre as escolhas REL. (3) Na continuidade de nosso programa, usando os mesmos conjuntos de itens, solicitamos avaliações de similaridade de escolha forçada de adultos em salas de espera médica. Fizemos isso para avaliar se as pessoas sob estresse e ansiedade considerável apresentariam predominância de categorização de similaridade na ATT/processo primário, embora isso fosse atípico para essa faixa etária. Descobrimos que o aumento do estresse de ansiedade aumentou os julgamentos de similaridade do tipo ATT (Brakel & Shevrin, 2005). (4) Por fim, nós (Bazan et al., 2013) investigamos a predominância de ATT em oposição às categorizações de similaridade REL em pacientes cujos sintomas psicóticos ainda não foram atenuados pelo medicamento antipsicótico. Em conformidade com nossa hipótese, encontramos uma diferença significativa na direção de ATT/processo primário.

Esses quatro estudos fortalecem a demonstração de que a teoria psicanalítica da mente é de fato uma teoria científica. Por usar uma medida de indexação totalmente independente dos conceitos psicanalíticos (e do viés associado), as descobertas empíricas da pesquisa em cada um dos quatro experimentos apoiaram a presença do funcionamento mental (*mentation*) de processo primário, adicionando, portanto, evidências à suposição dois da teoria geral da mente psicanalítica. Além disso, os vários experimentos tomados em conjunto demonstram a predominância do funcionamento mental de processo primário precisamente nos domínios previstos por Freud – domínios que de outras formas não seriam relacionados. O fato de uma suposição da teoria psicanalítica poder abranger essas áreas amplamente diversas, fornecendo alguma explicação preditiva unificadora, sugere que a teoria psicanalítica da mente não é apenas uma teoria científica de boa-fé (*bona fide*), mas uma boa teoria científica.

Assim, a questão das evidências positivas acumuladas em domínios variados não é de pouca importância. Como observou o filósofo da ciência Hellman: "uma das virtudes mais significativas que uma boa teoria científica pode possuir é a capacidade de explicar uma ampla variedade de fenômenos até então considerados absurdos" (1997, p. 202).

Aspectos da Teoria Geral da Mente Psicanalítica que permitem pontes interdisciplinares

Nesta seção serão mostrados aspectos da teoria geral da mente psicanalítica que dizem respeito particularmente ao processo primário e que permitem extensões às disciplinas cognitivas ao facilitar pontes interdisciplinares e promover a consiliência[13] entre os ramos da ciência – aprimorando, assim, o conhecimento.

(A) Dado que a predominância do processo primário – tanto na vida mental de crianças pequenas quanto no funcionamento mental (*mentation*) inconsciente *vs.* consciente – deve-se à sua prioridade (*prior-ness*) em termos de desenvolvimento e sofisticação de pensamento, o próximo experimento foi projetado para explorar se o funcionamento mental de processo primário – nem irracional nem racional, mas a-racional e suficientemente bom para fins práticos – era o modo predominante de pensamento operante em grande parte do mundo animal não humano. Em caso positivo, isso daria apoio empírico à ideia de que o funcionamento mental de processo primário a-racional também tem importância para o sucesso evolutivo humano.[14] Essa noção ganha mais força com a observação de que pensadores de processos secundários adultos normais ainda mantêm

---

13 Muito se escreveu sobre as virtudes da consiliência científica. Veja, por exemplo: E. O. Wilson (1999).
14 Os mecanismos incluiriam: (a) aptidão reprodutiva seletiva para aquelas espécies animais que continuaram a operar com funcionamento mental (*mentation*)

muito do pensamento a-racional de processo primário, e isso fora de uma base patológica.[15] Assim, primeiro adaptamos nosso paradigma ATT e REL projetando itens adequados para aves como participantes. E, em concordância com a nossa hipótese, encontramos evidências positivas para categorização do tipo de atribuição [*attributional-type categorization*] em pombos. (Garlick et al., 2011).

(B) A partir daí ficou claro que o conhecido fenômeno de *imprinting* (Lorenz, 1935), que se baseia em uma correspondência de atributo único, realmente contava como outro exemplo de processo primário a-racional, contribuindo para a adaptação seletiva[16] no mundo animal não humano.

(C) Em seguida, com o objetivo de verificar se os processos primários a-racionais eram predominantes e adaptativos em uma faixa mais ampla do mundo animal não humano, expandimos nosso escopo investigando pesquisas de campo em uma variedade de espécies.[17] Entendemos que resultados positivos seriam mais uma evidência da capacidade de construir pontes em termos de consiliência desse princípio central da teoria geral da mente psicanalítica – suposição dois, a existência de funcionamento mental (*mentation*) de processo primário (e não apenas de processo secundário). Felizmente, observamos que uma grande variedade de pesquisadores de animais encontrou muitos comportamentos que são tanto a-racionais

---

a-racional, como espécies se ramificando de um tronco comum; (b) evolução paralela do funcionamento mental a-racional em diferentes ramos.

15 É claro que os processos primários contribuem para a patologia psicológica, principalmente na formação de sintomas.

16 Caso não seja óbvio, o *imprinting* funciona para o sucesso evolutivo da seguinte forma: o único atributo que ocasiona *imprinting* pelos filhotes é uma característica claramente presente na mãe. E a mãe é, de longe, o ser (ou entidade) mais frequentemente observado pelos filhotes. Seguir a mãe, fazer um *imprinting* nela, permite que os filhotes sobrevivam e, assim, se reproduzam.

17 As espécies estudadas incluem abelhas, pombos, beija-flores, estorninhos, gaios--cinzentos, ratos e macacos-prego.

quanto adaptativos. Os mais notáveis foram violações frequentes de regras racionais – especificamente a transitividade com consistência mantida através de contextos.[18]

(D) De volta aos seres humanos e complementando as evidências do processo primário/a-racional em animais, os teóricos de processo duplo, todos bem distantes do campo da psicanálise, forneceram um grande corpo de trabalho empírico defendendo a noção de dois tipos de funcionamento mental (*mentation*) para os seres humanos. Os mais famosos entre esses são os psicólogos Tversky e Kahneman (Kahneman et al., 1982; Tversky, 2004; Kahneman, 2011). Para Tversky e Kahneman e os teóricos do processo dual em geral, o *sistema 1* é descrito como a-racional em suas operações, sem muita consideração pelas normas lógicas e racionais. Assim como os processos primários de Freud,[19] o *sistema 1* é um modo de desenvolvimento anterior, ligado a impulsos e emoções, fornecendo respostas associativas e automáticas. Depois, há aquele que se desenvolve posteriormente, o *sistema 2*: caracterizado como racional, deliberativo e em concordância com a lógica, sendo que uma das funções do *sistema 2* é inibir as respostas do *sistema 1*. Novamente, os dois modos de funcionamento mental (*mentation*) postulados pelos teóricos do processo dual mapeiam muito bem as respostas primárias e secundárias (respectivamente) de Freud. Porém, há descobertas específicas, estabelecidas pelo

---

18 Para referências a dezoito desses estudos, conferir Cutler & Brakel, 2014, pp. 792-809. Observem que os pesquisadores de animais aos quais aludo não descreveram o comportamento como "semelhante a um processo primário" ou "a-racional" – em vez disso, eles empregaram termos como "biologicamente racional". Isso exemplifica a tendência demasiadamente humana de concluir tacitamente que qualquer coisa pragmaticamente eficaz deve ser de alguma forma racional (ver Brakel, 2009, Capítulo 4; Cutler & Brakel, 2014.)

19 Observem, no entanto, que os dois modos de funcionamento mental [*mentation*] de Freud precederam os teóricos do processo dual em três quartos de século (veja Brakel & Shevrin, 2003, para um pequeno comentário sobre a questão da precedência de Freud).

cuidadoso trabalho de Tversky e Kahneman, que são resultantes de muitas e diversas experiências empíricas e que merecem destaque. Os processos do *sistema 1* de Tversky e Kahneman incluem: (a) a contagem excessiva de representatividade e disponibilidade, de tal modo que circunstâncias incomuns e intensas são vistas como mais prováveis de ocorrer e são representadas com mais frequência do que exatidão; (b) a constatação de que efeitos recentes e finais (às vezes chamados de *framing*) são mais proeminentes; (c) a constatação de que a aversão ao risco e à perda predomina sobre as possibilidades de ganho; (d) a constatação de que a transitividade não é respeitada; e, assim como descobrimos, (e) a constatação de que a similaridade pode ser com base em atributos não essenciais.[20]

(E) Surgiram mais pontes da teoria geral psicanalítica da mente. Especialmente por causa das diversas descobertas sobre a adaptação animal e o funcionamento mental (*mentation*) a-racional, eu me senti capaz de postular que, mesmo o condicionamento (clássico e instrumental), que forma processos tão biologicamente fundamentais e demonstráveis em todos os filos do reino animal, poderia estar operando com base em conexões associativas semelhantes a processos primários. Nomeadamente, essa semelhança de característica de atribuição, ou contiguidade no espaço ou tempo entre o estímulo não condicionado (US) e o estímulo condicionado (CS), pode conduzir as respostas condicionadas.[21] Para demonstrar isso, deixe-me dar um exemplo famoso: quando lhes apresentaram comida, os cães de Pavlov salivaram, o que constituía o estímulo não condicionado (US). Quando, após uma série de tentativas nas quais o alimento (US) foi emparelhado contiguamente (associativamente)

---

20 Aliás, alguns pesquisadores de processo dual sustentaram que essas operações do Sistema 1, às vezes, podem fornecer resultados mais eficazes do que o Sistema 2. (Sobre a vantagem evolutiva para humanos, ver especialmente Gigerenzer & Todd (1999) e Todd & Gigerenzer (2000).

21 Para mais detalhes, consulte Brakel, 2013, Capítulo 1.

no tempo ou espaço com um sino, *i.e.*, com o estímulo condicionado (CS), Pavlov descobriu que em testes subsequentes os cães salivaram mesmo quando o sino (o CS) foi apresentado sozinho![22]

(F) A partir daí, o efeito placebo pode ser entendido de forma semelhante, nos termos de processos primários a-racionais. Após as respostas de melhora aos medicamentos ativos (US), os placebos administrados de forma contígua, especialmente aqueles que se assemelham ao medicamento ativo em substância ou contexto, constituem os estímulos condicionados (CS) associados. Mais tarde, quando esses placebos (CS) são administrados sozinhos, eles produzem a resposta placebo condicionada. Transferências positivas para o clínico em tratamento também geram efeitos placebo. Embora devidamente consideradas partes da teoria clínica psicanalítica, as transferências (como discutido anteriormente) são derivadas das *premissas um* e *dois* da teoria geral psicanalítica – funcionamento mental significativo inconsciente e categorizações de similaridade a-racionais do processo primário.[23]

---

22 Da mesma forma que as pontes, muitas vezes, permitem o tráfego de mão dupla, aspectos da psicanálise clínica podem ser mais bem compreendidos por descobertas científicas de áreas científicas bem distantes da clínica. Por exemplo, considere a questão dos estímulos aversivos e suas respostas condicionadas concomitantes. Do ponto de vista evolucionário, o condicionamento aversivo claramente deve ser robusto, fácil de generalizar e difícil de extinguir. Aliás, até mesmo para aproximar a extinção de respostas condicionadas prejudiciais, muitos e variados testes chamados *safe here/safe now* são necessários, e isso em muitos contextos. Na medida em que a psicopatologia é causada por (ou para ela contribuem) diversos estímulos aversivos, podemos entender que a experiência do paciente psicanalítico de múltiplas transferências, todas no mesmo consultório com o mesmo analista, é paradoxalmente o veículo multicontexto para o muitos e variados testes *safe here/safe now*. Para saber mais a respeito, consulte Brakel, 2013, Capítulo 1.
23 Para mais informações sobre o efeito Placebo, consulte Brakel, 2010, Capítulo 5.

Coda: síntese e conclusões

Neste capítulo, afirmei que a psicanálise como ciência deve ser entendida como abrangendo dois tipos muito diferentes de ciências. No primeiro, um empreendimento clínico com uma variedade de escolas diferentes, muitas com diversos conceitos clínicos subjacentes e até mesmo teorias próprias; no outro tipo, uma teoria geral da mente. Na primeira seção deste capítulo, ofereci minha compreensão dos quatro pressupostos fundamentais e um corolário que sustenta a psicanálise como uma *teoria geral da mente*. A segunda seção forneceu evidências para a *teoria psicanalítica da mente* como uma *teoria científica genuína*, uma vez que: (a) permitiu a compreensão de assuntos e pessoas que seriam de outra forma considerados incoerentes, e (b) com aspectos de suas suposições empiricamente testáveis. Além disso, apresentei a visão de que a teoria geral psicanalítica da mente não é apenas uma teoria científica, mas, a partir dos elementos de seus pressupostos fundamentais, uma boa teoria científica: (a) pode prever descobertas a partir de domínios independentes e díspares, aumentando a consiliência científica; e, de forma relacionada, (b) pode apresentar ressonâncias com áreas científicas cognitivistas, construindo pontes interdisciplinares que levam a um maior conhecimento para todos.

Alguns pensamentos psicanalíticos clínicos (e pessoais)

Como psicanalista praticante por quase quarenta anos (e analisanda por muitos anos também), muitas vezes parece ser inquestionável que a psicanálise é um empreendimento humanístico. Como na medicina, o desejo de curar e ser curado é central e, portanto, prevalece uma atitude pró-social (se não totalmente altruísta). Mas, diferentemente da medicina, o paciente e o analista passam uma parte considerável da vida diária juntos, e uma intimidade se desenvolve, um vínculo, uma espécie de amor – a sua natureza é difícil de articular com precisão (pelo menos para mim), o que talvez seja algo bom e melhor permanecer assim.

O que é menos evidente é a natureza científica do processo – isso em metanível. Aqui, não faço alusão mais uma vez ao que disse acima – que, em praticamente todas as psicanálises, pode-se identificar a aplicação científica das associações livres, fornecendo o conteúdo psicologicamente determinado a fim de preencher lacunas, restaurando a continuidade psicológica –, embora eu reitere tudo isso com firmeza. Refiro-me a outra coisa: ao caráter inacabado, mesmo durante ou após uma análise, dos *insights* obtidos pela psicanálise clínica; caráter sempre aproximativo, assintótico na melhor das hipóteses, que está sempre revisando, suplantando, subtraindo, reinvestigando, inovando. Essa é a atitude científica com um toque pessoal. As descobertas científicas nunca são estáticas,[24] e isso, certamente, é verdade quando os sujeitos são pessoas, as quais não são, de forma alguma, entidades de controle estático. É nesse sentido que, sobretudo, a capacidade de reavaliar, reconsiderar, adicionar, mas também subtrair, é uma qualidade metacientífica importante, não apenas para os cientistas, mas também para os humanistas – na verdade, para todos nós, científicos-humanistas ou cientistas-humanistas, que se dedicam à psicanálise.

---

24 Na verdade, metanálises recentes sugerem que os experimentos de replicação, muitas vezes, não fornecem a evidência de confirmação que desejamos (veja em: https://en.wikipedia.org/wiki/Replication_crisis. Acessado em 18 de janeiro de 2020), mas isso é um tanto ortogonal ao meu ponto principal acima.

Referências

Bazan, A. et al. (2013). Empirical evidence for primary process mentation in acute psychosis. *Psychoanalytic Psychology, 30*(1), 57-74.

Brakel, L. A. W. (2004). The psychoanalytic assumption of the primary process: Extra-psychoanalytic evidence and findings. *Journal of the American Psychoanalytic Association, 52*(4), 1131-1161. https://doi.org/10.1177/00030651040520040201.

Brakel, L. A. W. (2009). *Philosophy, psychoanalysis and the a-rational mind*. Oxford University Press.

Brakel, L. A. W. (2010). *Unconscious knowing and other essays in psycho-philosophical analysis*. Oxford University Press.

Brakel, L. A. W. (2013). *The ontology of psychology: questioning foundations in the philosophy of mind*. Routledge.

Brakel, L. A. W. & Shevrin, H. (2003). Freud's dual process theory and the place of the a-rational. *Behavioral and Brain Sciences, 26*(4), 527-528. https://doi.org/10.1017/S0140525X03210116.

Brakel, L. A., Kleinsorge, S., Snodgrass, M. & Shevrin, H. (2000). The primary process and the unconscious: Experimental evidence supporting two psychoanalytic presuppositions. *The International Journal of Psychoanalysis, 81*(3), 553-569. https://doi.org/10.1516/0020757001599951.

Brakel, L.A.W. & Shevrin H. (2005). Anxiety, Attributional Thinking and Primary Process. *International Journal of Psychoanalysis, 86*, 1679-1693.

Brakel, L.A.W., et al. (2002). The priority of primary process categorizing: Experimental evidence supporting a psychoanalytic developmental hypothesis. *Journal of the American Psychoanalytic Association, 50*, 483-505.

Cutler, S. E. & Brakel, L. A.W. (2014). The primary processes: a preliminary exploration of a-rational mentation from an evolutionary viewpoint. *Psychoanalytic Inquiry, 34,* 792-809.

Freud, A. (1936/1966). *The Ego and the Mechanisms of Defense.* International Universities Press.

Freud, S. (1900/1953). *The Interpretation of Dreams.* Standard Edition (Vol. 4 & 5). Hogarth Press.

Garlick, D. et al. (2011). Attributional and relational processing in pigeons. *Frontiers in Comparative Psychology, 2,* 14-45.

Hellman, G. (1997). Bayes and beyond. *Philosophy of Science, 64,* 191-221.

Kahneman, D. & Tversky, A. (1984). Choices, values, and frames. *American Psychologist, 39*(4), 341-350. https://doi.org/10.1037/0003-066X.39.4.341.

Kahneman, D. (2011). *Thinking, fast and slow.* Farrar, Straus and Giroux.

Lorenz, K. (1950). The comparative method in studying innate bird behavior patterns. In *Psychological mechanisms in animal behavior. Symposia of the society for experimental biology.* Academic Press.

Medin, D. et al. (1990). Similarities involving attributes and relations. *Psychological Science, 1,* 64-69.

Shevrin, H. et al. (1992). Event related potential indicators of the unconscious. *Consciousness and Cognition, 1,* 34-366.

Shevrin, H. et al. (1996). *Conscious and unconscious processes: psychodynamic, cognitive, and neurophysiologic convergences.* Guilford Press.

Tversky, A. (2004). *Preference, belief, and similarity: selected writings*. MIT Press.

Wilson, E. O. (1999). *Consilience: the quest to unify knowledge under the banner of science*. Vintage.

4. Como não escapar da Síndrome de Grünbaum: uma crítica à "nova visão" da psicanálise[1]

Morris N. Eagle
Jerome C. Wakefield

Este capítulo discute as propostas da "nova visão" da psicanálise. Tal visão reza que a crítica de Grünbaum é irrelevante para os clínicos contemporâneos porque eles abandonaram a ideia tradicional, segundo a qual os psicanalistas descobrem conteúdos mentais ocultos na mente do paciente. Essa ideia tradicional deu lugar à concepção de que, hoje, os analistas constroem novos significados e narrativas. Nós argumentamos não apenas que essa resposta às críticas de Grünbaum é incorreta, ao nível de suas suposições, como também que, se ela fosse correta, seria ainda mais devastadora para a psicanálise do que as próprias críticas. Isso porque a resposta acaba por romper o elo fundamental entre autoconhecimento, percepção e cura terapêutica, e coloca, ainda, em seu lugar, a sugestão. Argumentamos também que os teóricos da "nova visão" confundem imprecisão com indeterminação dos conteúdos mentais e, por conseguinte,

---

[1] Traduzido por Vitor Orquiza de Carvalho e Marcelo Galletti Ferretti.

renunciam à ideia de que as interpretações psicanalíticas podem ser confirmadas ou não confirmadas. Trata-se de um daqueles casos em que a tentativa de escapar às críticas provoca um estado de coisas pior do que as próprias críticas.

Em seus dois livros, *The foundations of psychoanalysis: a philosophical critique* (1984) e *Validation in the clinical theory of psychoanalysis: a study in the philosophy of psychoanalysis* (1993), Adolf Grünbaum apresentou críticas convincentes e potencialmente devastadoras para a teoria psicanalítica freudiana. De modo geral, essas críticas se voltaram para os fundamentos empíricos e lógicos da teoria psicanalítica, mas se centraram especialmente na natureza epistemologicamente suspeita dos dados clínicos psicanalíticos – geralmente citados como a evidência mais forte para a teoria psicanalítica –, dentre os quais se incluem questões relativas à teoria da transferência como suporte para a teoria etiológica, ao problema da sugestão e ao "argumento da correspondência [*tally argument*]" de Freud (1916-1917, p. 452), isto é, à sua afirmação de que apenas as interpretações que "correspondem [*tally*] ao que é real (no paciente)" serão terapeuticamente eficazes.

A resposta da psicanálise à crítica de Grünbaum assumiu diversas formas. Alguns analistas, de modo ponderado, tentaram abordar censuras específicas e, assim, defender a teoria freudiana. Outros responderam que as censuras de Grünbaum podem se aplicar à teoria freudiana clássica, mas não a visões mais recentes – e eles falharam em especificar o que haveria de diferente nas teorias pós-freudianas as quais as tornariam imunes a esses argumentos.

Uma terceira resposta, à qual nos referimos como "nova visão", foi muito mais radical – e será o nosso foco aqui. Ela sustentou não somente que o conteúdo da teoria psicanalítica e das interpretações clínicas havia mudado, como também os analistas contemporâneos não mais conceituavam a própria natureza da situação psicanalítica, da interpretação, da mente, da psicopatologia e da cura como Freud fez. E essas mudanças, eles argumentaram, foram tão fundamentais que a crítica de Grünbaum não se aplicaria a tais novas conceituações. Por exemplo, Stephen Mitchell (1998), analista muito influente e principal defensor da nova visão, reconhece que "houve várias características importantes da psicanálise [tradicional] como disciplina as quais contribuíram para a sua vulnerabilidade ao tipo de crítica de Grünbaum" e que podem levar ao que Mitchell chama de Síndrome de Grünbaum (1998, p. 4).

De acordo com Mitchell, os analistas são atingidos pela Síndrome de Grünbaum após expostos à sua crítica de que não há como testar sua validade (ou seja, das interpretações psicanalíticas) de qualquer forma independente.

> *A Síndrome inclui vários dias de angústia e culpa por não ter se envolvido na pesquisa analítica... E pode [também] incluir tentar realmente lembrar como funciona a análise de variância, talvez até puxar alguma estatística de 20 anos da prateleira e colocá-la de volta rapidamente. Também pode haver distúrbios de sono e distrações no trabalho (Mitchell, 1998, p. 5).*

Apesar disso, em virtude de uma nova conceituação da situação psicanalítica, os analistas podem evitar o desconforto da Síndrome de Grünbaum e podem se assegurar de sua "quase total irrelevância para os clínicos contemporâneos" (Mitchell, 1998, p. 5).

A avaliação da crítica de Grünbaum como irrelevante, tal qual proposta por Mitchell e por outros teóricos da nova visão, é realizada por meio do abandono da ideia freudiana de que os analistas revelam ou desvelam significados preexistentes ocultos na mente do paciente, bem como mediante a manutenção da ideia de que os analistas constroem novos significados e novas narrativas que beneficiam o paciente. Argumentaremos não apenas que essa defesa da psicanálise e dessa abordagem para curar a Síndrome de Grünbaum é incorreta ao nível de seus pressupostos, assim como, se ela fosse correta, seria ainda mais devastadora para a psicanálise do que a própria Síndrome de Grünbaum.

Contudo, antes de examinar as visões de Mitchell e de outros analistas da nova visão, descrevamos brevemente alguns aspectos do contexto histórico e conceitual em que o debate atual surgiu. Janet (1889)[2] e outros investigadores pré-psicanalíticos sustentavam que a histeria era um produto da fraqueza constitucional interagindo com um evento traumático. Alegava-se que, em razão da sua fraqueza constitucional, os histéricos eram incapazes de integrar ideias traumáticas ao sistema mental geral, levando-os a sofrer de uma cisão da consciência e de uma variedade de sintomas subsequentes. Para o tratamento da histeria, Janet defendia, então, uma técnica que se seguia diretamente da suposição de uma capacidade integrativa deficiente: o uso da sugestão hipnótica para inserir, na região da mente do paciente passível de acesso hipnótico, a ideia de um evento benigno fictício para substituir o evento traumático não integrável vivido pelo paciente.

O nascimento da psicanálise foi marcado pela introdução daquele conceito que Freud (1914) chamou de "pedra angular": a repressão. A afirmação radicalmente nova do autor era de que as cisões na consciência e os consequentes sintomas característicos da histeria não se deviam por uma fraqueza constitucional, a qual dificultava a integração de conteúdos problemáticos, e sim a uma ação intencional, para, por assim dizer, desintegrar a consciência – isto é, impedir a integração, a fim de manter fora da consciência conteúdos mentais os quais eram inaceitáveis ao indivíduo. O nome dado a esse ato intencional era repressão. Se a repressão (o conteúdo cindido resultante)

---

2 Ver Ellenberger, 1970.

era o componente patógeno da histeria, concluía-se que suspender a repressão – tornar consciente o conteúdo inconsciente – era o meio de curar a histeria. As várias técnicas empregadas por Freud – hipnose, a técnica de pressão e, finalmente, a associação livre junto com a interpretação – foram projetadas para desfazer a repressão, isto é, tornar o inconsciente consciente.

Se a abordagem de Janet pudesse ser descrita como cura por meio de uma falsidade tranquilizadora, então o intento de Freud, diametralmente oposto, de desfazer a repressão poderia ser visto como uma cura por meio da verdade dolorosa, isto é, mediante o aprendizado do conteúdo real dos desejos inconscientes reprimidos, conflitos e assim por diante. "Conhece-te a ti mesmo" tornou-se não apenas um imperativo moral socrático como também uma necessidade clínica. Assim, por meio do conceito de repressão e do objetivo central do tratamento de suspender a repressão, a psicanálise tornou-se parte de uma visão iluminista na qual o autoconhecimento seria o caminho para a libertação.

No trabalho analítico, a repressão é suspensa principalmente por meio das interpretações do analista sobre as associações livres, os sonhos e outros fenômenos psicológicos do paciente. Do ponto de vista teórico, Freud considerava a verdade – pelo menos aproximada – das interpretações como sendo crucial para esse processo. De acordo com a sua versão inicial, é, em parte, o grau de correção da interpretação o que enfraquece a repressão e carrega o seu poder terapêutico. Isso ocorre porque uma interpretação correta, mediante suas ligações associativas, terá mais probabilidade de se conectar à ideia reprimida pela via dos estados mentais intermediários. Ao forjar um caminho associativo, poderá superar a repressão e trazer o conteúdo inconsciente correspondente para a consciência. Além disso, porque a verdade e o progresso terapêutico estão ligados dessa forma na teoria freudiana, a ação terapêutica bem-sucedida das interpretações etiológicas sugeriria sua provável veracidade, pelo menos de modo aproximado. Dessa maneira, segundo Freud, o processo clínico e o seu desfecho podem fornecer a verificação de hipóteses etiológicas psicanalíticas.

Tanto na teoria da terapia quanto na teoria da etiologia, com base na correção das interpretações, imediatamente surge a questão de saber se as interpretações psicanalíticas são, de fato, corretas. Noutros termos, as interpretações do analista correspondem ao que está contido na mente do paciente, isto é, ao conteúdo de seus desejos inconscientes, fantasias, conflitos, defesas, e assim por diante? E as interpretações etiológicas correspondem às ideias reprimidas da infância que estão etiologicamente relacionadas aos sintomas do paciente?

Essa questão é importante porque há outra explicação para o processo psicanalítico e seu resultado a qual rejeita as teorias da cura e etiológica de Freud, bem como a ligação que ele propõe entre verdade e cura. Tal explicação defende que até mesmo as interpretações as quais aparentemente curam podem ser falsas, isto é, não precisam corresponder ao conteúdo das representações que realmente estão na mente do paciente. Trata-se de uma explicação no estilo da sugestão e que, em certo sentido, é do mesmo tipo da de Janet, mas aplicada ao enfoque de Freud. Ela defende que, estabelecida a situação analítica, com a condição vulnerável do paciente e a atribuição de autoridade ao analista, aquele pode muito bem assentir às palavras deste e concordar com falsas interpretações – as quais podem ser derivadas da teoria etiológica da preferência do analista ao invés de inferências precisas sobre o paciente. Porque os conteúdos interpretados são supostamente inconscientes, o paciente não está, necessariamente, em posição de verificar diretamente se eles são verdadeiros e de rejeitar as interpretações falsas. Assim, o paciente pode ser persuadido pela interpretação e passar a acreditar que se trata de uma verdade, verificando, de forma ilegítima, a afirmação do analista. Essa explicação também propõe que a interpretação falsa pode ter um efeito placebo ou levar à melhora clínica do paciente de alguma forma. Como a explicação reconhece, certamente não se pode desprezar que a aceitação pelo paciente de uma falsa interpretação pode ajudá-lo a superar um problema ou motivá-lo a dar um destino útil à sua vida, possivelmente o levando a uma melhora ou até mesmo à cura. Dessa forma, as interpretações psicanalíticas podem, em última instância, consistir na implantação de ideias falsas na mente do paciente, as quais, embora não sejam benignas no sentido de Janet, têm poder de cura por este ou aquele motivo. Logo, o efeito terapêutico de uma interpretação, segundo tal explicação no estilo da sugestão, não é garantia da verdade.

A ideia de que a sugestão poderia ser um componente central do trabalho analítico foi um anátema para Freud desde o início. Quando Fliess o acusou de sugerir ideias a seus pacientes, Freud retrucou: "Você se põe contra mim e me diz que 'o leitor de pensamentos lê apenas seus próprios pensamentos nas outras pessoas', o que priva meu trabalho de todo o seu valor" (Freud, 1950, p. 336). Se a explicação no estilo da sugestão estiver correta, no que diz respeito ao fato de as interpretações do analista serem nada mais do que uma leitura de seus próprios pensamentos no paciente, então, embora o conteúdo das interpretações freudianas possa ser distinto do de Janet, o mecanismo terapêutico de sua psicanálise não é essencialmente diferente daquele de Janet sobre a implantação terapêutica de falsidades úteis. Desse modo, não seria mais permitido considerar a psicanálise como um grande produto da visão iluminista marcada pela busca do autoconhecimento e da verdade.

Conforme a famosa observação de Grünbaum (1984), Freud tentou rebater a acusação de sugestão argumentando que "apenas as interpretações que correspondem [*tally*] ao que é real [no paciente]"

(Freud, 1916-1917, p. 452) irão, a longo prazo, ser terapeuticamente eficazes. Assim, interpretações que são mera sugestão, em que o analista oferece os seus próprios significados para o paciente, serão ineficazes e vão ser deixadas de lado. A esta altura, o problema com o argumento da correspondência de Freud deveria se tornar óbvio: como uma resposta à versão da sugestão, abertamente se incorre numa petição de princípio ao se pressupor que apenas uma interpretação verdadeira pode curar. Tal argumento, portanto, arbitrariamente reitera as próprias afirmações freudianas que a versão da sugestão procura contestar. Por conseguinte, como argumentado por Grünbaum de modo veemente, a pressuposição de que apenas as interpretações verdadeiras curam não teria uma garantia independente, de modo que o referido argumento não pode ser visto como contrário à versão da sugestão.

"O irritante problema da sugestão" – como Paul Meehl (1983) tem designado essa aparentemente insolúvel questão da psicanálise – leva-nos à seguinte pergunta: por quais critérios independentes (da eficácia ou dos efeitos terapêuticos) pode-se discernir se uma interpretação é verdadeira, sobretudo, quando ela se refere a conteúdos mentais inconscientes? Uma resposta padrão reza que a aprovação final do próprio paciente sobre a verdade da interpretação é prova crítica de sua veracidade. Mischel (1963), por exemplo, argumenta que o reconhecimento do indivíduo a quem for atribuído um desejo ou uma motivação inconsciente é, no longo prazo, necessário para se determinar a veracidade dessa atribuição – mesmo se o reconhecimento por parte dele se der num momento posterior. Um dos problemas dessa tese é que, como observado, os pacientes podem, por uma variedade de razões, tais como a sugestionabilidade sob a influência do analista, confessar interpretações que são falsas de fato. Além disso, por causa da repressão ou da denegação, um indivíduo pode nunca reconhecer um desejo ou motivo inconsciente, respaldado por uma boa quantidade de evidências convergentes (como sonhos, associações livres, lapsos de linguagem, sintomas e outros comportamentos), e parece não haver razão, em princípio, para que não se possa considerar tal interpretação verdadeira com base em outras evidências que não a confissão em primeira pessoa. Embora o *insight* do próprio indivíduo continue sendo uma maneira poderosa de tornar conhecidos os conteúdos inconscientes, ele não parece ser a única maneira.

Quando confrontado com um problema epistemológico insolúvel como esse, que revela uma lacuna entre a evidência que se tem e as afirmações ontológicas sobre a realidade que se está fazendo, há uma rota certa, embora insatisfatória em última análise, para se sair dele – a saber, a de simplesmente redefinir a ontologia em termos de qualquer evidência que alguém de fato tenha para que esta possa demonstrar conclusivamente a verdade sobre as afirmações. É assim que, por exemplo, os behavioristas reduzem a mente a comportamentos ou disposições comportamentais, escapando dos dilemas enfrentados pelo resto de nós que lutamos com a lacuna entre a evidência comportamental e nossas crenças sobre os estados mentais internos dos outros. De modo análogo, alguns analistas contemporâneos abordaram o fracasso epistemológico dos fundamentos de afirmações psicanalíticas sobre os conteúdos mentais inconscientes por meio da redefinição dessas afirmações para torná-las verdadeiras em virtude de evidências disponíveis.

Uma posição como essa, assumida por Donald Spence em seu influente livro *Narrative Truth and Historical Truth* (1980), defende que as interpretações etiológicas psicanalíticas sobre as experiências mais remotas não constituem "verdades históricas" – difíceis frequentemente, senão impossíveis, de determinar –, e sim "verdades narrativas", isto é, versões narrativas que são persuasivas para o paciente. Não está claro por que Spence usa a expressão *verdade narrativa* quando, efetivamente, refere-se a versões persuasivas. Afinal, a ficção e as mentiras também podem ser persuasivas. Talvez ele queira dizer que a narrativa é vivenciada como verdade pelo paciente – o que, é claro, equivale a dizer que o paciente vivencia a narrativa como sendo persuasiva. Talvez o uso da expressão *verdade narrativa* também reflita uma relutância nostálgica em desistir abertamente de qualquer pretensão de veracidade para as interpretações psicanalíticas. Se fosse esse o caso, seria necessário confrontar a perturbadora ideia de que as narrativas psicanalíticas não são essencialmente diferentes de outras versões potencialmente persuasivas promulgadas, digamos, por cultos ou movimentos religiosos, os quais também estão no mercado da mudança da personalidade. Desistir de qualquer pretensão à verdade seria reconhecer abertamente que a sugestão está no cerne de todas essas narrativas. De fato, essas narrativas só podem ser consideradas uma forma de verdade em razão de Spence identificar implicitamente o que podemos saber de fato – ou seja, quais narrativas persuadem mais efetivamente o cliente – com a própria verdade. Dessa forma, a ontologia se reduz à epistemologia.

Porém, muitos analistas acatariam a ideia de Spence de que a verdade histórica vai além daquilo que ocorre no tempo de uma sessão de análise. Essa concessão não encerra o problema da veracidade. Em seu contraste entre *verdade narrativa* e *verdade histórica*, Spence (1980) se preocupa com a questão da correspondência de interpretações com experiências e eventos passados. A dificuldade, senão a impossibilidade, de saber quais foram de fato as primeiras experiências do paciente levou Spence a se contentar com verdade narrativa em vez de verdade histórica. No entanto, embora não seja possível estabelecer as primeiras experiências do paciente, pode--se ainda alegar que as interpretações dos desejos atuais, conflitos, sentimentos, defesas, reações de transferência etc., estão de acordo com os seus estados mentais atuais. Assim, mesmo se se concordar com Spence e renunciar a qualquer pretensão de capturar com precisão as experiências iniciais do paciente, a questão da veracidade permanece. Por exemplo, como avaliar a veracidade da interpretação de algo que o paciente nega experimentar, na qual se atribui a raiva reprimida atual em relação ao analista ou a um cônjuge ou a uma manobra defensiva atual? Os psicanalistas não tendem a admitir que tais conteúdos inconscientes atuais não podem, às vezes, ser interpretados com precisão.

Alguns pesquisadores da psicanálise (por exemplo, Crits-Christoph, Cooper, & Luborsky, 1988; Silberschatz, Fretter, & Curtis, 1986) tentaram abordar essa questão empiricamente, definindo a precisão de interpretações por sua concordância com avaliações independentes da dinâmica do paciente; por exemplo, seus padrões estereotipados de desejos. Definida dessa forma, a precisão das interpretações demonstrou ter uma relação modesta, mas estatisticamente significativa, com o resultado terapêutico.

Isso nos traz de volta aos teóricos da nova visão e sua tentativa de tornar a crítica de Grünbaum irrelevante, desenvolvendo concepções da psicanálise e da mente que lhes permitem contornar toda a questão da veracidade. A manobra principal consiste em rejeitar qualquer alegação de que os analistas procuram revelar ou desvelar qualquer coisa na mente do paciente. Em vez disso, argumentam tais teóricos, os analistas constroem ou coconstroem, em negociação com o paciente, novas perspectivas, novos sistemas de significado, narrativas coerentes e até mesmo *ficções estéticas* (Geha, 1984) que são supostamente úteis para o paciente. Dessa forma, a analista ou o analista não precisa se preocupar com a veracidade das interpretações.

Se a correspondência (*tallying*) com algo real no paciente não é mais uma restrição para interpretações analíticas, como elas podem ser examinadas? A resposta implícita e explícita a essa pergunta por muitos analistas é a de que as interpretações, ou narrativas, ou novas perspectivas, devem ser examinadas por sua utilidade e adaptabilidade, pelo grau em que contribuem para um aumento do bem-estar e felicidade do paciente. Ou seja, a eficácia terapêutica – agora não mais ligada à veracidade ou à precisão – é o parâmetro adequado e permanece como a única justificativa para o empreendimento psicanalítico. No entanto, os teóricos da nova visão não fornecem evidências de que: (1) os pacientes, de fato, adotam novas perspectivas e narrativas; e (2) se adotadas, tais perspectivas e narrativas estão associadas a resultados terapêuticos mais positivos. Diante disso, os teóricos da nova visão deram continuidade a uma tradição na qual os analistas têm muitas afirmações e poucas evidências sistemáticas sobre o resultado terapêutico.

Deve-se notar que, por causa disso, é quebrado o elo fundamental entre autoconhecimento, *insight* (na vida mental inconsciente) e cura terapêutica. Nesse sentido, a nova visão na psicanálise contemporânea talvez tenha mais em comum com a proposta de Janet sobre a implantação de ideias na mente do paciente do que com a convicção iluminista de Freud de que o autoconhecimento, assim como o aprendizado da verdade sobre si mesmo são os caminhos para a autonomia e a libertação. Anunciar que a psicanálise trata apenas de construir interpretativamente a mente do paciente e oferecer novos sistemas de significado e narrativas coerentes e persuasivas é essencialmente abraçar a sugestão em vez de tentar combatê-la. Com efeito, a psicanálise voltou a Janet. De fato, um influente analista contemporâneo da nova visão, Owen Renik, rejeita a afirmação tradicional de que "o analista se dirige à realidade psíquica do paciente, e não à sua própria realidade psíquica" (Renik, 1996, p. 509), bem como rejeita e considera pretensiosa a afirmação de que "a atividade do analista não consiste essencialmente em comunicar seus julgamentos pessoais" (p. 509). Renik deixa claro que esses julgamentos pessoais não se baseiam, como em geral se admite, em *compreensões desinteressadas* – o que, segundo ele, concederia ao analista uma *autoridade indevida* –, mas nos valores pessoais, crenças e objetivos do analista.

Trata-se de um preço alto a se pagar para se escapar da Síndrome de Grünbaum. De fato, não está totalmente claro de que forma a psicanálise contemporânea permaneceu sendo psicanálise quando sua estrutura essencial e suas suposições centrais foram abandonadas. Afinal, a essência dela e a razão para a escolha do próprio termo "psicanálise" para o processo terapêutico residem no alegado benefício terapêutico de analisar os conteúdos mentais na mente do paciente. É claro que, em vez de descobrir significados existentes, há algumas situações clínicas em que o analista tenta ajudar o paciente a assumir uma perspectiva nova, reformular um problema de maneira útil ou construir um novo sistema de significado. Porém, nessas atividades, a psicanálise não se difere de uma variedade de outros processos de influência. É apenas no vínculo proposto entre verdade e cura que a psicanálise oferece uma contribuição potencialmente profunda e única.

Mas se falsas interpretações podem curar, então, por que devemos nos preocupar com a verdade? A resposta óbvia, e que pode ser adotada por muitos pacientes, é que a verdade é valiosa por si só e seria inaceitável adquirir paz de espírito ao custo de viver uma mentira. Apesar de tais preocupações potenciais, os teóricos da nova visão não defendem o fornecimento de consentimento informado aos pacientes sobre o que eles estão fazendo, mas continuam a interpretar de uma forma que parece ser uma tentativa de descobrir o que está na mente do paciente. Que seria de fato difícil trabalhar até mesmo para analistas da "nova visão" se eles levassem suas posições filosóficas para seu trabalho clínico, o que é mostrado pela disjunção entre a postura conceitual que eles tomam e o material clínico que eles apresentam, no qual eles fazem afirmações rotineiramente sobre o que é o caso em relação aos estados mentais do paciente.

A resposta de Mitchell à objeção de que é inaceitável ignorar a verdade consiste em insistir que não há verdade sobre os conteúdos mentais a serem descobertos. De acordo com ele, "claramente não há nenhum processo discernível correspondente à frase 'na mente do paciente' sobre o qual paciente ou analista possam estar certos ou errados" (Mitchell, 1998, p. 16). De fato, de acordo com Mitchell, não existe uma mente pré-organizada à qual as interpretações precisam corresponder (*tally*) ou estar em conformidade. Em vez disso, o analista não apenas constrói um novo sistema de significado para o paciente como ainda *constrói interpretativamente* a própria mente do paciente. Dá-se uma virada social-construtivista nessa concepção quando Mitchell argumenta que a mente do paciente é constituída pelas "construções interpretativas" do analista e pela interação paciente-analista. De acordo com essa visão, o analista não se depara com uma mente pré-organizada dotada de uma estrutura relativamente estável e de um conjunto estável de dinâmicas fundamentais. Mitchell propõe uma concepção relacional da mente, em que esta não apresenta nenhum caráter individual inerente, mas é indefinidamente fluida e maleável, esperando para ser moldada e organizada por "cada nova relação intersubjetiva".

Por meio da abordagem construtivista relacional, analistas contemporâneos reagem à arrogância de alguns analistas freudianos os quais, amparados em sua teoria, implicitamente admitem um acesso quase infalível à verdade sobre a mente do paciente. Muitos analistas contemporâneos rejeitam a presumida autoridade em relação ao que está acontecendo na psique do indivíduo, limitando suas reivindicações a uma expertise em "construção de significado, autorreflexão e organização da experiência" (Mitchell, 1998, p. 2). Eles tentam democratizar a situação analítica, limitando sua tarefa à coconstrução de novas perspectivas e narrativas por meio da negociação com o paciente. A rejeição da ideia de uma verdade sobre a mente do paciente permite rejeitar a arrogância dos analistas tradicionais em suas afirmações prematuras de que sabem a verdade e, por isso, podem impor suas compreensões ao paciente de modo confiante.

Há muito a ser admirado nessa rebelião promovida pela nova visão contra elementos genuínos de arrogância da psicanálise tradicional. Contudo, o inferno intelectual está cheio de boas intenções políticas. Representa uma característica bizarra da vida intelectual contemporânea o fato de que todos os tipos de doutrinas relativistas céticas em relação à verdade sejam propostos como formas de corrigir o que é encarado como arrogância, bem como o uso irrestrito de poder decorrente de uma crença excessivamente confiante no conhecimento da verdade. No entanto, em vez de encorajar o respeito aos argumentos dos oponentes e a humildade derivada do reconhecimento dos entraves à descoberta da verdade, assim como da distância que nos separa dessa descoberta, as doutrinas relativistas não apenas transformam o argumento em uma forma de poder como ainda, potencialmente, encorajam o exercício desenfreado de poder. No que diz respeito à situação psicanalítica, o que pode ser mais arrogante do que acreditar que se está construindo a mente do paciente de modo livre e sem qualquer verdade? Ao se defender que a mente do paciente é construída interpretativamente, corre-se o risco de violar a independência e a integridade do paciente de modo muito mais profundo do que a visão tradicionalmente arrogante o teria feito.

Há várias correntes filosóficas mais amplas que, embora não sejam discutidas pelos teóricos da nova visão, constituem uma base de apoio para sua concepção. Uma delas corresponde a uma combinação de antirrepresentacionalismo e antirrealismo aplicado à natureza da mente. Noutros termos, da mesma maneira que antirrepresentacionalistas como Richard Rorty põem-se contra a ideia de que nossas teorias sobre o mundo externo existente de modo independente são, em certo sentido, representações desse mundo, os teóricos da nova visão põem-se contra a ideia de que as interpretações do mundo interior de outra pessoa podem ser representações ou corresponder a esse mundo interior. Do mesmo modo que, para Rorty (1991), as teorias não devem ser julgadas por sua correspondência a uma realidade externa (incognoscível), e sim por seu valor pragmático em relação a uma dada tarefa e para uma comunidade particular, os teóricos da nova visão argumentam que as interpretações psicanalíticas devem ser julgadas não pelo grau de correspondência ao que é real no paciente, mas por seu valor pragmático, sua coerência e sua utilidade em relação à tarefa terapêutica e vital. Enfim, assim como, para Rorty, faz pouco sentido falar sobre a correspondência entre nossas teorias e a incognoscível *ding-an-sich* da realidade externa, também faz pouco sentido, para os teóricos da nova visão, falar sobre as interpretações de alguém como correspondentes (*tallying*) a ou concordantes com o que está acontecendo na mente do paciente.

Existem duas maneiras de interpretar as afirmações da nova visão sobre a carência de verdade das afirmações acerca dos conteúdos mentais. A primeira julga que simplesmente não há nada na mente que possa ser considerado conteúdo. Por vezes, Mitchell parece ir nessa direção. De fato, ele assume essa posição sobre os conteúdos tanto inconscientes como conscientes em algumas ocasiões. Ainda que pareça radical afirmar que não há conteúdos conscientes além dos limites do que pode ser construído, esse tipo de afirmação é praticamente necessário em razão da concepção da nova visão sobre o inconsciente. Isso se deve ao fato de que como vimos na discussão acima da posição de Mischel sobre a natureza dos conteúdos inconscientes, o pressuposto de que estes são fixos em relação aos conteúdos conscientes é bastante difundido em muitas abordagens. Mas não vamos trazer aqui as objeções à afirmação de que literalmente nenhum conteúdo de qualquer tipo existe na mente, consciente ou inconsciente. Afinal, temos plena consciência de alguns dos conteúdos de nossas percepções, crenças, desejos e outros estados intencionais.

A segunda maneira de interpretar as afirmações da nova visão sobre conteúdo mental é mais sutil. Consoante à concepção da mente como fluida e moldada por cada nova interação social, Mitchell (1998) e Stern (1999) propõem que as interpretações psicanalíticas moldam e expressam experiências vagas, não formuladas e rudimentares, de modo a *criarem* novos conteúdos e experiências a partir de uma espécie de vivência primitiva. Como afirma Mitchell, compreender os processos inconscientes na mente de um ou de outro é usar a linguagem de modo que realmente crie uma experiência inédita, algo que não existia antes (Mitchell, 1998, p. 18).

Tal ideia é desenvolvida de maneira mais completa por Stern (1999), o qual observa que certas experiências não formuladas, antes de poderem ser objeto de reflexão e colocadas em palavras, são mais parecidas com "lampejos de significado" (p. 92), "pensamentos ainda não pensados, conexões ainda não feitas, memórias que não ainda não estão prontas para serem construídas e que carecem de recursos para tanto" (p. 12). Stern e Mitchell estão argumentando aqui, talvez, justificadamente, contra a suposição freudiana de que os conteúdos mentais inconscientes são geralmente representações claras e distintas esperando para serem descobertas; realidades ocultas totalmente formadas que, exceto por serem inconscientes, são exatamente como conteúdos conscientes. O protótipo dessa visão é a ideia freudiana de que, ao se suspender repressão, o desejo inconsciente apontado (por exemplo, incestuoso) surge na consciência inalterado – de forma alguma diferente do que ocorre com os desejos conscientes.

Assim, interpretações dariam forma e expressão a experiências rudimentares e não formuladas, bem como permitiriam construções mutuamente incompatíveis. Com efeito, Mitchell e Stern defendem a *indeterminação* dos conteúdos mentais inconscientes.[3] Ora, se estes são indeterminados, parece fazer pouco sentido pedir que as interpretações correspondam (*tally*) com o que (inconscientemente) está acontecendo na mente do paciente. Esse requisito faria sentido

---

3 Mitchell (1998) parece argumentar também a favor da indeterminação dos conteúdos mentais conscientes.

apenas se houvesse conteúdos (e processos) inconscientes determinados aos quais as interpretações pudessem corresponder (*tally*). Mas somos informados de que são as próprias interpretações que moldam e, portanto, criam os conteúdos mentais até então incipientes e não formulados.

Existem duas maneiras de compreender essa tese da incipiência dos estados mentais inconscientes. A primeira é que ela resulta de uma defesa. Ao propor essa incipiência, Stern, por exemplo, enfatiza que o modelo apropriado para a defesa não é o banimento da consciência de conteúdos mentais claramente delineados e totalmente formados – ou seja, a repressão –, mas uma falha motivada para processar ou expressar lampejos de significado vagamente experimentados. Porém, esse argumento parece incoerente. Motivada pela defesa, a falha de processar ou de expressar claramente implica que algo está sendo defendido, isto é, impedido de ser plena e explicitamente experimentado. Logo, algumas interpretações corresponderão (*tally*) com o que está sendo impedido de ser totalmente experimentado e outras interpretações não serão, ou o serão em menor grau.

Consideremos alguns exemplos específicos retirados de Fingarette (1969), cujo trabalho tem algumas afinidades com a nova visão. Eles incluem a falha de um homem em expressar seu reconhecimento do fracasso em realizar uma certa ambição, a incapacidade de Hickey de expressar seu ódio por sua esposa em *The Iceman Cometh*, de O'Neill, e o exemplo de Sartre de "má-fé" de uma mulher que reluta em explicar seu envolvimento em um flerte. Em cada um desses casos, o que precisa ser relatado são conteúdos mentais determinados e identificáveis: uma sensação de fracasso, um ódio não reconhecido e um flerte não reconhecido. Se, em cada caso, os *lampejos de significado* não foram expressos por razões defensivas, a inferência clara é que um conteúdo mental determinado e identificável está sendo defendido – sensação de fracasso, ódio e flerte. Ainda que, como defendem Mitchell e Stern, a linguagem e a interpretação possam muito bem articular e dar forma a tais lampejos, elas o farão apenas se corresponderem (*tally*) aos conteúdos mentais determinados contra os quais a defesa de impõe. Se eles não correspondem (*tally*) a esses conteúdos mentais determinados, pode-se dizer com mais exatidão que eles moldam experiências não formuladas.

Em segundo lugar, as afirmações de Mitchell sobre a indeterminação do conteúdo inconsciente não dependem da teoria da defesa, mas de uma afirmação mais ampla de que seus processos mentais inconscientes são inerentemente incipientes. Pode muito bem ser que uma grande parte do material interpretado no tratamento psicanalítico não consista em desejos e ideias completamente reprimidos, os quais emergem em sua forma original assim que a repressão é levantada, mas sim em pensamentos, sentimentos e fantasias vaga e fugazmente experimentados, bem como em sensações que não foram aclaradas. Também pode ser verdade que a visão clássica dos conteúdos mentais inconscientes como distinguíveis, claros e totalmente formados – não diferentes dos conteúdos conscientes, exceto pelo fato de não serem inconscientes – esteja errada e que, como afirmam Mitchell e Stern, tais conteúdos sejam geralmente não formulados, fugazes e não articulados. No entanto, mesmo que a interpretação consista em articular o que permaneceu não articulado e expressar o que permaneceu não formulado – ao invés de desvelar desejos e ideias totalmente formados –, a questão de saber se e em que grau as interpretações correspondem (*tally*) ao que é real ainda permanece central. Pois, embora a linguagem e a interpretação possam articular e dar forma ao que havia sido desarticulado, algo está sendo articulado, formado e expressado. Afinal, quando alguém expressa algo, deve haver algo que é expressado. Noutros termos, mesmo nessa versão da nova visão, os conteúdos mentais inconscientes não são completamente indeterminados, prontos para serem moldados inteiramente e determinados por um conjunto indefinido de interpretações. Se for assim, as interpretações continuam sendo responsáveis pelos conteúdos mentais existentes na mente do paciente, mesmo que eles sejam vagos e não formulados. Mitchell parece esbarrar em uma espécie de paradoxo no que toca a essa questão: por mais vago ou incipiente, como pode haver conteúdo que não seja determinado uma vez que é apenas o que é?

Assim, pode-se dizer que no cerne dessa versão da nova visão há uma confusão entre vagueza e indeterminação de conteúdo. Trata-se de uma confusão que ocorre também na literatura filosófica. Por exemplo, a partir de analogias com animais e bebês, Robert Van Gulick argumenta que pode haver estados mentais inconscientes que têm conteúdo, mas são indeterminados.

Searle se concentra em exemplos de estados mentais humanos conscientes, como ver um carro de um determinado ângulo ou querer um copo d'água, e, em tais casos, há de fato um alto grau de autoconsciência sobre o objeto intencional discriminado com clareza. Mas os estados podem mostrar forma aspectual mesmo quando seu conteúdo é muito menos determinado, e o agente, muito menos autoconsciente [...]. Nem todos os estados intencionais precisam ser tão determinados [...]. Meus desejos e meus estados intencionais de autoconsciência, em geral, podem ter um grau de especificidade e determinação impossíveis aos desejos de gatos e crianças. Impossíveis também aos estados inconscientes em princípio postulados por [certos teóricos] (Van Gulick, 1995, pp. 205-206).

Van Gulick argumenta que, assim como nem todos os estados conscientes necessitam ter um conteúdo totalmente determinado (por exemplo, os de um gato ou de uma criança pequena), os estados mentais inconscientes tampouco o necessitam. Entretanto, Van Gulick confunde indeterminação com imprecisão, conforme Searle observa em uma tréplica.

Também há uma confusão em Van Gulick sobre a determinação do conteúdo. Ele pensa que, como os gatos e as crianças pequenas não podem conceituar da maneira mais refinada possível, seus estados intencionais seriam, portanto, indeterminados. Em suma, ele pensa que a falta de especificidade na fixação das condições de satisfação é o mesmo que indeterminação. Mas não é. No caso da indeterminação, simplesmente, não há fato relevante sobre o que é o conteúdo intencional; no caso de falta de especificidade, há apenas uma ampla gama de condições possíveis de satisfação dentro do conteúdo intencional totalmente determinado. Se eu quiser uma camisa vermelha, pode haver uma gama de possíveis tons de vermelho que me satisfaçam, mas isso não prova que não haja nenhum fato relevante sobre qual é o meu desejo, que meu desejo é indeterminado. Vagueza não é indeterminação (Searle, 1995, p. 228).

Noutras palavras, mesmo que não seja passível de expressão em nossa linguagem natural, ou que seja extremamente vago e incipiente, ainda existe uma verdade sobre o conteúdo de um estado mental que possui conteúdo intencional, incluindo aqueles que ocorrem na mente das crianças e dos animais. É isso que torna o conteúdo real. Indeterminação implica que, porquanto todos os fatos são dados, expressões incompatíveis do conteúdo são igualmente corretas; vagueza não implica tal fato. Se o que você quer é uma camisa vermelha, é incorreto dizer, como expressão ou interpretação do conteúdo de seu estado, que o que você quer é uma camisa especificamente de tom vermelho R1. A questão da indeterminação é que, dados todos os fatos possíveis, duas interpretações incompatíveis de um conteúdo estão corretas. Porém, no caso do desejo por uma camisa vermelha, é incorreto dizer que o conteúdo do desejo é por este ou aquele tom específico de vermelho, mesmo que cada um dos tons específicos seja um resultado que satisfaça o desejo. Nesse sentido, Mitchell se confunde ao pensar que não existe um conteúdo determinado ao qual as interpretações possam corresponder (*tally*) apenas porque o analista pode explicar esses conteúdos vagos de maneiras específicas.

O ponto decisivo aqui é que a noção de que os estados mentais inconscientes são vagos ou linguisticamente não formulados, ou, ainda, difíceis de descrever não implica que sejam indeterminados. Portanto, não se elimina a possibilidade de abordagem da questão da veracidade das interpretações. Logo, é incorreta a alegação da nova visão de que não precisa se preocupar com a verdade porque não há verdade sobre os estados inconscientes em virtude de sua vagueza. Tampouco essa abordagem salva a psicanálise da temida Síndrome de Grünbaum, pois pouco resta do empreendimento psicanalítico se adotada essa visão. A nova visão se apropria do nome de psicanálise sem a sua substância. Na verdade, pode-se dizer que a nova visão representa não uma fuga, mas uma rendição total à crítica de Grünbaum, uma vez que responde a ela abandonando qualquer proposta do alvo de seu argumento. A crítica de Grünbaum tinha como objetivo mostrar que a teoria psicanalítica carece de credenciais evidenciais e epistemológicas, não podendo ser considerada como apoiada por evidências referenciadas de modo geral. Por essa razão, tal teoria não deveria ser aceita, mas isso ainda deixou aberta a possibilidade, pelo menos em princípio, de que a confirmação pudesse ocorrer (de fato, esse argumento sobre essa possibilidade está implícito na crítica devastadora de Grünbaum à afirmação de Popper de que a teoria psicanalítica é infalsificável). A defesa da psicanálise, tal como é feita pela nova visão, arranca, inclusive, esse fio de esperança ao renunciar a tal possibilidade de confirmação, apesar do fato de as interpretações psicanalíticas poderem ou não ser confirmadas. Sem dúvida, mesmo sem falar da falta de fundamento dos argumentos da nova visão, esse é um caso em que a cura por ela proposta realmente é pior do que a suposta doença – a Síndrome de Grünbaum.

Referências

Crits-Christoph, P., Cooper, A., & Luborsky, L. (1988). The accuracy of therapist's interpretations and the outcome of dynamic psychotherapy. *Journal of Consulting and Clinical Psychology*, 56: 490-495.

Ellenberger, H. (1970). *The discovery of the unconscious*. Basic Books.

Freud, S. (1914). *On the history of the psychoanalytic movement*. S.E. 14, 2-66. Hogarth.

Freud, S. (1916-1917). *Introductory lectures on psycho-analysis*, part 3. S.E. 11, 243-496. Hogarth.

Freud, S. (1950). *The origins of psychoanalysis*. Imago.

Fingarette, H. (1969). *Self-deception*. University of California Press.

Geha, R. E. (1984). On psychoanalytic history and the "real" story of fictitious lives. *International Forum of Psychoanalysis*, 1, 221-229.

Grünbaum, A. (1984). *The foundations of psychoanalysis: a philosophical critique*. University of California Press.

Grünbaum, A. (1993). *Validation in the clinical theory of psychoanalysis: a study in the philosophy of psychoanalysis*. International Universities Press.

Janet, P. (1889). *L'automatisme psychologique*. Alcan.

Meehl, P. E. (1983). Subjectivity in psychoanalytic inference: The nagging persistence of Wilhelm Fliess's Achensee question. In J. Earman (Ed.). *Minnesota studies in the philosophy of science* (Vol. x). Testing scientific theories (pp. 349-411). University of Minnesota Press.

Mischel, T. (1963). Psychology and explanation of human behavior. *Philosophy and Phenomenological Research*, 23, 578-594.

Mitchell, S. A. (1998). The analyst's knowledge and authority. *Psychoanalytic Quarterly*, 67, 1-31.

Renik, O. (1996). The perils of neutrality. *Psychoanalytic Quarterly*, 65, 495-517.

Rorty, R. (1991). *Objectivity, relativism, and truth: philosophical papers* (Vol. 1). Cambridge University Press.

Searle, J. R. (1995). Consciousness, the brain, and the connection principle: reply. *Philosophy and Phenomenological Research*, 55, 217-232.

Spence, D. P. (1980). *Narrative truth and historical truth: meaning and interpretation in psychoanalysis*. W. W. Norton.

Silberschatz, G., Fretter, P. B., & Curtis, J. T. (1986). How do interpretations influence the process of psychotherapy? *Journal of Consulting and Clinical Psychology*, 54(5), 646-652.

Stern, D. B. (1999). Unformulated experience: from familiar chaos to creative disorder. In S. A. Mitchell & L. Aron (Eds.). *Relational psychoanalysis: the emergence of a tradition*. Analytic Press.

Van Gulick, R. (1995). Why the connection argument doesn't work. *Philosophy and Phenomenological Research*, 55, 201-208.

5. Psicanálise e ciências em conflito? Algumas questões filosóficas[1]

Carlota Ibertis

Com frequência ouve-se falar de relações conflitivas entre a psicanálise e as ciências. No que segue, trata-se de pensar acerca dos possíveis conflitos de ordem teórico-metodológica entre essas, tecendo considerações sobre certos aspectos da mencionada relação, suas possibilidades e alcance do ponto de vista da filosofia. Com esse propósito, tomamos como ponto de partida dois artigos de Peter Fonagy, psicanalista e pesquisador britânico,[2] que descreve a sua experiência de pesquisa na interface entre ambos os campos. O primeiro deles aborda as dificuldades, os impasses e as vantagens de um projeto de interação psicanálise-ciências da mente. O segundo refere-se, em particular, à relação entre a teoria do apego e o impacto da genética do comportamento na psicopatologia desenvolvimental. Enquanto exemplos de pesquisa que visam à complementação, os artigos apontam para a necessidade de reexaminar as possibilidades do diálogo entre saberes tão diversos. Como o título sugere, não

---

[1] Este texto, com ligeiras modificações, foi originalmente publicado na *Revista Sofia*, 6(1), jan-jul., 2016.
[2] Professor da Universidade de Londres e coordenador de pesquisa do Centro Anna Freud.

pretendemos chegar a resultados conclusivos, mas, ao contrário, suscitar questões que possam levar a novas questões, bem como a revisar o papel da filosofia a esse respeito.

Psicanálise e ciências da mente[3]

A pesquisa e a colaboração interdisciplinares têm se mostrado como tendências e motores da aquisição de saber. Entretanto, a psicanálise parece ter adotado, em relação com as disciplinas chamadas ciências da mente, uma atitude oposta de rejeição. Como uma exceção à regra, Peter Fonagy (2016) exemplifica o caso de um psicanalista a favor da colaboração com as ciências da mente. De maneira bem-humorada, ele compara pesquisar na interface psicanálise e ciências da mente com apanhar urtigas às mancheias[4] em referência a que essa atividade, ao implicar a busca de comunicação e integração entre tais disciplinas, defronta-se com inúmeras dificuldades em decorrência do que se pode considerar um abismo teórico-metodológico entre elas.

A esse respeito, o autor cita Paul Whittle que se refere a "uma falha geológica", metáfora para aludir ao problema do encontro de duas culturas no estudo da mente: a da psicologia experimental, neurociências, ciências cognitivas, neurobiologia, desenvolvimento humano etc., por um lado, e a da psicanálise, por outro (Whittle, 2003, p. 318). Entre ambas, equiparadas a placas tectônicas, mediaria uma diferença abismal: às características epistemológico-metodológicas

---

3 Uma primeira versão desta seção se encontra em *Estrangeiridade necessária? Notas sobre psicanálise e pesquisa na universidade* (Ibertis, 2016).
4 A mencionada comparação faz parte do título do artigo "Apanhar urtigas a mancheias, ou por que a pesquisa psicanalítica é tão irritante"(Fonagy, 2003a). No Brasil, Richard Theisen Simanke vem introduzindo um ponto de vista que reaproxima a teoria freudiana da biologia.

das primeiras, os pesquisadores contrapõem as da psicanálise orientada à descrição da subjetividade apoiada no *insight* pessoal.

De acordo com Fonagy, as diferenças manifestas entre ambas as "culturas" explicariam não apenas que a experiência subjetiva tenha escapado às disciplinas psicológicas, com exceção da psicanálise, mas também que os psicanalistas temam a ameaça aos fenômenos subjetivos que a introdução de métodos de pesquisa da outra cultura supõe. Fonagy recusa-se a definir a "falha geológica" como fronteira entre a ciência e a não ciência. Ao contrário, ele constata e valoriza tanto os avanços das ciências da mente quanto a elaboração de um modelo global da psique por parte da psicanálise (Fonagy, 2003a, p. 320). Nesse contexto, o autor descarta a discussão epistemológica quando abordada em termos esquemáticos e ingênuos, questionando e condicionando o alcance e a possibilidade da integração entre as culturas disciplinares:

> *Existe uma outra questão, muito mais importante que a de uma simples denominação, por mais prestigiosa que seja: é a de saber se o campo de trabalho de pesquisa que empreendemos pode ser ampliado de modo significativo sem destruir os valiosos elementos de compreensão a que chegaram várias gerações de psicanalistas. (Fonagy, 2003a, p. 320)*

A indagação sobre a natureza da "falha geológica" poder-se-ia expressar pela diferença entre as duas formas de trabalhar e pesquisar de um lado e doutro dela. Segundo Fonagy, enquanto a psicanálise procura, no exame de conteúdos psíquicos, provocar impacto sobre o leitor e remeter este a seus pensamentos – procedimento em que a ambiguidade é fundamental –, as ciências da mente caracterizam-se pelo "ascetismo cognitivo" orientado para a descrição e explicação dos processos psíquicos com base em observações sistemáticas (Fonagy, 2001, pp. 321-324). Perante esse panorama, ele sintetiza sua proposta:

> Num artigo que escrevi há mais tempo do que gosto de lembrar (Fonagy, 1982), proponho a tese de que os trabalhos de pesquisa não podem nem devem servir para testar ideias psicanalíticas. Se não se pode reproduzir uma observação clínica num observatório, não faltam razões capazes de explicar por quê. As observações sistemáticas poderiam servir para nos informar acerca dos processos psicológicos subjacentes nos fenômenos clínicos, para cuja abordagem utilizamos atualmente a linguagem metafórica da metapsicologia. Ao longo dos vinte anos que decorreram desde a redação desse artigo, tentei efetivamente trabalhar nesse sentido, primeiro no domínio da neuropsicologia, depois no do desenvolvimento. (Fonagy, 2003a, p. 325)

É relevante salientar o papel que Fonagy atribui à pesquisa e às observações obtidas nela. Não se trata da validação das teses psicanalíticas, mas da obtenção de novos dados. Em oposição à postura de alguns psicanalistas, como André Green e Peter Wolff, que aceitam apenas a associação livre e a escuta flutuante como elementos essenciais do método para reunir os dados psicanalíticos, Fonagy alega que a psicanálise, desde seu nascimento, se nutre de outros domínios de estudo como a filosofia, a história, a literatura, a antropologia, além das ciências naturais. De acordo com ele, renunciar a essa característica conduz ao isolamento.

Sem dúvida – admite o psicanalista –, o problema reside em que os domínios vizinhos da psicanálise têm o potencial de destruir os *insights* singulares que a pesquisa clínica oferece. Todavia – ele mesmo retruca –, também existem exemplos de colaboração em que a psicanálise e as outras disciplinas se complementam reciprocamente[5]. Com essas circunstâncias em mente e enquanto psicanalista e pesquisador, Fonagy insiste na importância de projetos que visem à integração para, primordialmente, avançar no conhecimento e reelaborar a metapsicologia em termos consoantes com as descobertas científicas atuais. De forma secundária, tal integração estabeleceria uma melhor comunicação com cientistas de outras áreas acerca das descobertas psicanalíticas, evidenciando, assim, a eficácia do método (Fonagy, 2003a, p. 335). Parece-nos evidente que, do ponto de vista filosófico, a maior dificuldade desse projeto reside, justamente, na ideia de uma integração. Qual é o significado desse termo? É possível, dadas as diferenças metodológicas e teóricas? Qual é o alcance e quais as implicações para cada um dos saberes? Seria relevante uma atualização da metapsicologia em novos termos? Quais?

Psicanálise, genética do comportamento e pesquisa desenvolvimental

No artigo intitulado "Desenvolvimento da psicopatologia da infância na idade adulta: a misteriosa implantação de distúrbios no tempo",[6] Fonagy dá indícios do que ele considera ser o paradigma frutífero que permite relacionar predisposições genéticas, experiência dos três primeiros anos de vida e transtornos psicopatológicos ulteriores.

---

5 No artigo comentado aqui, o autor faz referência a várias pesquisas em que se observaria esse tipo de complementaridade, por exemplo, os casos das pesquisas do autor com Mary Target, com Higitt e com Steele e Steele.
6 O artigo é resultado de um trabalho de pesquisa junto com Mary Target, George Gergely e Eliot Jurist e foi apresentado no Congresso da WAIMH (World Association of Infant Mental Health), realizado em Montréal, em julho de 2000.

Trata-se da colaboração aberta entre geneticistas moleculares e defensores da teoria do apego sem cair em reducionismos, sustentados inicialmente pelos primeiros, nem em certa ingenuidade por parte da posição dos segundos.

Numa rápida revisão, Fonagy observa que na última década do século XX, impulsionada pelo entusiasmo do projeto genoma humano e a crescente sofisticação da estatística, a genética do comportamento chega à pesquisa desenvolvimentista desestimando fortemente o papel parental nas explicações cujo fator determinante passa a ser com quase exclusividade o genético. A modo de exemplo, o autor cita Rowe, que teria afirmado que os pais, na maioria das famílias de classe operária ou profissional, podem ter pouca influência sobre os traços que as crianças podem desenvolver na vida adulta, duvidando até de que algum traço indesejável manifestado por uma criança possa ser modificado de modo significativo por qualquer ação parental (Rowe citado por Fonagy, (2001), p.338). Assim, deu-se a transição entre um modelo inicialmente psicossocial de desenvolvimento a um quadro de referência genético-biológica que exclui, com frequência de forma *a priori*, a consideração das relações pais-criança (Fonagy, 2003a, p. 339).

Em primeiro lugar, se, por um lado, com uma crítica ao reducionismo na interpretação dos dados da genética do comportamento, o autor defende que reduzir a importância da parentalidade e, em particular, das relações precoces de apego, se baseia em avaliações erradas dos dados, do outro, ele observa que o acento posto no passado sobre o papel da parentalidade pecava de certo grau de ingenuidade ao considerar a influência dos pais unicamente em termos de qualidade da relação, de internalização ou de identificação (Fonagy, 2003a, p. 342). Em segundo lugar, Fonagy afirma que as experiências precoces de apego podem ser fatores-chave de moderação da expressão do genótipo individual e que a função evolutiva primária do apego residiria na contribuição à criação ontogenética de um mecanismo mental que module as experiências psicossociais em relação com a expressão dos genes.

No artigo, três casos ilustram a posição de Fonagy segundo a qual elementos genéticos e experiências precoces se complementariam nas manifestações de comportamentos e distúrbios. Vamos nos referir a dois deles. O primeiro gira em torno da equação presença do alelo curto do gene 5-HTT, baixa concentração de 5HIAA no LCR, disfunção serotoninérgica e comportamento indesejável. Do ponto de vista da biologia molecular, poder-se-ia dizer que o alelo curto do gene 5-HTT é a causa da baixa concentração de 5HIAA, associada à disfunção serotoninérgica e do comportamento disfuncional. Desse modo, o alelo curto do gene 5-HTT seria o fator desencadeante. Todavia, na década de 1990, observou-se que nessa equação também intervinham experiências precoces desfavoráveis. Nas experiências com macacos rhesus, dos indivíduos portadores do alelo curto do 5-HTT, somente os criados por pares – ou seja, privados dos cuidados maternos – apresentavam a baixa concentração de 5HIAA. Aqueles indivíduos portadores de alelo curto, mas criados pelas mães, apresentavam a mesma concentração que os indivíduos com alelo longo. Portanto, a experiência do entorno precoce inadequado desencadearia a expressão do gene 5-HTT (Fonagy, 2003a, pp. 347-348).

O segundo caso apresentado por Fonagy sobre as peculiaridades da inter-relação genes-entorno diz respeito aos alelos A1 e A2 do segundo receptor da dopamina D2, presentes na minoria dos indivíduos considerados normais. O predomínio elevado deles apresenta-se em indivíduos com problemas de alcoolismo, paixão pelo jogo, abuso de substâncias e distúrbios de comportamento alimentar. O estudo considera uma amostra de indivíduos com essas características genéticas, com os já mencionados problemas de dependência e com história traumática.

Uma análise preliminar sugere que o alelo A1 poderia ser um marcador biológico de um certo tipo de traumatismo, de modo que o impacto do traumatismo sobre a personalidade adulta estaria restrito aos possuidores desse alelo. Todavia, tratar-se-iam de efeitos restritos a determinadas formas de traumas interpessoais como abusos psíquicos e físicos e não a formas de negligências ou carências, por exemplo. Em ausência de traumas, o alelo A1 não se encontrava associado com nenhuma disfunção significativa de personalidade. Além de indicar a possibilidade de ou bem o trauma ser o que conduz à expressão do gene ou bem os outros alelos serem os que determinam a capacidade do indivíduo de metabolizar experiências traumáticas precoces de forma apropriada, o interesse deste caso reside na especificidade da interação gene-entorno.

Tais exemplos de pesquisa na interface da genética com a psicopatologia desenvolvimental (mais históricos do que atuais) evidenciam a natureza do projeto científico: a integração de duas formas explicativas que se entrecruzam interagindo com alto grau de complexidade. Em especial, para Fonagy, o sistema representacional poderia ser um filtro ativo entre genótipo e fenótipo, assim, a elaboração mental de experiências resultaria essencial para a expressão, ou não, do material genético. Portanto, não se trata apenas de interação gene-entorno, mas da interação entre a carga genética, o entorno e o modo subjetivo segundo o qual esse é vivenciado.

No Congresso Internacional Herencia y Ambiente en Psiquiatría del Niño y del Adolescente, organizado em Madrid em maio de 2004, Dio Bleichmar, seguindo a Gottlieb e Tucker Halpern, salienta que "a compreensão dos fenômenos do desenvolvimento requer conceitos relacionais ou coativos da causalidade em oposição a causas únicas que operariam isoladamente" (Gottlieb & Halpern, citado por Dio Blelichmar, 2004, pp. 1-2). A esse respeito, enfatiza:

> *O conceito-chave é entender que o que faz com que o desenvolvimento aconteça é a relação entre os dois componentes, e não os componentes em si (pessoa-pessoa, organismo-organismo, organismo-ambiente, célula-célula, gene-gene, atividade-comportamento motor). Quando se fala de* coação *como o coração da causalidade evolutiva, o que se quer enfatizar é que necessitamos especificar alguma relação entre ao menos dois componentes do sistema do desenvolvimento. O conceito usado mais frequentemente para designar a* coação *é o relativo à experiência. (Dio Bleichmar, 2004, p. 2, tradução e grifos nossos)*

Considerando-se as perspectivas epistemológicas mais clássicas, trata-se de uma maneira diferente de conceber a causalidade em que elementos heterogêneos entram em interação. Em particular, resulta decisiva para nossa questão a possibilidade da relação entre gene e experiência do entorno enquanto vivenciada pelo indivíduo, ou seja, o possível impacto do aspecto subjetivo do entorno. Fonagy afirma:

> *A genética do comportamento humano estuda, na sua maior parte, o entorno "equivocado". O entorno que estimula a expressão de um gene não é objetivo, não é observável. A distinção de Freud entre as duas superfícies da consciência (uma voltada para dentro e outra para fora) proporciona a pista: é a* experiência *do entorno o que produz interações entre a herança e a circunstância, não o fato dessa circunstância em si mesma. A interação é entre o gene e o entorno* subjetivo. *O modo como se experimenta o entorno age como filtro na expressão do genótipo no fenótipo, a tradução do potencial genético na personalidade e no comportamento. Aqui, acredito eu, tangenciamos a importância da psicanálise para a*

> *compreensão das influências genéticas sobre a mente. Como psicanalistas, nossa preocupação principal é a interação das múltiplas camadas de representações para gerar a experiência subjetiva em relação com o mundo externo, isto é, a realidade psíquica. Os dados provenientes da genética requerem precisamente essa sofisticação. Para compreender o modo em que a maioria dos genes pode ou não ser expressa em indivíduos concretos, precisamos compreender o mundo interno da criança ou, de fato, do adulto. (Fonagy, 2003b, p. 25, tradução e grifos nossos)*

Na linha das declarações de Eric Kandel acerca da possibilidade de mudanças na expressão genética provocadas pelas experiências de aprendizagens psicanalíticas, Fonagy avança:

> *Eu sugiro que os modos habituais de interpretar o mundo afetam a química cerebral que, por sua vez, influi na expressão dos genes. A psicanálise clínica é uma técnica efetiva para modificar os modos habituais de interpretar o mundo, especialmente nos contextos mais estressantes, onde o impacto do significado subjetivo pode ser o mais intenso. (Fonagy, 2003b, p. 26, tradução nossa)*

Uma análise que visasse examinar as regras do uso dos conceitos presentes em diversos discursos, certamente, teria de atentar à especificidade dessa modalidade de integração ou complementação, proposta por pesquisadores como Fonagy, refletida no modo de conceber a causalidade.

Uma tarefa para a filosofia

Como já mencionado, em geral, a psicanálise tende a prescindir do contato com as disciplinas biológicas (Fonagy, 2003b). Essa posição – certamente alicerçada na convicção de que não precisa disso, uma vez que a vida de uma pessoa é suscetível de ser explicada sob perspectivas diferentes – pressupõe a incomensurabilidade entre o tipo de discurso próprio das ciências naturais, por uma parte, e o da psicanálise, por outra.

Desde as célebres distinções entre ciências do espírito e ciências naturais e entre compreensão *versus* explicação, parte da tradição filosófica tende a separar os tipos de discursos atribuindo-lhes especificidades que seriam excludentes. Em torno disso, em *Ceticismo e naturalismo: algumas variedades*, Strawson (2007) comenta, não sem ironia, sobre as relações entre o mental e o físico, em termos de diferentes histórias:

> *Cada história invocará relações explicativas próprias: uma, em termos de leis neurofisiológicas e anatômicas; a outra, em termos daquilo que se chama às vezes, com intenção pejorativa, de "psicologia popular"; isto é, em termos explicativos comuns que cronistas, romancistas, biógrafos, historiadores, jornalistas e fofoqueiros utilizam quando apresentam suas explicações para com o comportamento e a experiência humanos – os termos empregados por pessoas tão simples quanto Shakespeare, Tolstói, Proust e Henry James. (Strawson, 2007, p. 71)*

Assim, o que acontece a alguém pode ser concebido, tal qual um único tipo de evento suscetível, tanto de uma descrição física quanto de uma descrição mental; ou, bem como constituído por dois tipos de eventos, um físico e um mental, entre os quais mediam ligações causais. Desse modo, Strawson identifica duas maneiras possíveis de conceber as relações entre cada uma das histórias que pretendem dar conta do que acontece com alguém: a primeira defende a identidade entre elas, pois se trataria de um único tipo de evento, apenas descrito de duas formas diferentes; a segunda afirma uma ligação causal entre dois eventos, o físico e o mental, na qual este último resultaria mero epifenômeno do anterior sem eficácia causal (Strawson, 2007, p. 71).

Para Strawson, o problema filosófico surge por supor uma inter-relação de certo tipo entre as duas histórias, em que cada estado mental tem uma base física, sugerindo que, ao invés de escolher entre a tese da identidade ou a causal, se deveria optar pela formulação não comprometedora que fala apenas de uma realização física do mental: "Fazer outra coisa é deixar de reconhecer até que ponto as duas histórias não se apresentam *in pari matéria*. Equivale a tentar uma história unificada onde não há nenhuma história para ser contada" (Strawson, 2007, p. 76).

A prudência aconselha evitar compromissos metafísicos não necessários no marco das disciplinas distribuídas em campos que até um tempo atrás permaneciam separados. Entretanto, exemplos de pesquisas, como as aqui citadas, introduzem a necessidade de reexaminar a inter-relação corpo/experiência. Assim, às alternativas entre reduzir um discurso a outro ou mantê-los separados, acrescenta-se a de concebê-los segundo a coação ou interferência mútua.

À maneira de conclusão

Dado o tipo de pesquisa mencionado, a reflexão filosófica enquanto análise das regras implícitas nos usos efetivos de conceitos básicos,[7] como o de causalidade nos diversos discursos, requer uma nova avaliação do papel e do lugar da psicanálise entre os demais saberes, em particular, no que diz respeito às ciências biológicas e às ciências da saúde. Sem dúvida, nessa empreitada, o desafio continua sendo preservar a especificidade psicanalítica com todas as questões que isso abrange.

Com efeito, se lembrarmos da atitude de Freud, em princípio, a proposta de Fonagy parece afinada com o espírito dos inícios da psicanálise e do seu criador. Apesar das resistências e dos mal-entendidos que ela possa acarretar, e com independência de preferências teóricas, parece inevitável aceitar a necessidade de examinar cuidadosamente as possibilidades, o alcance, as vantagens e desvantagens desse tipo de pesquisa, que implica uma concepção específica de causalidade e, por conseguinte, da integração entre disciplinas dissimiles, também a serem examinadas. Tarefas que, a nosso entender, são filosóficas e se inserem no horizonte da filosofia da psicanálise em sua variante epistemológica, tal como explicitado por Luiz Roberto Monzani (2008, p. 7) e Richard Theisen Simanke (2010, p. 28).

---

7 Em nossa opinião, a analogia de Strawson entre a análise filosófica e a gramática, apresentada em *Análise e metafísica: uma introdução à filosofia* (2002), continua sendo elucidativa para o entendimento da abordagem epistemológica.

Referências

Dío Bleichmar, E. (2004). Estudios sobre la relación herencia-ambiente en la temprana infancia. In *Aperturas Psicoanalíticas, Revista Internacional de Psicoanálisis, 17*. http://www.aperturas.org/articulos.php?id=0000298&a=Estudios-sobre-la-relacion--herencia-ambiente-en-la-temprana-infancia.

Fonagy, P. (2001). Développement de la psychopathologie de l'enfance à l'âge adulte: le mystérieux déploiement des troubles dans le temps. *La psychiatrie de l'enfant, 44*, 333-369. https://doi.org/10.3917/psye.442.0333.

Fonagy, P. (2003a). Apanhar urtigas às mancheias, ou por que a pesquisa psicanalítica é tão irritante. In A. Green. *Psicanálise contemporânea: revista francesa de psicanálise*. Imago.

Fonagy, P. (2003b). Genética, psicopatología evolutiva y teoría psicoanalítica: el argumento para terminar con nuestro (no tan) espléndido aislamiento. In *Aperturas psicoanalíticas, revista internacional de psicoanálisis, 15*. Recuperado de http://www.aperturas.org/articulo.php?articulo=0000262.

Ibertis, C. (2016). Estangeiridade necessária? Notas sobre psicanálise e pesquisa na universidade. In M. T. A. D. Coelho, S. A. F. F. Fernandes & S. Aires (Orgs.). *Experiências com psicanálise na universidade: ensino, pesquisa e extensão*. Edufba.

Monzani, L. R. (2008). O que é filosofia da psicanálise? In *Philosophos, 13*(2), 11-19.

Rowe, D. (1994). *The limits of family influence. Genes, experience and behavior*. Guilford Press.

Strawson, P. F. (2002). *Análise e metafísica: uma introdução à filosofia*. Discurso Editorial.

Strawson, P. F. (2007). *Ceticismo e naturalismo. Algumas variedades.* Unisinos.

Simanke, R. T. (2010). O que a filosofia da psicanálise é e o que ela não é. In R. T. Simanke et al. (2010). *Filosofia da psicanálise: autores, diálogos, problemas.* EdUFSCar.

Whittle, P. (1999). Experimental psychology and psychoanalysis: what we can learn from a century of misunderstanding. *Neuro-Psychoanalysis*, *1*(2), 233-245. https://www.tandfonline.com/doi/abs/10.1080/15294145.1999.10773264.

PARTE II
Sobre Freud: desdobramentos e influências para a cientificidade da psicanálise

6. Freud e o abismo entre a natureza e o humano

Aline Sanches

Psicanálise, ciência da natureza

Se a psicanálise é uma ciência ou não, se seu conjunto de saberes e práticas cumpre os requisitos epistemológicos e metodológicos para ser reconhecida enquanto tal, trata-se de uma discussão infindável e sem consenso, pois depende inicialmente de qual modelo de ciência está se defendendo como legítimo. Tendo se propagado e desenvolvido com bastante autonomia em relação aos meios científicos formais – universitários e acadêmicos –, a psicanálise assumiu feições epistemológicas bem diversas após Freud, conforme a terra que deu suporte ao seu enraizamento movente. Bem resumidamente, pode-se dizer que em sua vertente estadunidense, tendeu a se aproximar de um paradigma científico mais tradicional, pragmático-positivista; em sua vertente francesa, tendeu a se firmar no campo das ciências humanas, tornando-se, inclusive, parte fundamental do programa estruturalista nos anos 1950; em sua vertente inglesa, tendeu a privilegiar a prática clínica, voltando-se mais para a teoria da técnica do que para a reflexão metapsicológica e para abertura de diálogo com outras disciplinas.

Certamente, apresentar a relação entre psicanálise e ciência por meio desse sobrevoo generalizador, reduz, em demasia, a complexidade dessa questão. Não sendo o objetivo deste artigo aprofundar-se nesse ponto, busca-se aqui apenas indicar que tal relação é múltipla, marcada pela equivocidade e contingências histórico-sociais. Pode-se abordar a história e a epistemologia da psicanálise em um sentido vertical de temporalidade, filiação e descendência, cuja imagem "tronco e ramos" é bastante adequada.[1] Mas pode-se também construir uma imagem mais geográfica e rizomática da psicanálise, com suas raízes se espalhando e gerando frutos cujo sabor, formato e cor variam conforme o *terroir* fecundado, inclusive, sofrendo algumas mutações a partir do cruzamento com outras espécies de saberes.

Contudo, a despeito de seu desenvolvimento posterior em escolas, com características e particularidades epistemológicas próprias, Freud concebeu a psicanálise para ser ciência, mais especificamente, ciência da natureza. Nem psiquiatria, nem psicologia, nem neurologia: foi preciso fundar uma nova disciplina para abordar um objeto de estudo até então inexplorado, os "processos psíquicos inconscientes".

Enquanto a psicologia da consciência nunca foi além daquelas séries com lacunas, obviamente dependentes de outra coisa, a nova concepção – de que o psíquico é inconsciente em si – permite conformar a psicologia numa ciência natural como qualquer outra. Os processos de que ela se ocupa são, em si, tão incognoscíveis como os das demais ciências, a química ou a física, mas é possível constatar as leis as quais obedecem, observar suas relações mútuas e dependências por largos trechos ininterruptamente, ou seja, aquilo que

---

[1] Como no trabalho de fôlego de Mezan (2014), intitulado *O tronco e os ramos*.

se denomina compreensão da esfera dos fenômenos naturais em questão (Freud, 1940 [1938]).

Para os desavisados, definir que o psíquico é inconsciente e designar o conjunto de conceitos e hipóteses como metapsicologia, soa como se Freud estivesse mais próximo da filosofia do que da ciência; ou então, que a psicanálise devesse reivindicar seu pertencimento ao campo das ciências humanas, já que se propõe a interpretar e compreender matérias singulares em seus arranjos, como os sonhos, os conflitos psíquicos e a cultura. Mas Freud insiste, do início ao fim de sua obra, que a psicanálise se situa entre as ciências da natureza, alinhada com a física, a química e a biologia. O inconsciente, longe de ser uma coisa localizável e diretamente observável como um órgão, tampouco é mero conceito abstrato, uma vez que encontra seu fundamento nos processos orgânicos e somáticos (Freud, 1940[1938]). O inconsciente refere-se a um conjunto de forças, submetidas a leis e princípios de funcionamento, do qual apenas uma ínfima parte vem a tornar-se consciente. Assim como não temos consciência dos incontáveis processos celulares e físico-químicos que estão acontecendo em nosso corpo, tampouco temos consciência das redes associativas e dos circuitos pulsionais processados pelo aparelho psíquico. Logo, o "aparelho psíquico" em nada difere de outros processos naturais explicados pela ciência.

Se uma pergunta análoga fosse dirigida a um físico, sobre a essência da eletricidade, digamos, sua resposta, até recentemente, seria

> *para explicar determinados fenômenos, supomos a existência de forças elétricas que estão nas coisas e delas emanam. Estudamos esses fenômenos, encontramos suas leis e fazemos até mesmo aplicações práticas delas. Isso nos basta no momento. Não conhecemos a essência da eletricidade, talvez a descubramos depois, com o avanço*

> *do nosso trabalho. Admitimos que nossa ignorância diz respeito justamente ao que é mais importante e interessante no assunto, mas isso não nos incomoda a princípio. Não é de outro modo nas ciências naturais. (Freud, 1940[1938]b, p. 354)*

Os conceitos criados para explicar e compreender o psíquico, conjunto denominado de metapsicologia, apresentam um aparelho cujas instâncias tópicas diferenciadas – isso, *eu* e *supereu* – são animadas por pulsões em uma relação dinâmica e conflituosa, segundo determinados princípios. Tal parafernália teórica é comparada a andaimes: apesar de necessários para a construção e reparo de um edifício, são provisórios e dispensáveis visto que este ganha solidez a partir do acúmulo de experiências (Freud, 1940[1938]).

Os conceitos metapsicológicos foram desenvolvidos sob forte influência da formação científica de Freud na neurologia e este jamais construiu suas teorias como meras figuras de linguagem, mas como possível interação de forças psicossomáticas, a serem mais bem elucidadas pelas futuras pesquisas.

O edifício que erguemos da teoria psicanalítica é, na realidade, uma superestrutura, que um dia deverá ser assentado sobre o seu fundamento orgânico; mas este ainda não conhecemos. Como ciência, a psicanálise não se caracteriza pela matéria de que trata, e sim pela técnica com que trabalha. Pode-se aplicá-la tanto à história da civilização, ao estudo da religião e da mitologia como à teoria das neuroses, sem com isso violentar sua natureza (Freud, 1916-1917).

É preciso prestar bastante atenção nesta afirmação: o que caracteriza a psicanálise não é um objeto específico – o corpo ou a mente, o indivíduo ou a sociedade, o instinto ou a instituição. A psicanálise cria um método com o intuito de que este possa ser aplicado sobre variadas matérias, pois seu objeto são os processos psíquicos inconscientes que regem sobre a matéria. Assim, sintomas físicos os mais variados, os sonhos, a sexualidade, a religião ou a cultura, são produtos dos mesmos jogos de forças. Freud pode até não explicar tudo, mas bem que ele tentou.

Caropreso e Simanke (2011) demonstram de que modo Freud manteve continuidade entre suas teses neurológicas e psicológicas, sem com isso recair em um "realismo científico ingênuo", que buscaria correspondentes anatômicos aos fenômenos mentais. Segundo os autores, "seu cientificismo, seu naturalismo, seu apego a explicações neurobiológicas", longe de indicar limitações ou aspectos obsoletos do pensamento freudiano, indicam na verdade sua originalidade e inovação (p. 53). Estender o alcance da psicanálise ao social nunca significou, para Freud, afastar-se do naturalismo. Simanke (2009) nos mostra que, diferentemente de seus contemporâneos, que tendiam a se posicionar a partir de um dualismo metodológico e/ou ontológico, que divide os objetos de investigação entre ciências da natureza e ciências humanas, Freud traçou um percurso particular, ignorando essa dicotomia sem, contudo, perder a coerência epistemológica. É possível vislumbrar uma unidade no pensamento freudiano, que Simanke caracteriza como "um *naturalismo integral*, que pretende abarcar tanto o psiquismo individual quanto o social, tanto os aspectos psicodinâmicos e impulsivos da mente, quanto sua dimensão qualitativa, experiencial e subjetiva, tanto o emocional quanto o cognitivo" (2009, p. 232).

O modo como Freud concebe as ciências naturais ultrapassa as limitações e determinismos do programa positivista. Tal programa pressupõe uma regularidade fixa dos fenômenos naturais, o que permite que eles sejam passíveis de observação e quantificação. Logo, a ciência deve objetivar traduzir os fenômenos sob a forma de leis gerais, que aspiram, em última instância, à universalidade. Nota-se, assim, que a construção histórica da ciência moderna nos últimos quatro séculos se fez acompanhar de certa concepção de natureza: escrita em caracteres matemáticos, deve ser medida e quantificada, cabendo à ciência o papel de tornar mensurável aquilo que ainda não era possível medir (Galileu, 1564-1642). A natureza pode até ser mais eficiente e melhor do que os mecanismos de um relógio, mas ainda assim é uma máquina, com peças e engrenagens redutíveis pelo método analítico (Descartes, 1596-1650). Independentemente do tempo e do espaço, a natureza está submetida às mesmas leis universais (Newton, 1643-1727). Tudo é governado com regularidade constante, com a mesma mecânica; assim, pode-se calcular qualquer transformação na natureza com precisão matemática e, quando bem conduzida, a investigação racional pode revelar o seu funcionamento mais intrínseco. A estabilidade do sistema solar, regido pelas mesmas leis traduzíveis em equações, permitiria encontrar as mesmas relações de causalidade operando no micro e no macro, no particular e no universal, no parcial e no geral. É assim que fazer ciência se torna sinônimo de dar visibilidade a um determinismo absoluto, tal como foi enunciado na célebre afirmação de Laplace (1749-1827):

> Uma inteligência que, para um instante dado, conhecesse todas as forças das quais está animada a natureza e a situação respectiva dos seres que a compõem, se de outro modo ela fosse suficientemente vasta para submeter esses dados à análise, abraçaria na mesma fórmula os movimentos dos maiores corpos do universo e aqueles do mais leve átomo: nada seria incerto para ela, e o futuro, tal como o passado, estaria presente a seus olhos. (Laplace citado por Paty, 2004, p. 472)

Não é difícil demonstrar de que modo foi sendo construído e sustentado pela ciência, até meados do século XIX, a noção hegemônica de que a natureza é imutável, regida pela fixidez, pelo automatismo, pela repetição. Acontece que tal concepção empobrecida e reducionista da natureza passou a ser contestada, desde então, pelos próprios avanços científicos das mais variadas áreas. O exemplo mais evidente disso é o evolucionismo de Darwin, que aponta para a interferência da história e do tempo na herança orgânica. Em seguida, já no século XX, a tecnologia dos aparelhos microscópicos encontra, no reino do infinitamente pequeno, os sistemas quânticos e interações que não só não se encaixam nas velhas categorias da física, como apresentam uma diferença em relação ao funcionamento macroscópico. Entre quantas, genes e *bytes*, as interações físico-químicas vão se mostrando cada vez mais complexas, imprevisíveis, singulares, específicas. A natureza começa a figurar, mesmo nas ciências duras, com atributos relativos à história, variância e criação, e não só ser caracterizada pela reprodução atemporal e universal de padrões predeterminados.

Instinto

No que se refere à psicanálise, o projeto original de Freud para situá-la entre as ciências da natureza, enquanto analisa e interpreta fenômenos culturais, demonstra que sua concepção de natureza se sintoniza com os avanços científicos mais contemporâneos, indo além da perspectiva tradicional e positivista. Contudo, como explicar que ainda predomine nos meios psicanalíticos – nos brasileiros pelo menos – uma forte ojeriza à relação com as ciências naturais, como a biologia e a neurologia, disciplinas que foram tão caras para Freud e que ainda fundamentam suas teorias e conceitos? A rejeição a esse campo, que, às vezes, atinge o grau da repulsa, pode ser facilmente observada quando está em pauta a tradução do vocábulo freudiano *Trieb* para instinto ou pulsão. Emergem aí reações defensivas, tentativas apaixonadas de salvar a especificidade do humano e sua ruptura com o natural e o animal, sob o argumento de nossa ampla variedade de possibilidades, escolhas e liberdades diante do que seria apenas uma obediência cega a imperativos restritos e pré-definidos. É em relação a uma natureza mecânica, povoada de animais autômatos, que o humano afirma sua independência, domínio e superioridade. É em reação à natureza assim concebida que a quase totalidade dos psicanalistas argumenta veementemente contra o uso do termo "instinto" em psicanálise. Simanke (2014) analisa em detalhes a querela em torno da tradução de *Trieb*, demonstrando que a escolha pelo neologismo *pulsão*, mais do que afirmar uma fidelidade ao espírito freudiano, que em nada seria contrariado ao se adotar o vocábulo "instinto", afirma de fato uma fidelidade à fratura ontológica humano e natureza, que o próprio Freud tentava reparar.

Assim, por exemplo, ao conceituar o instinto de morte, Freud (1920) extrapola a esfera do especificamente humano e do psíquico, postulando forças que seriam ativas em toda a vida orgânica: tanto nas sínteses celulares, nos protozoários, nos peixes ou nos pássaros, especula-se sobre a tendência ao inorgânico que impele a processos autodestrutivos; ou seja, é a totalidade da natureza que lhe interessa. Eis o que se lê em um de seus últimos escritos:

> *Diminuímos o extenso abismo que a arrogância humana de épocas passadas criou entre o ser humano e os animais. Se os chamados instintos dos animais, que desde o início lhes permitem se comportar numa nova situação de vida como se ela fosse velha, há muito familiar - se essa vida instintiva dos animais admite uma explicação, só pode ser a de que trazem consigo as experiências da sua espécie para a nova existência própria, ou seja, que conservaram dentro de si as lembranças do que seus antepassados viveram. No animal humano isso não seria diferente, no fundo. Aos instintos dos animais corresponde a herança*

arcaica humana, ainda que seja de amplitude e conteúdo diferentes. (Freud, 1939, p. 141)

A herança arcaica, a herança filogenética Isso (*Das Es*) que, a despeito do estabelecimento de superestruturas secundárias mais elaboradas de funcionamento, continua ativa e exigindo trabalho psíquico. Os instintos, originalmente plásticos e polimorfos, são aptos a conectar-se indiferentemente a qualquer objeto. Por isso, devem ser enlaçados em uma cadeia associativa que conduz a objetos específicos de satisfação – objeto que aceita variações, mas apenas sobre um mesmo tema, já que se torna moldado e predeterminado pelas necessidades orgânicas conjugadas com a experiência. Ou seja: é decorrente da repressão que o instinto é apreendido em um circuito relativamente estável, estruturado e determinado de funcionamento. Em princípio, ele é potência múltipla de conexões (vida) e desconexões (morte). Insinua-se, assim, um funcionamento primário e natural que é cego, impulsivo, aleatório, sem finalidade nem predeterminação, e que sofrerá, a partir das experiências sociais, uma regulação e organização.

Os instintos nos aproximam dos animais, assim como do humano pré-histórico ou do "selvagem", atestando que todos estão submetidos às mesmas forças naturais (Freud, 1912-1913). Não é possível dizer algo sobre o indivíduo sem conhecer a sua espécie: a ontogênese repete filogênese, diretriz que Freud nunca abandonou e que levou muito a sério. Assim, lê-se em um parágrafo acrescido em 1919 à *Interpretação dos sonhos* (Freud, 1900, p. 578):

> *[...] o sonhar é, em seu conjunto, um exemplo de regressão à condição mais primitiva do sonhador [...]. Por trás dessa infância do indivíduo, é nos prometida uma imagem da infância filogenética – uma imagem*

> *do desenvolvimento da raça humana, do qual o desenvolvimento do indivíduo é, de fato, uma recapitulação abreviada, influenciada pelas circunstâncias fortuitas da vida. [...] podemos esperar que a análise dos sonhos nos conduza a um conhecimento da herança arcaica do homem, daquilo que lhe é psiquicamente inato. Os sonhos e as neuroses parecem ter preservado mais antiguidades anímicas do que imaginaríamos possível, de modo que a psicanálise pode reclamar para si um lugar de destaque entre as ciências que se interessam pela reconstrução dos mais antigos e obscuros períodos dos primórdios da raça humana. (Freud, 1900, pp. 578-579)*

De uma só vez, vemos como a teoria freudiana buscava condensar, por meio da noção de *Trieb*, ciências aparentemente tão díspares como biologia, antropologia, sociologia, psiquiatria e psicologia.

Em se tratando da espécie humana, tampouco as defesas que se levantam diante dos instintos variaram significativamente ao longo do tempo. Assim, as sociedades "civilizadas" se diferenciam das sociedades "primitivas" apenas superficialmente: no fundo, ambas revelam as mesmas operações psíquicas de repressão dos instintos, ambivalência e conflito. Tratando-se do totem, de Deus ou do Estado, são sempre avatares de uma mesma figura: o pai, agente repressor ao qual toda criança necessariamente se submeteu em seu primeiro núcleo social, a família.

Curioso isso: falávamos de como a concepção de natureza em Freud sugeria estar mais próxima da ciência contemporânea, mas o que encontramos são sinais de invariância e universalidade em seus postulados sobre o aparelho psíquico e sobre a cultura. É possível constatar que, mesmo em termos de formação social, não conseguimos ir muito além do que replicar a família primitiva: funcionamento de horda cujo chefe ou líder exerce seu poder despótico sobre uma massa obediente, submissa e infantilizada, de capacidade crítica e intelectual rebaixada. Mas haver repetições, heranças arcaicas, padrões e predisposições, não exclui a possibilidade de criatividade, liberdade e singularidade. Também não exclui a possibilidade de evolução.[2] Essas aparecem nas negociações constantes entre instintos, mecanismos de defesa e cultura, nas quais o indivíduo é o próprio palco de batalha.

Acontece que, se com uma mão Freud naturaliza o humano e o aproxima do animal, do selvagem e da natureza como um todo, com a outra ele demonstra o imperativo e as virtudes da cultura enquanto processo de domínio sobre o primitivo e infantil que nos habita. A repressão deve se erigir contra os constantes perigos e ameaças dessa natureza que insiste e persiste. Egoísmo, egocentrismo, onipotência, perversão; sem a intervenção da repressão, iria predominar a *lei do mais forte*.

Talvez possamos começar afirmando que o elemento cultural se apresentaria com a primeira tentativa de regulamentar essas relações [dos homens entre si]. Não havendo essa tentativa, tais relações estariam sujeitas à arbitrariedade do indivíduo, isto é, aquele fisicamente mais forte as determinaria conforme seus interesses e instintos. Nada mudaria, caso esse mais forte encontrasse alguém ainda mais forte. A vida humana em comum se torna possível apenas quando há uma maioria que é mais forte que qualquer indivíduo e se conserva diante de qualquer indivíduo (Freud, 1930).

---

2 Há repetições, há heranças arcaicas, mas também há evoluções, como por exemplo, a capacidade de abstrair (sobre a passagem do politeísmo ao monoteísmo, Freud, 1940, p. 23) ou de incorporar filogeneticamente um mecanismo de repressão externa – como no caso do canibalismo que, reprimido ao longo de milênios, tornou-se um impulso fraco e diluído (Freud, 1927, p. 194).

Tudo se passa como se a luta pela sobrevivência – do indivíduo e da própria espécie – fosse o imperativo último e indiscutível da natureza, e, nesta, sobrevive apenas o fisicamente ou intelectualmente mais forte. Acontece que, no humano, particularmente, a sobrevivência parece depender, sobretudo, da luta *contra* a natureza. Assim, é necessário estar em grupo para nos protegermos do estado original de desamparo, romper com as leis naturais em prol de leis sociais – um sistema de regras e direitos inventados, a que todos devem se submeter sem exceção. Deve-se acatar o pacto edípico-social, única saída diante das injustiças naturais.

Contudo, o próprio Freud alerta que a universalidade e eficácia desse pacto é uma ilusão. Também a cultura e o Estado civilizado podem passar a operar segundo a lei da selva, ocupando o mesmo lugar despótico, de prevalência do individual sobre o grupal, que deveria ser combatido: "o Estado proíbe ao indivíduo a prática da injustiça, não porque deseje acabar com ela, mas sim monopolizá-la, como fez com o sal e o tabaco. O Estado beligerante se permite qualquer injustiça, qualquer violência que traria desonra ao indivíduo" (Freud, 1915, p. 161). Astúcia, mentira, censura, cobiça, violência, poder sem limites. Eis a natureza, agressiva e egoísta, mostrando novamente suas garras, disfarçada de civilização. De fato, a própria cultura é fonte de mal-estar, uma vez que impõe a repressão e, com isso, incrementa a hostilidade e agressividade constitutivas, que então passam a se voltar contra ela mesma.

É fato que os instintos não são nem bons nem maus em si mesmos, mas são maus quando considerados em relação às necessidades da sociedade:

> *A investigação psicológica – em sentido mais rigoroso, a psicanalítica – mostra, isto sim, que a essência mais profunda do homem consiste em impulsos instintuais de*

> *natureza elementar, que são iguais em todos os indivíduos e que objetivam a satisfação de certas necessidades originais. Esses impulsos instintuais não são bons nem maus em si. Nós os classificamos dessa forma, a eles e a suas manifestações, conforme sua relação com as necessidades e exigências da sociedade humana. Há que admitir que todos os impulsos que a comunidade proíbe como sendo maus – tomemos como representativos os egoístas e os cruéis – estão entre os primitivos. (Freud, 1915, p. 163)*

Logo, os instintos são antissociais e precisam ser transformados, trabalhados, reprimidos, sublimados. Sua expressão direta é sempre danosa, tanto do ponto de vista individual quanto social. Isso confirma a visão essencialmente negativa de Freud sobre a natureza humana, mas também sobre a natureza em geral. Sub-repticiamente se insere uma escala de valor moral, que Freud tentava evitar: a natureza é má, egoísta, agressiva, portanto, deve ser controlada, dominada, subjugada. Em estado natural, não há seres capazes de interações com base na alteridade, apenas seres ensimesmados cujo objetivo fundamental é preservar a si mesmo ou seus idênticos-familiares (membros da mesma espécie). A natureza é narcísica, assim como tudo o que permanece de primitivo e infantil em nós. A natureza deve ser domesticada, dentro e fora de nós e não parece haver reconciliação possível, mas apenas combate e repressão.

Por que os instintos devem ser reprimidos?

A maneira mais simples e direta de responder a essa questão parece ser essa: os instintos devem ser reprimidos porque, em seu estado original, eles são antissociais e hostis à civilização. Mas o que isso significa? Que a finalidade do aparelho psíquico é, em última instância, sair de um estado egoísta fundamental e adaptar-se às exigências do coletivo? Acontece que essa tentativa de resposta também pode ser invertida: seria a finalidade do aparelho psíquico garantir um maior domínio sobre a realidade apenas para se autopreservar melhor? Tais questões atravessam a teoria freudiana, estruturam seu raciocínio e colocam em jogo a relação entre a filogênese e a ontogênese. A primeira teoria dos instintos foi forjada nesse dilema fundamental: a conservação do indivíduo e a conservação da espécie são duas finalidades que podem entrar em conflito.

Mais do que reafirmar uma simples oposição entre indivíduo e cultura, a teoria dos instintos buscará compreender a economia e as vicissitudes dessa constante negociação, pois não é somente a cultura que fica ameaçada diante dos imperativos do instinto. No caso da preservação do indivíduo, também é necessário que ocorra uma supressão ou inibição para que ele possa se desenvolver. Tanto a evolução quanto a maturação dependem da repressão.

Em *Interpretação dos sonhos* (Freud, 1900), por exemplo, entende-se que o instinto deve ser reprimido porque sua satisfação imediata impediria a distinção entre alucinação e realidade. A censura, essa força que se opõe à satisfação imediata das pulsões, é considerada a "guardiã de nossa saúde mental" (p. 596), pois sem ela não se estruturariam os processos secundários e se permaneceria em um estado de alucinação e delírio. Sem essa força defensiva, não saberíamos como distinguir o sonho da realidade, o mundo interno do mundo externo, tal como nos sintomas psicóticos. Haveria apenas um livre e desimpedido escoamento de instintos em busca de satisfação, incapaz, contudo, de encontrar um objeto capaz de satisfazê-los. A percepção do mundo exterior e a aquisição do princípio de realidade ficariam profundamente comprometidas se os instintos não encontrassem obstáculos.

Inibição, defesa, censura, repressão: tais processos que incidem sobre o instinto até aparecem de formas diferenciadas na teoria freudiana, mas o fato é que os instintos *precisam* ser reprimidos, inibidos ou transformados. A sua satisfação em estado bruto acarreta danos e prejuízos, tanto do ponto de vista psíquico quanto social. Longe de querer se afirmar aqui uma concepção ingênua de natureza, como isenta de ameaças e perigos mortíferos, tampouco parece interessante sustentá-la apenas como ameaçadora e violenta, diante da qual o Eu ou a sociedade devem permanecer sempre na defensiva, paranoicos, vigilantes e atentos. O combate e o controle das forças da natureza estão no cerne do projeto civilizatório ocidental, assim como na ambição da ciência em geral.

Freud demonstra que a natureza nos mantém em um estado de desamparo intransponível, desprotegidos e frágeis diante de poderes superiores desconhecidos, e que reagimos a isso construindo religiões e civilizações. Em ambas, opera a lógica da repressão, da submissão e da obediência. O totem, Deus ou o Estado, protege e ampara, sob a condição de obediência e submissão às suas leis – algo que toda criança revive em seu núcleo familiar, quando é totalmente dependente de figuras "superiores" para sobreviver. Tais leis são claras, prescritas em tábuas, organizadas pela linguagem; opõe-se às leis da natureza, incontroláveis e impulsivas, de mudanças súbitas, como a tempestade que em segundos traz a noite em uma tarde de sol.[3]

A despeito da indiscutível genialidade de Freud em inúmeros aspectos, inclusive ao denunciar a condição humana de desamparo como "fonte primordial de todos os motivos morais" (Freud 1895, p. 370), permitiu-se, aqui, questionar se a concepção de natureza aí

---

[3] Tentamos, em um outro artigo, desenvolver o argumento de que a oposição entre natureza e humano, em que a primeira é desvalorizada e depreciada em prol do segundo, permite sustentar o patriarcado e a misoginia como parte fundamental do processo civilizatório ocidental (Rodrigues & Sanches, 2020).

envolvida já não carrega pressupostos morais, o que faz com que tenha que ser continuamente negada, afastada, coagida e domesticada, em prol de construções sociais bastante questionáveis, porém, acatadas como necessárias. Amplia-se assim novamente o abismo que se pretendia diminuir, defende-se ainda da ferida narcísica com a cola da arrogância, que insiste na ruptura entre o humano e a natureza como única via para transcender e superar um estado primordial em que predominam apenas o egoísmo e o interesse.

Segundo Freud, não há nada mais contrário à natureza humana original do que amar ao próximo como a si mesmo (1930, p. 78). O próximo só é amado quando nele reconheço um espelho que reflete o que sou ou o que desejo ser. Podemos nos questionar sobre quais fundamentos morais se imiscuem na noção de que a natureza é regida pelo imperativo maior de luta pela sobrevivência de si mesmo ou da espécie, que postula que toda relação é calcada no narcisismo, no idêntico e no semelhante. Tornamo-nos, assim, dependentes de uma lei transcendente para suportar a diferença, já que com ela não conseguimos compor ou conviver naturalmente e espontaneamente, sem nos sentirmos ameaçados. A *diferença* confronta a esfera egoica, e o território identitário deve ser defendido com unhas e dentes.

Nas antipatias e aversões não disfarçadas para com estranhos que se acham próximos, podemos reconhecer a expressão de um amor a si próprio, um narcisismo que se empenha na afirmação de si, e se comporta como se a ocorrência de um desvio em relação a seus desenvolvimentos individuais acarretasse uma crítica e uma exortação a modificá-los (Freud, 1921).

Pode-se, então, questionar: a natureza opera de maneira narcísica, ou seria apenas nosso narcisismo humano, demasiadamente humano, projetando na natureza fantasmas e ilusões que foram alimentados ao longo de milênios de tradição judaico-cristã, ainda tentando salvar nossa centralidade e superioridade?

Referências

Caropreso, F. & Simanke, R. T. (2011). *Entre o corpo e a consciência: ensaios de interpretação da metapsicologia freudiana*. Edufscar.

Freud, S. (1996a). Projeto para uma psicologia científica. In *Obras completas* (Vol. 1). Imago. (Trabalho original publicado em 1895).

Freud, S. (1996b). A interpretação dos sonhos. In *Obras completas* (Vol. 5). Imago. (Trabalho original publicado em 1900).

Freud, S. (2014a). Totem e Tabu. In *Obras completas* (Vol. 11). Companhia das Letras. (Trabalho original publicado em 1912-1913).

Freud, S. (2014b). Considerações atuais sobre a guerra e a morte. In *Obras completas* (Vol. 12). Companhia das Letras. (Trabalho original publicado em 1915).

Freud, S. (2014c). Conferências introdutórias sobre psicanálise. In *Obras completas* (Vol. 13). Companhia das Letras. (Trabalho original publicado em 1916-1917).

Freud, S. (2010a). Além do princípio do prazer. In *Obras completas* (Vol. 14). Companhia das Letras. (Trabalho original publicado em 1920).

Freud, S. (2010b). Psicologia das massas e análise do eu. In *Obras completas* (Vol. 15). Companhia das Letras. (Trabalho original publicado em 1921).

Freud, S. (2010c). O futuro de uma ilusão. In *Obras completas* (Vol. 17). Companhia das Letras. (Trabalho original publicado em 1927).

Freud, S. (2010d). O mal-estar na civilização. In *Obras completas* (Vol. 18). Companhia das Letras. (Trabalho original publicado em 1930).

Freud, S. (2018a). Moisés e o monoteísmo. In *Obras completas* (Vol. 19). Companhia das Letras. (Trabalho original publicado em 1939).

Freud, S. (2018b). Esboço de psicanálise. In *Obras completas* (Vol. 19). Companhia das Letras. (Trabalho original publicado em 1940[1938]).

Freud, S. (2018c). Algumas noções elementares de psicanálise. In *Obras completas* (Vol. 19). Companhia das Letras. (Trabalho original publicado em 1940[1938]).

Mezan, R. (2014). *O tronco e os ramos*. Companhia das Letras.

Paty, M. (2004). A noção de determinismo na física e seus limites. *Scientiæ Studia*, 2(4), 465-492.

Rodrigues, S. M. & Sanches, A. *Misoginia e fantasias inconscientes acerca do feminino*. (no prelo).

Simanke, R. T. (2009). A psicanálise freudiana e a dualidade entre ciências naturais e ciências humanas. *Scientiæ Studia*, 7(2), 221-235.

Simanke, R. T. (2014). O Trieb de Freud como instinto: sexualidade e reprodução. *Scientiæ Studia*, 12(1), 73-95.

7. Freud seria um arauto do modelo científico-natural? Considerações heideggerianas[1]

Caroline Vasconcelos Ribeiro

Durante uma década, Heidegger se reuniu com psiquiatras, em Zollikon, na Suíça, para oferecer-lhes noções básicas de filosofia e fundamentos ontológicos subjacentes ao arcabouço teórico das ciências que estudam a saúde e o adoecimento psíquico. Atendendo ao convite do psiquiatra Medard Boss, o filósofo aceitou o desafio de frequentar a sua casa para ministrar aulas e debater com um público diverso dos seus costumeiros alunos, sendo assim, empenhou-se em preparar preleções que introduzissem o grupo no âmbito da suspeita filosófica. O resultado foi fecundo, mas não por isso pouco trabalhoso, dada a formação de seus interlocutores e a profundidade dos temas abordados.

Ao fazer referências ao pensamento sobre o ser, ao falar em fundamento, tradição filosófica, imperativo cientificista, entre outros

---

[1] Este texto é uma versão modificada e atualizada do artigo intitulado "Freud se encaixaria no rol dos operários (Handwerker) das ciências naturais? Considerações heideggerianas acerca da psicanálise freudiana", publicado no *Caderno Aprender*.

temas, o filósofo de *Ser e tempo*, no mínimo, trouxe à baila uma semântica pouco familiar àqueles cientistas. Não é à toa que Medard Boss ressalta – em seu prefácio à obra que reúne as atas das aulas, diálogos e cartas trocadas entre eles, intitulada *Seminários de Zollikon* – que "[...] a maioria das questões de Martin Heidegger nunca tinham encontrado os médicos formados em ciências naturais, enquanto questões" (2001, p. 13). Acentuando o desconcerto muitas vezes gerado nas aulas, acrescenta que muitos participantes "pareciam até mesmo chocados e indignados com o fato de alguém se permitir colocar tais questões" (p. 13).

O testemunho do anfitrião não nos parece espantoso, afinal, a pujança dos questionamentos heideggerianos, muitas vezes, é inaugural, até mesmo para representantes da tradição filosófica, quiçá para cientistas. Para além de uma mera apresentação de um linguajar impreciso e estrangeiro ao fazer científico, Heidegger convidou os psiquiatras a pensar ontologicamente as heranças filosóficas que subjazem ao arcabouço das ciências. O viés utilizado para demarcar o elo entre história e filosofia, enquanto metafísica, e o proceder científico consistiu na apuração do conceito de objeto (*Gegenstand*) e de objetificação (*Vergegenständlichung*). Heidegger os alertou que toda atividade científica transita e ergue-se sobre um solo ontológico, determinado historicamente. O que implica dizer que as ciências particulares se realizam e se consolidam a partir de um âmbito pré-jacente que não é instaurado por esta ou aquela atividade científica. Esse âmbito pressuposto pelo procedimento científico é o da objetividade, que assegura ao cientista que este, ao ater-se ao real, ao entrecortá-lo em domínios regionais de pesquisa, encontrará objetos. O problema que daí se segue é da ordem do conhecimento positivo disso que assim se apresenta. A ciência se abala, entra em crise em relação à força de seus métodos, mas tal crise, em geral, diz respeito aos modos de apreensão dos objetos visados ou anuncia o aparecimento de fenômenos anômalos que escapam aos procedimentos instituídos, impondo reformulações. Por mais pungente que seja a crise de um determinado conhecimento científico, ela não assola o que está pressuposto: a constituição da realidade como objetividade e sua disponibilidade enquanto tal. Pois, como lembrou Heidegger aos cientistas suíços, "para a ciência o âmbito objetivo já é preestabelecido" (2001, p. 45).

O filósofo explicou para os cientistas em Zollikon que a objetidade (*Gegenständlichkeit*) é uma modificação da forma como as coisas são acessadas. Esclareceu que, com o pensamento cartesiano, a presença de uma coisa passou a ser entendida pela possibilidade de representação por um sujeito pensante e a coisa, por sua vez, passou a ser vista como aquilo que se contrapõe a ele. Nessa perspectiva, o que se coloca contra (*gegen*), o que se lança contraposto ao sujeito passa a ser objeto (*Gegenstand*) disponível para manipulação e cálculo (Heidegger, 2001; Inwood, 2002). Essa é uma herança que a ciência moderna lega do pensamento filosófico, uma vez que a primeira se ergue e se especializa a partir do domínio prévio e inabalável da objetividade. Ainda que esse legado não seja assumido expressamente, o cientista moderno, herdeiro desse processo de objetificação da realidade, constitui e especializa seu ofício, interpelando os entes como objetos disponíveis. Talvez o leitor não reconheça as características aqui expostas como algo que encontre guarida na psicanálise freudiana, talvez sequer entenda que se possa aventar sua inclusão no rol das ciências da natureza, das ciências que objetificam os fenômenos. Essa não é a opinião de Heidegger.

O olhar de Heidegger sobre a psicanálise de Freud

Para o professor dos seminários suíços, a psicanálise freudiana é uma fiel herdeira do moderno processo de objetificação e executora do programa de pesquisa das ciências naturais. Um dos seus argumentos centrais – certamente recebido com desconforto numa sala da casa de Boss –, consistiu em enquadrar esta ciência no rol das *Naturwissenschaften* e apontar a forte presença da tutela da "teoria kantiana da objetividade" em suas construções teóricas (Heidegger, 2001, p. 222). A seu ver, a metapsicologia de Freud, por reduzir o homem a um aparelho psíquico determinado por forças pulsionais que se dirigem a objetos, acaba por concebê-lo como coisa objetificada, o que tornaria sua linguagem inadequada para pensar genuinamente o *Dasein*. Tal fato licencia o filósofo apontar Freud como um arauto de uma cientificidade científico-natural.

Ao expor o perfil da ciência natural, Heidegger fala em calculabilidade, determinações causais e exploração da realidade visando o asseguramento da objetividade e mensuração dos fenômenos. É razoável entender que tal caracterização valha para as ciências mais duras, mas serviria para uma ciência que trata do adoecer e do sofrimento psíquico e que não lida com números? Considerando essa questão, convém destacar que, para Heidegger, calcular significa "[...] contar com alguma coisa, ou seja, levá-la em consideração e observá-la, ter expectativas, esperar dela alguma coisa" (2002, p. 49). O que implica dizer que "[...] toda objetificação é um cálculo, quer corra atrás de efeitos e causas, numa explicação causal, quer, enfim, assegure em seus fundamentos um sistema de relações e ordenamentos" (Heidegger, 2002, pp. 49-50). Aqui, testemunhamos o alargamento da noção de cálculo e, consequentemente, de ciência natural. De sorte que, de maneiras diferentes, se pode fazer ciência natural a partir do processamento de diversas regiões de entes, e, salvo tais diversidades, o que unifica esse procedimento é o imperativo que força o real a responder pelo crivo da objetividade, logo, da calculabilidade. O calcular tem o sentido originário de um "contar com" (*zählen auf*) que força o ente a corresponder às condições de objetividade. O "contar com" não é um cálculo ou operação numérica, mas sua condição de possibilidade. Isso esclarecido, convém indagar em que medida Freud faria coro tal modo de aprender os fenômenos, perguntar em que medida sua psicanálise contaria com a possibilidade de objetificar nossa vida psíquica.

Nos *Seminários de Zollikon*, encontramos a seguinte afirmação: "a metapsicologia de Freud é a transferência da filosofia neokantiana para o homem. De um lado, ele tem as ciências naturais, e, de outro, a teoria kantiana da objetividade" (Heidegger, 2001, p. 222). Tentaremos explanar em que consistiria a presença desses dois elementos no bojo do pensamento freudiano, particularmente, em sua metapsicologia.

Em *Algumas lições elementares de psicanálise*, Freud (1996a), ao tentar descrever a constituição de sua ciência e de seu objeto de pesquisa, propõe que, por analogia, desloquemos a pergunta pela natureza do psíquico – objeto de seu ofício de cientista –, para a indagação a um físico sobre a natureza da eletricidade. Segundo ele, um físico responderia tal questão afirmando que, para sua ciência, explicar certos fenômenos é fundamental presumir "[...] a existência de forças elétricas que estão presentes nas coisas e que delas emanam", sendo necessário, então, descobrir as leis que governam os fenômenos em apreço. Tal descoberta, diria o físico, satisfaz provisoriamente a pesquisa científica. E, apesar de não se poder afirmar absolutamente nada acerca da natureza da eletricidade, o trabalho progride. Em tom conclusivo, o físico resumiria: é simplesmente como as coisas acontecem nas ciências naturais. Diante dessas assertivas possíveis a um físico, Freud refere-se à sua seara admitindo que a psicanálise também é uma ciência natural. Logo em seguida, lança a pergunta: "O que mais pode ser?" (1996a, p. 302). E, assumindo a sua identidade com os procedimentos das ciências naturais, lança mão do mesmo argumento que concerne à física e afirma que, apesar de não poder assegurar a natureza de seu objeto, pode, entretanto, atestar que este não se reduz à consciência, sendo ela apenas uma de suas qualidades. Desse modo, prossegue o autor, "o psíquico, seja qual for a sua natureza, é em si mesmo inconsciente e provavelmente semelhante em espécie a todos os outros processos naturais de que tivemos conhecimento" (Freud, 1996a, p. 302).

Com base no que Freud afirmou, podemos dizer que a psicanálise não se preocupa em determinar a quididade de seu objeto de pesquisa, o psíquico, antes pretende fazer ciência utilizando este construto para organizar e sistematizar fatos observáveis. Assim procede com seu grande postulado, o inconsciente. Isso nem é anatomicamente localizável, nem constatável de modo imediato na empiria, porém, pode assumir o caráter de uma convenção aplicável ao material empírico. Tais convenções, afirma Freud (1996b), apesar de serem ideias abstratas, não são escolhidas arbitrariamente, visto que, se exige que tenham relação com o material empírico a que se aplicam. A seu ver, a exatidão científica só se alcança a partir de uma investigação pormenorizada que, tendo como guia estas convenções, pode chegar a determiná-las com mais claridade ou descartá-las por outras mais úteis e coerentes. Assim, sem fixidez, se avança o conhecimento. Tal como na física, assume o fundador da psicanálise (Freud, 1996b).[2]

Ao falar de ideias abstratas, Freud usa a expressão no sentido kantiano, ou seja, como ideias da razão sem o concurso da experiência. Leopoldo Fulgencio (2003) destaca que Kant advogou pela presença de uma metafísica da natureza por trás de toda ciência natural. Em *Princípios metafísicos da ciência da natureza*, Kant afirma que uma "teoria racional da natureza só merece, pois, o nome de ciência natural se as leis da natureza, que lhe subjazem, forem conhecidas *a priori* e não forem simples leis da experiência" (1990, p. 14). Nessa perspectiva, uma verdadeira ciência natural deve conter princípios empíricos, mas não pode prescindir de um "puro conhecimento racional

---

[2] Assoun destaca que a referência à física e à química sempre está presente quando Freud se presta a caracterizar "[...] a natureza científica da psicanálise" (Assoun, 1983, p. 66).

por simples conceitos", não pode renunciar a princípios metafísicos (Kant, 1990, p. 15). Tais princípios puros ou ideias abstratas, apesar de não terem a pedra de toque da experiência, cumpririam a função de organizar especulativamente o entendimento dos fenômenos. Por serem inverificáveis na empiria, são consideradas como princípios metafísicos que guiam a pesquisa empírica. Apesar de caber a uma ciência da natureza prover certezas racionais e objetivas, ela pode se amparar em princípios que não apresentam validade objetiva, mas são frutíferos na elaboração de leis capazes de orientar o conhecimento de objetos dados aos sentidos.

Na perspectiva kantiana, conceitos puros da razão, apesar de não apresentarem referentes empíricos, podem ser muito exitosos na produção de conhecimentos. Isso implica dizer que, no programa kantiano de pesquisa científico-natural, o uso de conceitos puros não é algo abjeto a ser evitado e sim algo que faz parte dos requisitos para o progresso da ciência. Ao servir-se desses conceitos que não possuem conteúdos intuitivos relacionados, a razão não está portando-se de modo indolente, ao contrário, está agindo diligentemente com o objetivo de descobrir leis que regem os fenômenos, bem como as relações que se estabelecem entre eles. Fulgencio (2008) aponta que, para Kant, essas ideias, apesar de não serem verificáveis, funcionam como ficções heurísticas capazes de organizar o uso sistemático do entendimento no campo da experiência. Loparic define da seguinte maneira a função da aplicação de princípios *a priori* ao campo da natureza material:

> *A função básica desses princípios é* heurística: *eles são usados como guias da pesquisa empírica no domínio de objetos materiais sensíveis, ou seja, como princípio* a prio-ri *da atividade de resolução de problemas, desenvolvida pela ciência empírica. O objetivo principal da metafísica da natureza não é o de simplesmente expor a estrutura*

a priori *da natureza, mas o de permitir a elaboração de regras de resolução dos problemas empíricos da ciência da natureza à luz de enunciados que caracterizam a estrutura desse objeto de estudo.* (Loparic, 2003, pp. 5-6)

Uma vez que esses princípios não apresentam validade objetiva, por não possuírem correspondentes empíricos, não podem ser considerados verdadeiros ou falsos, e, sendo assim, são factíveis de ser descartados ou substituídos por outros que assumam melhor utilidade, que se mostrem mais frutíferos na resolução de problemas. O maior préstimo dessas convenções heurísticas é a descoberta de leis que regem os fenômenos e a determinação das relações entre eles. Diante do exposto, uma pergunta se impõe: em que medida o uso de tais convenções de valor heurístico aparecem na teoria freudiana? Uma vez que essas representam uma afinidade com o modelo científico-natural que tem Kant como patrono, seria possível localizar o uso de tal expediente na psicanálise de Freud?

Freud como um arauto do modelo científico-natural

Em *A questão de uma Weltanschauung,* Freud admite, sem titubear, que o intelecto e a alma são objetos de pesquisa científica da mesma forma que são as coisas não humanas, de modo que sua contribuição à ciência consiste, justamente, em estender a pesquisa à área mental (Freud, 1996c, p. 156). A diligente pesquisa do pai da psicanálise progride sem deixar de recorrer a comparações e analogias em relação à mais emblemática ciência natural, a física. O esforço do pensar científico segue sua marcha de modo hesitante, trabalhoso, considerando e reconsiderando hipóteses, sendo forçado a remodelações a partir de novos dados empíricos. Por não se assentar em inquebrantáveis axiomas, a ciência, como aponta Freud, cambaleia de um experimento para o outro, colecionando "[...] observações de constâncias no curso dos eventos que dignifica com o nome de leis e as submete às suas perigosas interpretações" (Freud, 1996c, p. 168). Essas idas e vindas da pesquisa científica são expostas por Freud em *Um estudo autobiográfico*, ao mesmo tempo que desnuda os percalços do desenvolvimento de sua ciência e os rudes golpes que ela suportou. Ao declarar que o estabelecimento do conceito de inconsciente colocou-o em trincheira com alguns filósofos que, por ignorarem o material patológico que ele dispunha, advogavam pela redução do psíquico à consciência, Freud (1996d, p. 36) tenta explicar como foi compelido a "[...] adotar o conceito de inconsciente de maneira séria", diferenciando-o não só da consciência, como também do pré-consciente. Na obra em questão, elucida da seguinte maneira os rumos de sua pesquisa sobre esse tema:

> *Basta dizer que pareceu ser um caminho natural complementar da experiência com hipóteses que estavam destinadas a facilitar o manuseio do material, e que estavam relacionadas com assuntos que poderiam não ser objeto de observação imediata. O mesmíssimo método é adotado pelas ciências mais antigas. A subdivisão do inconsciente faz parte da tentativa de retratar o aparelho da mente como sendo constituído de grande número de instâncias ou sistemas, cujas relações mútuas são expressas em termos espaciais, sem, contudo, implicarem qualquer relação com a anatomia do cérebro. [...] Ideias como estas fazem parte da superestrutura especulativa* (Spekulativer Überbau) *da psicanálise, podendo ser abandonada ou modificada, sem perda ou pesar, momento em que sua insuficiência tenha sido provada.* (Freud, 1996d, p. 38)

Dada a riqueza desse trecho, vamos analisar alguns pontos que julgamos ser emblemáticos para a definição do perfil epistêmico da psicanálise freudiana: ao falar que parece ser um "caminho natural complementar da experiência com hipóteses", Freud deixa claro que a base do edifício psicanalítico é assentada em fatos clínicos, provenientes da experiência. O resto lhe surge como complementar. Reafirmar a função cardeal da observação de fatos clínicos implica lembrar que o ponto de partida dessa ciência é factual. Tratavam-se de distúrbios psíquicos, cujos sintomas acenavam para a forte presença de lacunas na consciência, fruto de um processo de repressão (*Verdrängung*)[3] do material doloroso e inoportuno à percepção consciente. Material que, para ser resgatado enquanto memória, impunha a necessidade de superação de resistências que se sobrepunham a tal resgate.[4] No caminho da elucidação do sintoma neurótico e no decisivo progresso do tratamento, as teorias da resistência e da repressão são, segundo Freud, um dos principais constituintes da estrutura teórica da psicanálise, em outros termos, correspondem à parte empírica de sua ciência, ao pilar clínico de seu edifício doutrinal.

Ainda na citação em apreço, Freud nos fala em complementar a experiência "com hipóteses que estavam destinadas a facilitar o manuseio do material" (p. 38). Tal trecho nos faz pôr em relevo a seguinte questão: pleiteando gozar da insígnia de cientista natural, o pai da

---

3 A tradução de *Verdrängung* por "repressão" não é um processo que goza de consenso entre os psicanalistas. Aventa-se também a possibilidade de usar o termo "recalcamento". Aqui, optamos por seguir a linha de tradução de Loparic, que advoga pelo termo "repressão" em virtude do elo semântico entre esse termo e *Drang* (pressão). Tal elo assenta-se também na incisiva influência de Leibniz sobre o conceito psicanalítico de Pulsão (*Trieb*), visto que foi esse filosofo que inaugurou a concepção de que em toda e qualquer substância (inclusive a humana) opera uma pressão (*Drang*) sobre as forças que ali atuam (Loparic, 1999).
4 A repressão e a resistência são fatos clínicos que se impõem ao trabalho do analista quando este se arvora, junto do paciente, a reconduzir os sintomas neuróticos às suas fontes.

psicanálise baseia-se na orientação metodológica da ciência de seu tempo, servindo-se de uma gama de conceitos auxiliares, de convenções de valor heurístico e sem pretensão de localização na realidade objetiva, cuja utilidade metodológica é a de facilitar o manuseio do material clínico (empírico). Apesar de o recurso a essas construções com função heurística ser algo complementar à observação empírica, elas cumprem um papel importante na organização dos fenômenos empíricos. Este é, segundo Freud, o mesmíssimo "método adotado pelas ciências mais antigas" (p. 38). Esta asserção nos faz evidenciar que as ciências mais antigas (as ciências naturais) progridem com conceitos que ressentem de exatidão, entretanto, tal fato, ao invés de estancar a marcha de sua progressão, é condição necessária para isso. Freud não só assume tal característica para sua ciência, como advoga em relação a esta condição afirmando que "a própria física, realmente, jamais teria feito qualquer progresso se tivesse tido que esperar até que seus conceitos de matéria, força, gravitação, e assim por diante, houvessem alcançado grau conveniente de clareza e precisão" (1996d, p. 61). Quer dizer: a psicanálise não deve receber desprezo e resistência em relação à sua cientificidade por dispor de conceitos especulativos como libido, pulsão, inconsciente, pois, tal como a física, opera numa lenta marcha de elucidações suportando a falibilidade de suas proposições e dispondo-se a permanentes reorientações em sua pesquisa.

Destaco um último elemento da citação analisada: nela, o autor nos fala de ideias que fazem "parte da superestrutura especulativa da psicanálise, podendo ser abandonada ou modificada" (p. 38). Aqui cabe diferenciar, à luz de Fulgencio (2008), a função basilar da psicologia clínico-descritiva de Freud – assentada na experiência – e a função de uma suposição teórico-especulativa que sistematiza e orienta a apreensão de dados empíricos. Esta última tem função complementar, auxiliando na descrição de fatos que oferecem lacunas para a teoria empírica. Elas guiam o olhar do cientista, mas não são o fundamento, a infraestrutura da psicanálise. A parte da superestrutura cabe às construções auxiliares, que, por não terem função de fundamentação do edifício psicanalítico, têm valor heurístico, sendo utilizadas na medida em que se mostram fecundas. Essa superestrutura comporta conceitos nebulosos – como os conceitos metapsicológicos de pulsão, narcisismo, repressão, inconsciente –, que devem ser esclarecidos ao longo da pesquisa, ou, caso se mostrem infrutíferos para explicar os fenômenos, podem ser descartados sem pesar, pois, como assevera Freud, [...] essas ideias não são o fundamento da ciência, no qual tudo repousa: este fundamento é tão somente a observação. Não são a base, mas o topo da estrutura e podem ser substituídas e eliminadas sem prejudicá-la (1996e, p. 85).

Alicerçado na observação clínica, Freud afirma que as lembranças dolorosas oriundas de traumas psíquicos não se perdem, antes, permanecem inconscientes, prontas a ressurgir na forma de sintomas variados. A suposição da existência do inconsciente torna-se uma frutífera construção para explicação de fenômenos clínicos, uma convenção de valor heurístico. Para o pai da psicanálise, a prova da existência do inconsciente é justamente as lacunas em alto grau na consciência tanto dos seres humanos sadios como dos doentes (Freud, 1996f, p. 172). O inconsciente passa a ser estipulado como fator causal dos sintomas e demais fenômenos psíquicos, cabendo à pesquisa psicanalítica desvendar as leis que regem a produção de tais fenômenos. Essa busca de leis universais que regem o psiquismo, o recurso a explicações causais e a assumida pretensão freudiana de encaixar sua ciência no rol das rígidas ciências naturais, nos autoriza – à luz de Heidegger – a qualificar o fundador da psicanálise como um arauto do modelo epistêmico dessas ciências.

Nos *Seminários de Zollikon*, Heidegger apresentou Kant aos psiquiatras como patrono do modo de proceder das ciências naturais e deixou claro que Freud, ao fazer ciência sobre os processos psíquicos inconscientes, reverberava os ditames kantianos. Nesse sentido, o professor de Zollikon argumentou que Freud, ao deparar-se com as lacunas na consciência, tentou encontrar a qualquer custo *algo* que ordenasse a sequência das conexões, para tanto, "ele precisa inventar o inconsciente, no qual tem de haver a ausência de lacuna de conexões causais" (Heidegger, 2001, p. 222). Sobre o tributo que o conceito freudiano de inconsciente paga ao sistema kantiano, Loparic afirma:

> *Embora não possamos decidir qual é a verdadeira natureza dos estados psíquicos inconscientes nem conhecer qualquer um de suas eventuais propriedades, podemos projetar sobre essas coisas em si todas as determinações pelas quais caracterizamos as coisas para nós, a saber, os fenômenos. Em particular, podemos tratar os estados inconscientes como se fossem causas, ânsias, isto é, como se fossem entidades dinâmicas. Depois de ter subsumido os estados inconscientes às categorias kantianas, mais precisamente, à teoria kantiana da consciência, Freud se vê autorizado a concluir que, sim, 'sobre vários desses estados latentes temos que dizer que eles só se distinguem dos conscientes justamente pela supressão da consciência'.*
> (Loparic, 1999, p. 118)

Assumindo, com a segurida do kantismo, o desconhecimento da natureza em si do inconsciente, ou seja, sua incognoscibilidade, resta ao cientista abordá-lo desde a maneira que é possível acedê-lo, a saber: a partir de termos acessíveis à luz da consciência, a partir de sua tradução para representações conscientes. Denunciando que a psicologia da consciência nunca foi além "das sequências rompidas" que escondiam algo mais, Freud sustenta que o inconsciente capacitou a psicanálise a "assumir seu lugar entre as ciências naturais, como ciência" (1996g, p. 172). Nesse sentido, nos parece demasiado apressado afirmar que a noção de inconsciente rompe em absoluto com as teorias da modernidade e com o modelo de ciência objetiva que daí decorre. Isso porque a incognoscibilidade e o teor especulativo do conceito de inconsciente não impugnam a cientificidade natural da psicanálise, pelo contrário, reafirmam tal cientificidade. E Freud sabia disso, sabia que esse expediente de se servir de construções auxiliares de natureza especulativa era algo legítimo à ciência natural, tanto é que, em *O esboço da psicanálise*, declara que a sua ciência está interessada em processos que "são, em si próprios, tão incognoscíveis quanto aqueles que tratam as outras ciências, a Química ou a Física, por exemplo; mas é possível estabelecer as leis a que obedecem [...]" (Freud, 1996g, p. 172).

Entendemos que a aliança freudiana em relação ao programa kantiano para as ciências da natureza não se restringe à assunção do uso de ideias puras para apreensão dos fenômenos, se estende à preponderância do ponto de vista dinâmico na explicação destes. Isso estaria representado no cardeal conceito de pulsão, que é uma força que mobiliza a máquina psíquica. Poderíamos elencar uma gama de conceitos hauridos da psicanálise freudiana que foram alvo da crítica heideggeriana nos *Seminários de Zollikon* e que estariam a favor de seu perfil científico-natural. A mira do filósofo incidiu sobre os conceitos especulativos de pulsão, de libido, de repressão, entre outros. Porém, dado o escopo de nosso texto não será possível contemplar essa crítica, cabendo-nos, contudo, enfatizar que o foco das colocações heideggerianas a respeito da psicanálise centrou-se em apontar a dívida de sua metapsicologia em relação à filosofia kantiana e ao modo de proceder das ciências naturais. O fato de a psicanálise se utilizar de conceitos especulativos, como os mencionados, leva muitos leitores de Freud a considerá-los como prova de que sua ciência não pode ser natural. Vimos, com este texto, que se nos aprofundarmos no entendimento do projeto kantiano para as ciências da natureza, entenderemos que Freud, ao se servir de conceitos especulativos, não estava rompendo com esta perspectiva epistêmica, muito pelo contrário, estava fazendo coro a ela. Ancorados no pensamento de Heidegger,[5] finalizamos respondendo à pergunta-título deste texto: sim, Freud é um arauto do modelo científico-natural de seu tempo.

Referências

Assuon, P. L. (1983). *Introdução à epistemologia freudiana*. Imago.

Boss, M. (2001). Prefácio. In M. Heidegger. *Seminários de Zollikon*. Educ.

Freud, S. (1996a). Algumas lições elementares de psicanálise. In *Obras completas* (Vol. XXIII). Imago.

Freud, S. (1996b). O instinto e suas vicissitudes. In *Obras completas* (Vol. XIV). Imago.

Freud, S. (1996c). A questão de uma *Weltanschauung*. In *Obras completas* (Vol. XXII). Imago.

Freud, S. (1996d). Um estudo autobiográfico (*Selbstdarstellung*). In *Obras completas* (Vol. XX). Imago.

---

5 A análise de Heidegger tem caráter ontológico e chega à conclusão de que Freud é um cientista da natureza. Em uma profunda análise da epistemologia freudiana, Paul Laurent Assoun chega a essa mesma posição, afirmando categoricamente que a psicanálise é uma ciência natural. Monzani (1989) nos lembra que o psiquiatra suíço L. Binswanger considera que Freud estende o mecanicismo às regiões mais livres do espírito humano, portanto, é um fiel representante das *Naturwissenschaften*. O próprio Assoun nos remete a Maria Dorer, que entende que Freud, por nunca ter se desprendido de suas origens materialistas, deterministas e mecanicistas, legou à psicanálise uma "[...] doença incurável: a ausência de todo sentido de valores." (Assoun, 1983, p. 21). Destaco, ainda, as análises de Loparic (1999, 2005) e Fulgencio (2008) que demonstram o perfil científico-natural da psicanálise freudiana.

Freud, S. (1996e). Sobre o narcisismo. In *Obras completas* (Vol. XIV). Imago.

Freud, S. (1996f). O inconsciente. In *Obras completas* (Vol. XIV). Imago.

Freud, S. (1996g). Esboço de psicanálise. In *Obras completas* (Vol. XXIII). Imago.

Fulgencio, L. (2003). As especulações metapsicológicas de Freud. *Natureza Humana*, 5(1), 129-173. http://pepsic.bvsalud.org/scielo.php?script=sci_arttext&pid=S1517-24302003000100005&lng=pt&tlng=pt.

Fulgencio, L. (2008). *O método especulativo em Freud*. Educ.

Heidegger, M. (2001). S*eminários de Zollikon: protocolos, diálogos, cartas*. Educ.

Heidegger, M. (2002). Ciência e pensamento do sentido. In *Ensaios e conferências*. Vozes.

Inwood, M. (2002). *Dicionário Heidegger*. Jorge Zahar.

Kant, I. (1990). *Princípios metafísicos da ciência da natureza*. Edições 70.

Loparic, Z. (1999). O conceito de *Trieb* (pulsão) na psicanálise e na filosofia. In J. Machado (Org.). *Filosofia e psicanálise: um diálogo*. EDIPUCRS.

Loparic, Z. (2003). As duas metafísicas de Kant. In *Kant e-prints*, 2(5), 1-10. https://periodicos.sbu.unicamp.br/ojs/index.php/kant/article/view/8672552

Loparic, Z. (2005). A máquina no homem. In L. Fulgencio & R. Simanke (Orgs.). *Freud na filosofia brasileira*. Escuta.

Monzani, L. R. (1989). *Freud: o movimento de um pensamento*. Unicamp.

8. Brentano e Stuart Mill na concepção freudiana sobre ciências da natureza[1]

Vitor Orquiza de Carvalho
Luiz Roberto Monzani

Freud nunca apresentou dúvidas sobre a psicanálise ser uma ciência da natureza, mas isso não o impediu de elaborar grande quantidade de argumentos para defender o teor científico de suas concepções. Sempre que possível, ele reforça que sua disciplina estaria em pé de igualdade com as demais e mais assentadas ciências formais, sobretudo, a Física e a Química. Esses argumentos aparecem frequentemente como defesa direcionada a uma suposta comunidade científica externa à psicanálise, e não porque identificasse problemas internos que, de fato, desafiassem os limites demarcatórios de sua época.[2] Os problemas viriam de fora e, possivelmente, a partir de

---

1 Este capítulo é uma versão modificada do artigo "Sobre as origens da concepção freudiana de ciências da natureza", publicado em 2015, no periódico *Scientiæ Studia*, 13(4), 781-809.
2 O exemplo mais conhecido, nesse sentido, ocorre quando, após a conferência na qual expôs a hipótese da sexualidade como fator determinante da etiologia da histeria (cf. Freud, 2001 [1896]), Freud recebe de Krafft-Ebing o comentário de que "parece um conto de fadas científico" (citado por Masson, 1986, p. 185).

algum desconhecimento acerca das particularidades de sua proposta e método, em um tipo de entendimento que aparece até em seus últimos textos:

> *Todas as ciências repousam em observações e experiências mediadas por nosso aparelho psíquico; mas como nossa ciência tem como objeto esse mesmo aparelho, a analogia cessa aqui. Fazemos nossas observações por meio desse mesmo aparelho de percepção, precisamente com a ajuda de lacunas no interior do psíquico, na medida em que completamos aquilo que falta por meio de inferências evidentes e o traduzimos em material consciente. Dessa maneira, estabelecemos, por assim dizer, uma série complementar consciente do psíquico inconsciente. Sobre o caráter forçado dessas inferências repousa a certeza relativa de nossa ciência psíquica. Quem se aprofundar neste trabalho descobrirá que nossa técnica resiste a qualquer crítica. (Freud, 1938/2001, p. 157)*

Como se vê, no aparelho psíquico se encontra a percepção, recurso necessário para a construção não apenas do conhecimento psicanalítico, como também de qualquer outro que se pretenda científico. Por meio do aparelho de percepção, é possível formular as inferências para preencher lacunas e, uma vez que este aparelho pode se voltar também para dentro, não há por que descartar o alcance científico na direção do "interior do psíquico". De mesma importância é o desafio de "tradução" do observado para a linguagem científica, que precisa satisfazer, como é advertido logo antes dessa

---

Freud considera que se trata "uma estranha avaliação", porque, a seu ver, veio "depois de ter demonstrado a eles a solução de um problema de mais de mil anos" (Freud citado por Masson, 1986, p. 185).

passagem e em outros momentos, a regra fundamental de revisão conceitual permanente, em que determinada ciência deve sempre tolerar as modificações teóricas e a indeterminação daqueles que são os conceitos fundamentais.

Entre tantas outras em sua obra, o que seriam essas colocações senão um atestado da completa adequação da psicanálise ao campo das ciências da natureza, a partir do reconhecimento de que ela se refere a um objeto próprio e que pode receber explicações continuamente ajustadas e correspondentes aos achados clínicos? Por outro lado, que concepção de ciências da natureza tolera as mais diversas críticas, ao mesmo tempo que propõe um avanço para além do habitualmente aceito em sua prática científica? Ela não teria limites demarcatórios? Que caminhos teóricos levariam ao estabelecimento de certos compromissos que Freud jamais abandona?

Aqui, exploramos essas questões com base em aportes teóricos de construção dessa concepção, examinando influências históricas recebidas por Freud, que teriam permitido seu entendimento sobre as ciências da natureza para além do que é convencionalmente atribuído ao seu contexto de formação. O raciocínio que fundamenta essa escolha é apresentado da seguinte forma: se ele iniciou o seu percurso já com a suposição de que a psicologia não extrapolava o domínio da ciência da natureza, então, a constituição dessa concepção, ou, pelo menos a parte fundamental dela, ocorreu durante o seu período de formação acadêmica, antes mesmo de seu envolvimento com os fenômenos que definiram sua área no campo do saber. Essa formação ocorreu durante um período de grande produção no que se refere aos avanços das diversas disciplinas tradicionalmente tidas como modelos para a ciência, sendo que isso possibilitou o surgimento de projetos decisivos de psicologia científica.

Na tradição do conhecimento na qual Freud se inseriu durante o século XIX, a Medicina, em seus diversos campos, começava a estabelecer com a Física uma relação cada vez mais consistente, abrindo espaço para a exploração experimental do corpo. A Psicologia, por sua vez, começava a almejar uma identidade sólida, conhecendo então os pioneiros que tentariam torná-la uma disciplina científica. Vários desses autores tentavam estudar a mente de modo experimental, recorrendo a conceitos da Física e da Matemática para tratar de processos psicológicos.

A entrada de Freud, nesse contexto, ocorreu na segunda metade do século XIX, tendo sido conduzido, principalmente, pelos seus professores universitários. Eles contribuíram para uma formação diversificada, durante a qual ele não teve contato somente com o *mainstream* científico, mas, também, com a Filosofia. No que se segue, procuramos mostrar que certas influências que compuseram esse outro aspecto de sua formação, no campo da Filosofia, teriam possibilitado a Freud uma compreensão não restritiva e mais abrangente acerca do naturalismo. Trata-se de mostrar que o convívio com os trabalhos de Franz Brentano e John Stuart Mill teria revelado componentes importantes para o posicionamento da metapsicologia enquanto domínio próprio, bem como para ser considerada parte do conjunto das ciências da natureza.

A *atitude de ser fenômeno-orientado*

Muitas vezes perguntas sobre o modo com que Freud concebe a sua própria cientificidade são respondidas destacando a sua participação em um movimento datado e fortemente carregado por filosofias alegóricas da virada do século XIX para o seguinte, como as mecanicistas, fisicalistas, materialistas, entre outras. Essas representariam o horizonte de um ideal científico que poderia muito bem esclarecer a sua confiança na cientificidade da psicanálise, assim como a construção de todo o maquinário metapsicológico a partir de uma visão de ser humano permeada pelas dimensões energética e econômica.[3] Em torno do charme das ciências formais, tal horizonte ofereceria à psicanálise certa respeitabilidade científica ao mesmo tempo em que, por outro lado e para diversos comentadores, a levaria ao desvio do caminho de descobertas clínicas autênticas, plausíveis tão somente no campo hermenêutico e revelador de sentido (Grunbaum, 1984).

Nessa esteira de comentadores, podemos encontrar Habermas (1982, p. 267) e sua proposta de que Freud teria sofrido um "autoequívoco cientificista", assim como Hyppolite (1989) e a sua sugestão de que esta parte da teoria freudiana causaria "uma surpresa e uma decepção" (p. 35). Leituras já históricas e nada injustas quando nos lembramos de que, a começar pelos célebres primeiros parágrafos do *Projeto de uma psicologia* (1895),[4] diversas passagens de Freud mostram a sua ambição por fazer ciências da natureza e a sua disposição para não descartar antecipadamente uma possível suspensão de sua metapsicologia em proveito de outro tipo de explicação que não sofresse das mesmas desconfianças epistemológicas e ontológicas.[5] O tom assumido nessas passagens poderia mesmo distingui-lo como alguém que prontamente cederia àquele charme e renunciaria os seus construtos teóricos em troca de uma mais sofisticada e consistente neurologia da mente, por exemplo.

Isso nunca acontece e, mesmo dando sinais de quando em quando, Freud jamais cede totalmente aos encantos conceituais das ciências formais. Na verdade, a sua confiança de que faz da psicanálise uma ciência da natureza permanece apesar dessas filosofias

---

3 Cf. o capítulo de Renato Mezan neste mesmo livro.
4 Daqui por diante, *Projeto*...
5 De um modo ou de outro, esses argumentos aparecem desde suas cartas a Fliess (Freud citado por Masson, 1986, p. 327) e reaparecem em textos como *A interpretação dos sonhos* (Freud, 1900/2001, pp. 166-67), *O interesse pela psicanálise* (Freud, 1913/2001, p. 181), *Introdução ao narcisismo* (Freud, 1914/2001, p. 76) e *Além do princípio do prazer* (Freud, 1920/2001, p. 58).

alegóricas, o que impossibilitaria uma justaposição de sua concepção de cientificidade em seus domínios. Momentos decisivos de sua obra evidenciam que tal apreço pela parte mais dura das ciências formais perde a batalha quando desfiado pelo que é clinicamente legitimado no campo fenomênico. Sumariamente, isso ocorre quando ele se apropria da histeria e da hipnose na década de 1890, abdicando do *localizacionismo anatômico* defendido pelas teorias principais daquele momento; quando entende na virada do século que, para seguir adiante, a explicação do fenômeno onírico carece de um psiquismo distinto daquele de roupagem neurológica; quando legitima fenômenos que emanam da clínica para repensar o papel e a importância da sexualidade na década de 1900; e quando percebe que sua teoria precisa se aprimorar em termos conceituais, tanto para se sofisticar na década de 1910 quanto para abrigar fenômenos atípicos, até mesmo para ele no início da década seguinte, como é o caso do *Trieb* de morte.

Em outra ocasião (Carvalho, 2018), denominamos essa atitude *fenômeno-orientado*, para defender que, entre optar por concepções asseguradas de valores científicos mais bem assentados ou caminhos teóricos epistemologicamente desafiadores, porém condizentes com as evidências clínicas, Freud procura privilegiar os últimos em detrimento das primeiras. Essa atitude de ser fiel ao que realmente é observado no contexto do consultório é crucial para uma compreensão mais precisa da amplitude do que contribui para as áreas das ciências naturais, bem como para explorar os limites do conhecimento que ela poderia ter influenciado em seus modelos teóricos. Acaba sendo um modo de avaliar esses limites considerando a metapsicologia como um domínio conceitual próprio e necessário, e não como se Freud, no apelo de uma imagem figurativa, fosse sempre um pseudocientista que procura passar pelos detectores de metais da ciência com uma ideia mitológica e abstrata de mente escondida dentro de seu casaco sobretudo. E o interessante é que podemos identificar parte das razões por trás desta sua atitude de ser *fenômeno-orientado* no mesmo lugar em que encontramos o seu aprendizado sobre as ciências formais, ou seja, em suas influências históricas.

Tanto a filosofia quanto a historiografia da psicanálise demonstram a importância da relação de Freud com professores que compunham a famosa – mas, ao que tudo indica, mitológica – escola de Helmholtz (Leader, 2010; Cranefield, 1957). Além do próprio Hermann Helmholtz, essa instituição seria composta de pesquisadores como Emile du Bois Reymond, Carl Ludwig e o professor de Freud, Ernst Brücke. Esses pesquisadores, de fato, lideraram grande parte das pesquisas de diversas áreas das universidades alemãs daquele período, tendo influenciado aspectos fundamentais da concepção de ciência da natureza de Freud (Sulloway, 1992; Amacher, 1965; Bernfeld, 1944). Leader (2010) defende, no entanto, que a escola "nunca existiu", sendo que a função de uma expressão como esta teria sido formular um "mito científico" para retratar certas narrativas de origem, relacionadas a "compreender de onde Freud surgiu", de tal modo que "dá a Freud uma genealogia, um brasão de armas que pode situá-lo em uma linhagem histórica de cientistas" (Leader, 2010, p. 207).

Apesar disso, Amacher (1965) descreve o laboratório de Brücke como um ambiente catalisador para que Freud chegasse às ideias do *Projeto*....Lá, restava a ele uma metodologia guiada rigidamente pelo anatomismo, da qual suas ideias não parecem ter-se desviado, embora não tivessem sido arquitetadas por meio de pinças e dissecações. No mesmo laboratório, Freud não teria sido o único estudante que se arriscaria ao esboçar um projeto de psicologia. Sigmund Exner foi o aluno-assistente de Brücke que ocupou a cadeira na Universidade de Viena, após seu falecimento. Também professor e amigo de Freud, Exner propôs uma psicologia científica por meio da neurofisiologia, cujo texto foi escrito em 1894. Logo no prefácio, ele explicita algo que Freud também deixaria claro apenas um ano depois, a saber, sua intenção de fazer uma psicologia seguindo os moldes das ciências da natureza. Similar à defesa que vemos nas primeiras linhas do *Projeto...* de Freud, Exner (1894) também diz que: "essa visão [de psicologia] corresponde à visão moderna de ciência natural" (p. iii).

Amacher (1965) descreve Exner como um neurologista interessado pela então recente teoria do neurônio, articulada em 1891 por Heinrich Waldeyer, e que utilizou dessa teoria para aproximar-se da psicologia propondo que haveria no cérebro um *centro das emoções*. Por meio desse centro, ocorria a transferência de excitação nas vias neurais do córtex e essa transferência acontecia por meio daquilo que conceituava como "somas de estímulo" (Sulloway, 1992, p. 116). Os neurônios estavam carregados de excitação e, após atingir certos limiares, essa excitação era descarregada no neurônio seguinte. Os caminhos traçados por esse meio, carga/descarga de neurônios, eram facilitados em uma segunda passagem da soma de excitação. Exner e Freud, portanto, tentavam explicar os processos psicológicos por meio de concepções "puramente quantitativas", como a memória, a percepção, o julgamento e o pensamento (cf. Freud, 1895/1995).

Ao escrever o *Projeto...*, de maneira semelhante à proposta de psicologia de Exner, Freud referia-se a esse campo sem transgredir seus valores epistêmicos, sinalizando uma ascendência à metodologia neurofisiologista de seus professores. Contudo, quando percebe que precisa de outro tipo de linguagem conceitual para dar conta da tópica que constrói no Capítulo VII de *A interpretação dos sonhos* (1900), Freud não está desacompanhando de uma visão de ciência da natureza correspondente e já presente em outra parte de suas influências históricas.

Brentano e a possiblidade de pensar a Psicologia como uma ciência da natureza autônoma

Acontece que, desde antes de estudar no laboratório de Brücke, aos 19 anos, Freud já tinha sinalizado um interesse por ideias que não pertenciam ao *mainstream* da ciência, ao procurar os cursos de Brentano, tendo cogitado, como aparece em suas cartas ao amigo Eduard Silberstein, fazer um doutorado em Filosofia (cf. Freud, 1995, p. 115, carta de 7 março 1875). A filosofia de Brentano não estava na contramão do discurso das ciências da natureza, defendendo que a Filosofia devia adotar os métodos das ciências da natureza para buscar rigor e precisão (cf. Brentano, 1874/1995). Esse pensamento tinha desdobramentos na Psicologia, ainda que esta não recebesse os mesmos contornos vistos no pensamento de outros professores de Freud. Diferentemente de alguns dos membros da escola de Helmholtz que se preocuparam em estudar a Psicologia, como Exner, que assumia o reducionismo materialista como o alvo maior da ciência, Brentano não discordava que a Psicologia tinha uma relação com as demais ciências da natureza, mas, para ele, era essa disciplina que devia estar no topo da estrutura do conhecimento científico.

As outras ciências são, na verdade, somente a fundação; a Psicologia é, por assim dizer, o pináculo máximo. Todas as outras ciências são uma preparação para a Psicologia. Ela é dependente de todas as demais. Mas se diz que ela exerce a mais poderosa influência recíproca nas demais. Ela tem o papel de renovar a vida inteira do ser humano e acelerar seu progresso. E, se, por um lado, ela parece ser o auge da estrutura imponente da ciência, por outro, ela está destinada a tornar-se a base da sociedade e de suas nobres posses e, por essa razão, tornar-se também a base de todo empreendimento científico (Brentano, 1874, p. 2).

Brentano defendia a psicologia como uma disciplina autônoma que podia desenvolver-se sem recorrer a uma base fisiológica; o que, para ele, não apenas era possível, mas epistemologicamente incontornável, pois o modo pelo qual concebia a mente não tolerava um reducionismo fisiológico. Fancher (1977) diz que a razão para tal rejeição pode ser encontrada no modo qualitativo com o qual Brentano distinguia os fenômenos físicos dos mentais. Os primeiros eram caracterizados pelos objetos (*Gegen-stand*), os quais podiam ser tanto do mundo externo (como uma mesa) como do mundo imaginativo (como um unicórnio). Por outro lado, os fenômenos mentais eram caracterizados pelas representações (*Vorstellung*), as quais não significavam mais aquilo que é ou está representado, como o conceito aparecia no discurso de outros filósofos, por exemplo, no de Herbart. A representação de Brentano era o próprio ato de representar (como o ato de pensar, observar, sentir etc.), marcada pelo pressuposto de que, para que algo se torne consciente, precisa haver necessariamente uma referência a um objeto. Por exemplo, é o ato de observar [representação de] uma mesa [objeto] que possibilita que haja a consciência da mesa. E foi para dar nome a esta relação entre representação e objeto que Brentano recuperou o conceito escolástico de intencionalidade.

Todo fenômeno mental é caracterizado por aquilo que os escolásticos da Idade Média chamavam de inexistência intencional (ou mental) de um objeto, e que poderíamos chamar, ainda que não totalmente de forma inequívoca, de referência a um conteúdo, direção para um objeto (que não deve ser entendido aqui no sentido de uma coisa), ou objetividade imanente. Todo fenômeno mental inclui algo como objeto em si, embora nem todos o façam da mesma forma. Na representação, algo é representado, no juízo, algo é afirmado ou negado, no amor, amado, no ódio, odiado, no desejo, desejado, e assim por diante (Brentano, 1874, p. 68).

Concepções dessa ordem levaram o filósofo a pensar que a Psicologia podia prescindir da dependência da fisiologia e ser alocada em um lugar elevado na sua hierarquização das ciências. Isso ocorria, pois, a seu ver, as ciências naturais de sua época não tinham recursos metodológicos para apreender a realidade de modo completo. Essas ciências ofuscavam a ideia de que o próprio ato de estudar era um componente importante no estudo científico de dado objeto, eliminando os fenômenos mentais ao considerarem que a percepção externa era o suficiente para abarcar a realidade. Para ele, os fenômenos físicos eram estudados por meio da percepção externa, a qual possibilitava às ciências naturais apenas uma *verdade relativa*, porque não considerava as percepções internas, as quais, por sua vez, eram as únicas que permitiam o acesso aos fenômenos mentais, sendo verdadeiras em si mesmas, o que permitia ao estudo psicológico superar o das ciências da natureza.

Os fenômenos de percepção interna são uma questão diferente. Eles são verdadeiros em si mesmos. Como eles se apresentam, eles são na realidade. Um fato que pode ser confirmado pela evidência com a qual eles são percebidos. Quem poderia negar, então, que isso constitui uma grande vantagem da Psicologia sobre as ciências da natureza? (Brentano, 1874, pp. 19-20).

Pode-se perceber com bastante facilidade como aquela passagem de *Esquema de psicanálise* (1939), apresentada no início deste capítulo, reflete a ideia de que a percepção seria um recurso necessário e que poderia se voltar para os fenômenos interiores. É bem possível também que seja esta mesma influência de raciocínio que acompanha Freud à medida que constrói a metapsicologia como um domínio complementar ao que faltaria para a *verdade relativa* das demais ciência formais. Por outro lado, nem por isso ele se tornaria um seguidor da psicologia de Brentano, pelo menos não de modo irrestrito e em termos conceituais. Em alguns pontos, o aluno claramente se diferenciava do professor. Talvez o maior exemplo seja o fato de Brentano ter exposto discordâncias epistemológicas para que a Psicologia estudasse as ideias inconscientes, algo de que, decerto, Freud não abria mão. Além disso, o autor não aceita uma concepção psíquica, tal como concebida por seu professor, que pode desenvolver-se descartando totalmente a neurologia, ainda que, vale lembrar, a concepção de Brentano não se aproxime de um idealismo estrito. A afinidade de Freud com o fundamento materialista é mais aguçada do que no caso de Brentano, apesar de essa afinidade também ter suas limitações, pois ele não sustenta a busca da localização anatômica para as causas psicológicas.

Assim, há razões para alguns autores terem recusado que Brentano tenha influenciado Freud. Fancher (1977) indica que era esse o posicionamento de Jones e Bernfeld, lembrando que o segundo chegou a dizer que

> *é impossível que, naquela época, ou em qualquer outra época, Freud tenha sido um seguidor de Brentano. Pode-se até mesmo questionar se ele [Freud] tinha procurado entender os pontos mais delicados de seus argumentos. (Bernfeld, 1949, p. 190)*

Já Kaltenbeck (2002) relata o episódio no qual Freud e seu amigo Paneth visitaram Brentano e afirma que Freud tinha ficado desapontado com esse filósofo, porque, segundo ele, após essa visita, não contente com o modo pelo qual Brentano fundia a figura de Deus com a noção de causa, Freud inclina seus estudos a uma vertente mais materialista, na qual ele se encontra com os professores da escola de Helmholtz (cf. Kaltenbeck, 2002). Com isso em mente, Kaltenbeck (2002) também deixa de cogitar que houve uma influência e prefere entender a relação de Freud com Brentano por meio da palavra "encontro", a qual, segundo ele, "protege contra idealismos" (p. 101).

Entretanto, mesmo que Freud não tivesse se tornado um discípulo da psicologia de Brentano, parece-nos radical a ponderação de que suas aulas passaram sem deixar vestígios. Ora, se Brentano não tivesse exercido qualquer influência em Freud, como explicar as similaridades epistemológicas entre ambos, sobretudo, tal visão de que a percepção interna poderia ordenar a legitimidade da investigação científico-naturalista da psicologia? Dessa maneira, preferimos acompanhar o posicionamento atenuado de Fancher quando diz que:

> *Certamente, ele [Freud] encontrou algo lá [no pensamento de Brentano] que compensaria lembrar e preservar em sua teoria psicológica subsequente, sobretudo, se depois ele conseguisse reforçar esse algo com suas próprias pesquisas e por meio dos ensinamentos de outras figuras respeitadas. Brentano não precisa ter sido a única para ter sido uma influência importante, mas é provável que a psicanálise tivesse sido diferente do que se tornou se Freud nunca o tivesse conhecido. (Fancher, 1997, p. 226)*

É certo que arquitetar uma psicologia científica era algo que aparecia em diversos projetos do século XIX, inclusive naqueles a que Freud teve acesso, como o de Fechner e Exner. Mas no projeto desses autores, o conceito de representação não era adotado como unidade para explicar processos psíquicos, recurso que Freud e Brentano utilizaram igualmente, defendendo que, da mesma forma, não romperam com os pressupostos das ciências da natureza. E, embora o conceito de representação de ambos não fosse precisamente o mesmo – principalmente porque Freud propõe tanto uma distinção entre representação e afeto, quanto defende que há representações inconscientes –, em ambas as psicologias aparece a estratégia metodológica de explicar os processos psíquicos colocando as representações em sequência e conjecturando que, a partir dessas sequências, é possível deduzir leis, no caso de Brentano, e princípios psicológicos, no caso de Freud (cf. Fancher, 1977).

Inclusive, esse modo de associar as representações pode delinear outro viés pelo qual Brentano possivelmente influenciou Freud, já que tal articulação teórica os remete ao associacionismo da filosofia britânica, uma fonte de ideias em comum que o professor tinha apresentado ao aluno. Pois, além de ensinar a filosofia britânica em seus cursos, Brentano também recomendou ao seu amigo Theodor Gomperz que convidasse Freud para traduzir alguns textos de Stuart Mill, filósofo expoente dessa tradição, convite que foi aceito pelo aluno, revelando um dos indícios do contato de Freud com a obra desse filósofo (cf. Honda, 2002). De qualquer modo, esse contato torna-se incontestável quando Freud introduz o conceito de representação de objeto (*Objecksvorstellung*), uma vez que não é a Brentano que ele faz referência, mas a Mill.

Stuart Mill e a possiblidade de pensar a Psicologia como uma ciência autônoma

Na metapsicologia de Freud, o conceito de representação torna-se uma peça fundamental para a articulação de concepções sobre a natureza do psíquico. A partir desse conceito, ele, no desenrolar das ideias articuladas na década de 1890, considera a existência de representações inconciliáveis na vida mental, o que lhe permite tirar as conclusões etiológicas e psicopatológicas que caracterizam aspectos originais da psicanálise.

Na passagem acima, a despeito de Freud fazer referência a Mill, um expoente da tradição empírica inglesa, segundo Nassif (cf. Gabbi Júnior, 1994), esse filósofo não utiliza o conceito de representação em sua obra, porque Mill acredita que se o utilizasse, estaria remetendo-se ao kantismo, algo em que não estava interessado. Porém, não é por isso que as ideias do filósofo inglês não podem ter servido de suporte para o conceito de representação de Freud. Isso é o que defende Gabbi Júnior (1994), que observa que a "coisa" que aparece no trecho do texto supracitado de Freud pode ser interpretada como uma referência ao conceito kantiano de "coisa em si", o que faz da filosofia de Kant um possível fundamento do conceito de representação de objeto de Freud. No entanto, como enfatiza Gabbi Júnior, é a Mill que Freud faz referência, o que deixa claro seu horizonte filosófico naquele texto, uma vez que a "coisa" da qual Freud fala na citação referida, pode ter seu correspondente na filosofia do britânico por meio daquilo que ele concebeu como "possibilidade permanente de sensação" (Gabbi Júnior, 1994, p. 205).

Essa concepção aparece em Mill (1865/1979), texto que, além de *A system of logic* (1843), consta nas referências de Freud em *Sobre a concepção das afasias*, de 1891. Além disso, Mill argumenta que a realidade externa só pode ser concebida por meio de uma crença psicológica (cf. Mill, 1865/1979). Para ele, isso ocorre porque, após receber sensações reais dos objetos externos, a mente forma sensações possíveis, um processo que, baseando-se na psicologia de Hamilton, Mill chama de "expectativa" (Mill, 1865/1979, p. 170). Nesse processo, as sensações reais são entendidas como fugazes, ou fugitivas, ocorrendo apenas mediante a presença dos objetos externos, enquanto as sensações possíveis são entendidas como permanentes, significando que o objeto não precisa estar disposto em dado momento para que, posteriormente, na mente apareçam sensações que ele forneceu (cf. Mill, 1865/1979, p. 180). Assim, as sensações possíveis permanentes podem ser entendidas como correlativas ao que Freud entende como representação de objeto, ao passo que em ambos os entendimentos há a suposição de que as sensações são apreendidas por meio da referência a um objeto e este pode ser evocado posteriormente sem a sua presença.

Segundo Honda (2002), assim como alguns outros filósofos de sua época, Mill defende que somente é possível conhecer a realidade externa de modo relativo porque não há como conhecer na íntegra os objetos externos que a compõem. Os objetos externos não podem ser apreendidos de modo objetivo, uma vez que, de fato, o que é recebido pelo observador são as sensações captadas pelos órgãos dos sentidos. Por sua vez, são as sensações que dão origem às ideias, e estas, para diversos filósofos britânicos, como Hume, Hartley, James Mill e o próprio Stuart Mill, estão associadas e compõem os fenômenos mentais. Exceto Stuart Mill, esses outros filósofos pensavam que as associações de ideias ocorriam por meio de um processo mecânico, o que significa que para obter-se uma ideia de corpo, por exemplo, é preciso apenas somar as ideias de cabeça, braços, pernas, e assim por diante. De sua parte, Stuart Mill entende que a associação de duas ou mais ideias resulta em ideias diferentes daquelas que compõem sua soma, sendo o clássico exemplo para isso a concepção de que a molécula da água é algo diferente da soma do hidrogênio com o oxigênio. Mediante essa concepção, Mill entende também que a causa para um dado fenômeno não pode ser encontrada por meio da busca individual de seus antecedentes, os quais, certamente, fazem parte da causa, mas não produzem o efeito senão conjuntamente com os demais antecedentes, conjunção para a qual ele dá o nome de "condições" (cf. Honda, 2002, p. 74).

Esse modo de conceber os fenômenos também intervém no seu entendimento sobre a Psicologia. Assim como Brentano, Mill também defendeu a cientificidade da Psicologia argumentando que essa disciplina pode ser científica sem necessariamente recorrer a uma base conceitual exclusivamente fisiológica. Da mesma forma, como lembra Honda (2002), Mill discordava das ideias do condutor da doutrina positivista francesa, Auguste Comte, o qual recusava a cientificidade da Psicologia porque "os estados psíquicos são considerados como dependentes exclusivamente de condições físicas, de modo que a ciência que se dedica aos estudos dos fenômenos mentais está reservado o mero estatuto de ramo da fisiologia" (Honda, 2002, p. 60). Mill, ao contrário, entende como inadmissível de antemão que os fenômenos mentais sejam reduzidos às leis fisiológicas, sobretudo porque, na sua visão, a fisiologia não apresenta as soluções explicativas que possibilitam tal redução. Nesse sentido, os fenômenos mentais são entendidos como ocorrendo em sucessões, o que deixa para a Psicologia a tarefa de encontrar as leis que regem essas sucessões. Não é por isso que a fisiologia deve ser descartada, mas somente enquanto ela não apresenta as explicações para a sucessão dos fenômenos mentais, sendo papel da Psicologia exercer essa função científica (cf. Honda, 2002).

Trata-se, então, de mais um filósofo com cuja obra Freud teve contato, o que pode tê-lo influenciado na defesa epistemológica da cientificidade e da autonomia da Psicologia. Pois, mesmo que Freud não ofereça amostras explícitas que corroborem a influência de Mill em termos de sua concepção sobre a cientificidade da Psicologia, não nos parece que sua interação com a obra do britânico restrinja-se à referência de seu conceito de representação de objeto. Ainda mais quando consideramos os possíveis desdobramentos epistemológicos que esse conceito adquire na obra de Freud, porque, ao pensar as representações de objeto como causadas pelas sensações, ele apresenta uma atitude filosófica vinculada à estratégia empirista, podemos dizer, tanto de um ponto de vista psicológico quanto gnosiológico (cf. Lalande, 1988, p. 281). De tal modo que concordamos com Gabbi Júnior, quando ele ressalta que essa opção empirista de Freud e Mill encontra seu alicerce em uma tese naturalista.

O filósofo inglês procura expor uma teoria da prova que nega a possibilidade de existirem proposições que possam ser conhecidas *a priori*. Todas as proposições que têm conteúdo cognitivo seriam *a posteriori*. Assim, nenhum conhecimento poderia ser construído a partir de princípios *a priori*. Sua filosofia caracteriza-se, portanto, por uma forte crença no naturalismo. A opção por essa doutrina tem dois desenvolvimentos possíveis: o ceticismo e o empirismo. Tanto Freud quanto Mill adotam o segundo e negam o primeiro (Gabbi Júnior, 1995, p. 168, nota 256).

Considerações finais

Recuperar a relação com esses filósofos, Brentano e Mill, faz ressaltar outro aspecto da constituição de certas concepções freudianas sobre a sua cientificidade. A despeito de tratar-se de filosofias distintas, parte dos discursos desses filósofos permitiu uma aproximação de Freud com uma argumentação de defesa da cientificidade da Psicologia que, por um lado, não abandona o naturalismo e que, por outro, não recorre ao solo fisiológico. Nessa parte de sua formação, Freud encontrou não apenas subsídios para seu conceito de representação de objeto, como também elementos argumentativos para a sustentação da cientificidade da Psicologia por meio de uma concepção empirista que lhe permitia suavizar a prerrogativa pelo suporte neurológico e fisiológico, mas que nem por isso o levou a uma concepção, por exemplo, apenas compreensiva do psiquismo.

Observar esse aspecto de sua formação não diminui o peso já ressaltado de seu caminho no âmbito da neurologia. Como defende Amacher (1995), a educação de Freud em neurologia foi ampla e significativa, o que pode ser observado no *Projeto*.... Por meio de uma linguagem declaradamente neurológica, esse texto apresenta uma pré-configuração das ideias que seriam desenvolvidas na psicanálise, uma vez que essas ideias não serão abandonadas, mesmo quando a linguagem se torna psicológica. Remetendo-se a nomes como o de Brücke, Du-bois Reymond, Helmholtz e outros, Freud (1895/ 1995) revela a presença de um campo que representa o conjunto de influências que ensinou Freud a contemplar as ciências da natureza em seu sentido mais estrito: determinista, mecanicista, materialista e experimental.

A rede de influências de Freud foi diversificada, no sentido de que sua formação permitiu que ele conhecesse mais de uma corrente teórica do século XIX dentre aquelas que conceberam o local da Psicologia no campo das ciências da natureza. Tal pluralidade de influências evoca uma abertura para a avaliação do modo pelo qual Freud dimensionou a sua própria concepção de ciência da natureza. Isso implica expandir o horizonte de seu naturalismo, o qual, por sua vez, não se esgota em nenhuma dessas influências e que, ao ser restringido a apenas uma delas, fatalmente afasta outras qualidades importantes da obra de Freud.

Vale dizer que, no caso de restrição, a consequência é imediata para o entendimento de sua epistemologia, pois avaliar Freud por meio de identidades unilaterais tem como efeito uma cisão do pensamento do autor, perdendo-se assim aspectos decisivos. Aparecem desse modo expressões como "o Freud da neurologia", "o Freud da psicanálise" e "o Freud da metapsicologia", de modo a desconsiderar, por exemplo, que sua referência à ciência da natureza está presente, tanto no *Projeto*..., onde ele trata de determinados fenômenos por meio de um aporte neurológico, seja ele abstrato ou especulativo, quanto no tratamento dos mesmos fenômenos por meio de um aporte psicológico, como aparece de modo sistemático em *A interpretação dos sonhos* (cf. Freud, 1900/2001; Monzani, 1989). De fato, o alcance desse entendimento sobre as ciências da natureza foi decisivo tanto para que, já na década de 1880, Freud reconhecesse fenômenos então estranhos à Medicina, como para que os abordasse por meio de um caminho que acaba por desembocar na psicanálise.

Referências

Amacher, P. (1965). Freud's neurological education and its influence on psychoanalytic theory. *Psychological Issues*, 4(4), 1-85.

Bernfeld, S. (1944). Freud's earliest theories and the school of Helmholtz. *Psychoanalytic Quarterly*, 13, 314-362.

Bernfeld, S. (1949). *Freud's scientific beginnings*. American Imago.

Brentano, F. (1995). *Psychology from an empirical standpoint*. Routledge.

Carvalho, V. O. & Monzani, L. R. (2015). Sobre as origens da concepção freudiana de ciências da natureza. *Scientiae Studia: Revista Latino Americana de Filosofia e História da Ciência*, 13(4), 781-809.

Carvalho, V. O. (2018). *O território da ciência da natureza em Freud*. Tese (Doutorado em Psicologia Experimental). Instituto de Psicologia, Universidade de São Paulo.

Cranefield, P. (1957). The organic physics of 1847 and the biophysics of today. *Journal of the History of Medicine and Allied Sciences*, 12, 407-423.

Exner, S. (1894). *Entwurf zu einer physiologischen Erklärung der psychischen Erscheinung*. Franz Deuticke.

Fancher, R. (1977). Brentano's psychology from an empirical standpoint and Freud's early metapsychology. *Journal of the History of the Behavioral Sciences*, 13, 207-227.

Freud, S. (1995). *Projeto de uma psicologia*. Imago. (Trabalho original publicado em 1895).

Freud, S. (2001a). La etiología de la histeria. In J. Strachey & A. Freud (Ed.). *Obras completas de Sigmund Freud*. Amorrortu. (Trabalho original publicado em 1896).

Freud, S. (2001b). La interpretación de los sueños (segunda parte In J. Strachey & A. Freud (Ed.). *Obras completas de Sigmund Freud*. Amorrortu. (Trabalho original publicado em 1900).

Freud, S. (2001c). El interés por el psicoanálisis. In J. Strachey & A. Freud (Ed.). *Obras completas de Sigmund Freud*. Amorrortu. (Trabalho original publicado em 1913).

Freud, S. (2001d). Introducción del narcisismo. In J. Strachey & A. Freud (Ed.). *Obras completas de Sigmund Freud*. Amorrortu. (Trabalho original publicado em 1914).

Freud, S. (2001e). Más allá del principio de placer. In J. Strachey & A. Freud (Ed.). *Obras completas de Sigmund Freud*. Amorrortu. (Trabalho original publicado em 1920).

Freud, S. (2001f). Esquema del psicoanálisis. In J. Strachey & A. Freud (Ed.). *Obras completas de Sigmund Freud*. Amorrortu. (Trabalho original publicado em 1938).

Gabbi Júnior, O. (1994). *Freud: racionalidade, sentido e referência*. Editora da Universidade de Campinas.

Gabbi Júnior, O. (1995). Notas críticas sobre Entwurf einer Psychologie. In S. Freud. *Projeto de uma psicologia*. Imago.

Gabbi Júnior, O. (1995). *As cartas de Sigmund Freud para Eduard Silberstein*. Imago.

Grünbaum, A. (1984). *The foundations of psychoanalysis: a philosophical critique*. University of California Press.

Habermas, J. (1982). *Conhecimento e interesse*. Zahar.

Honda, H. (2002). *Raízes britânicas da psicanálise: as apropriações de Stuart Mill e Hughlings Jackson por Freud*. Tese (Doutorado em Filosofia). Instituto de Filosofia e Ciências Humanas, Universidade Estadual de Campinas.

Hyppolite, J. (1989). A existência humana e a psicanálise. In J. Birman (Dir.). *Ensaios de psicanálise e filosofia.* Timbre Taurus.

Kaltenbeck, F. (2002). On Freud's encounter with Brentano. In F. Geerrardyn & G. Vivjer (Ed.). *The pre-psychoanalytical writings of Sigmund Freud.* Karnac Books.

Lalande, A. (1988). *Vocabulaire technique et critique de la philosophie.* Quadrige/PUF.

Leader, D. (2010). *Pé de página para freud: uma investigação profunda das raízes da psicanálise.* BestSeller.

Masson, J. (Org.). (1986). *A correspondência completa de Sigmund Freud para Wilhelm Fliess, 1887-1904.* Imago.

Mill, J. S. (1979). An examination of Sir William Hamilton's philosophy. In J. M. Robson (Ed.). *The collected works of John Stuart Mill.* Routledge & Kegan Paul. (Trabalho publicado originalmente em 1865).

Sulloway, F. (1992). *Freud, biologist of the mind.* Harvard University Press.

9. A temática darwiniana em Freud: um exame das referências a Darwin na obra freudiana[1]

Marcelo Galletti Ferretti
Ana Maria Loffredo

A presença de Darwin no percurso intelectual de Freud é extraordinária. Ao menos desde os estudos já clássicos e de grande repercussão de Ritvo (1965, 1972, 1974, 1992) e Sulloway (1979/1992), sabemos que ela não apenas se manifesta na obra freudiana – por meio dos mais variados temas, tais como sexologia, psicologia infantil, antropologia, linguística, emoções –, como ainda se mostra na vida de Freud, que fez sólida formação na biologia darwiniana, realizou pesquisa na área em sua juventude e possuía várias obras do célebre evolucionista inglês em sua biblioteca pessoal. Assim, além de distinta, tal presença, como caracterizou Ellenberger (1970, p. 236) precisamente, "é múltipla".

---

[1] Este capítulo é uma versão revista e modificada do artigo de mesmo título, publicado em 2013, no periódico *Psicologia Clínica*, 25(2), 109-130. Agradecemos aos editores dessa revista por nos autorizarem a reproduzi-lo neste livro.

Esse caráter múltiplo traz, porém, grandes dificuldades quanto à delimitação. Preocupados em haurir o darwinismo de Freud mediante inúmeras fontes, muitas delas inusitadas, bem como coligir grande quantidade de dados históricos que atestassem o legado darwiniano na obra freudiana, estudos como os de Ritvo e Sulloway ampliaram o espectro da presença de Darwin de tal forma que mal podemos enxergar os limites dela.

Dessa maneira, tais estudos acabaram por dar menos atenção a um aspecto mais patente e imediato dessa presença: as referências do próprio Freud a Darwin. Essas não são insignificantes ou puramente extrínsecas, mas bastante expressivas e essenciais na obra freudiana: ocorrem em 16 textos da *Standard Edition of the Complete Psychological Works of Sigmund Freud*[2] – edição, como atesta Souza (2010, p. 84), mais influente e utilizada, no mundo inteiro, dos trabalhos de Freud. Conquanto não tenham deixado de indicá-las – e, na verdade, tenham até contribuído para divulgá-las, especialmente se considerarmos as importantes pesquisas de Ritvo (1974, 1992) –, tais estudos não promovem uma análise detida dessas referências.

Contrariamente a tais estudos, este capítulo recorta como objeto de investigação justamente as referências de Freud a Darwin. Desse modo, pretendemos indagar qual uso Freud fez da teoria darwiniana e a que conceitos desta aludiu quando citou o nome de Darwin. Esse critério nominal que norteia nossa investigação, aparentemente mecânico e banal, revela-se, no entanto, indispensável. Como Assoun (1996a) evidenciou, as alusões de Freud a Darwin "devem ser tomadas ao pé da letra para nos ajudar a reconstruir integralmente a *temática darwiniana* em Freud" (p. 1741), e, por isso, representam um "ponto de partida obrigatório ..." (p. 1741).

---

[2] Ver nossa análise mais adiante.

Considerando-se o intuito do presente livro, a reconstrução da "temática darwiniana em Freud" parece ainda mais pertinente. Pois, ela representa uma das mais explícitas vias de acesso à relação entre Freud (1920/2001) e a ciência que ele considerava "um campo infinito de possibilidades" (p. 60) – isto é, a Biologia. Nessa relação, por sua vez, residem alguns indicadores epistêmicos crucias para a discussão sobre a relação entre psicanálise freudiana e ciência, os quais procuramos discriminar ao longo deste capítulo.

Forma e conteúdo das referências: mapa para uma rota de investigação

Um aspecto crucial a ser destacado a respeito dessas referências é a sua *natureza dúplice*. Do ponto de vista da forma, percebe-se que Freud examina ideias extraídas ora da obra darwiniana, ora extrínsecas a esta; ou seja, ora cita o naturalista, ora se vale apenas do nome Darwin para chancelar certas noções que são produto de interpretações da teoria darwiniana. Essa distinção é clara, mesmo a quem folheia o último volume da referida *Standard Edition* – o qual contém índices e bibliografias referentes aos tomos anteriores –, visto que, neste, as menções a Darwin se encontram dispostas em duas seções distintas: na lista de referências bibliográficas (Richards, 2001, p. 93) e no índice de nomes pessoais (Richards, 2001, p. 202). Embora pareça uma distinção corriqueira, é essencial tê-la em mente para que se possa conferir peso relativo às diferentes remissões a Darwin.

Além dessa diferença manifesta entre as referências, há outra distinção importante a ser notada – esta, menos óbvia. Assinalada por Assoun (1996a), ela acusa também a existência de "dois regimes do referente darwiniano" (p. 1761) nos escritos freudianos, mas do ponto de vista do conteúdo. Para Assoun, o referente darwiniano aparece na obra de Freud, "por um lado, como *nome próprio* e emblema de uma *revolução antropológica*, da qual o *freudismo* é parte integrante, e, por outro, como metodologia ou heurística..." (Assoun,1996a, p. 1761, grifos nossos). Dessa maneira, o autor francês apuradamente discrimina o processo freudiano de construção teórica, no qual as ideias de Darwin têm papel decisivo, da apreciação valorativa de Freud, o qual constata o poder revolucionário de sua própria teoria na esteira do darwinismo.

Ao harmonizar essa discriminação com a distinção meramente formal destacada anteriormente, e ao se voltar novamente para as referências a Darwin, percebe-se que Freud, quando usa as referências ao evolucionista inglês de forma heurística (uso que chamaremos de "heurístico"), sempre cita trechos da obra darwiniana ou se refere ao conteúdo desta. Reciprocamente, o uso dessas referências como nome próprio ou como emblema (que podemos chamar de *uso emblemático*) implica recorrer a aspectos extrínsecos a tal obra. Isso mostra que a distinção descoberta por Assoun se coaduna com a anterior, de modo que possuímos um retrato geral dessas referências – mapa que orienta o exame posterior de seus pormenores.

Munidos desse quadro geral, já podemos intuir que é em direção ao *uso heurístico* que devemos rumar inicialmente. Ora, se desejamos principiar a questão da influência de Darwin, e não do *darwinismo*, sobre a obra freudiana, nada mais prudente que nos voltarmos para esse uso. Ademais, não se pode compreender o juízo freudiano a respeito de sua construção sem antes verificar os alicerces dela, fabricados com auxílio de Darwin – ou, como demonstrou Assoun (1996a), sem antes "examinar os empréstimos feitos por Freud [aos] artigos específicos da teoria darwiniana" (p.1745).[3] Desse modo, não

---

3 Embora concordemos com Assoun (1996a) quanto a essa questão de ordem, observarmos que é à diferença do autor que, pelos motivos ora expostos, privilegiamos o uso heurístico. O autor francês, em contrapartida, confere mais

parece apenas cauteloso começarmos nosso exame por tal uso, mas também logicamente necessário.

Há, no entanto, razões mais fortes que nos impelem a seguir essa rota, e elas revelam que não somente devemos principiar nosso exame pelo referido uso como também privilegiá-lo. Suspeitamos, como Mezan (2007) e Simanke (2009), por exemplo, que subjaz à psicanálise de Freud um processo de construção teórica em larga medida inspirado na teoria de Darwin, o que representa um aspecto crucial para a compreensão do estatuto epistêmico da psicanálise. A fim de confirmar essa suspeita, deve-se meditar sobre o que Freud declaradamente tomou de empréstimo da obra darwiniana – e veremos, ao final, que, de fato, essas declarações representam valiosas pistas para pesquisar a influência de Darwin mesmo nas entrelinhas do texto freudiano. Assim, o uso heurístico merece atenção especial.

Isso não implica, contudo, negligenciar o *uso emblemático*. É certo que ele já evidencia a operação de leituras do darwinismo, como as de Ernst Haeckel (1834-1919). Não obstante, veremos que o exame de tal uso é essencial, pois revela que o modelo de ciência que Freud tinha em mente é muito próximo daquele que informou a teoria darwiniana. Nesse sentido, certas conjecturas freudianas deveriam muito mais à biologia evolucionária do que a outras ciências naturais, como a Física ou a Química. Destarte, o estudo desse grupo de referências a Darwin de modo algum é dispensável.

---

destaque ao uso valorativo, visto crer que a "parábola de fundação" do freudismo é via privilegiada para a descoberta das peculiaridades da epistemologia da psicanálise (Assoun, 1996a, p. 1748, p.1762; 1996b, pp. 213-243).

Freud como leitor de Darwin

Dentre as referências que ora nos propomos a examinar, destacamos as que figuram em "Estudos sobre a histeria" (Freud, 1895/2001). Não a julgar pelo modo, um tanto discreto e, como qualificou Assoun (1996a), "pontual" (p. 1747), com que elas foram apresentadas neste texto freudiano, mas, sim, pelos seus efeitos nos textos posteriores de Freud – efeitos sobre os quais raramente os leitores da obra freudiana se debruçaram. Foi a partir de Darwin que Freud foi capaz, ao estudar a patologia histérica, atentar para o aspecto dinâmico e econômico do funcionamento afetivo e conceber uma via de incursão ao passado da espécie. Portanto, as referências ao evolucionista inglês nesse escrito freudiano são pontuais apenas em aparência.

Tais referências mencionam dois dos princípios postulados por Darwin (1872/2009) em *A expressão das emoções no homem e nos animais*, livro em que ele conjectura – com base nas observações de diferentes grupos (crianças, povos que tiveram pouco contato com os europeus, loucos, diversos animais) e de estudos anatômicos e fisiológicos da época – acerca da origem dos padrões comportamentais das espécies e suas mudanças ao longo da história. Como observa o etólogo Konrad Lorenz, esse livro se alicerça em dois pressupostos: a) na consideração que "padrões comportamentais são características tão confiáveis e conservadas nas espécies quanto as formas dos ossos, dentes, ou de qualquer estrutura corporal" (Lorenz, 2009, p. 9); b) na admissão que tais padrões "também têm o mesmo tipo de transmissão hereditária" (p. 10) que qualquer outra estrutura corporal. A partir desses pressupostos e dessas fontes de observação, Darwin postula três princípios gerais, responsáveis pelos mais variados comportamentos expressivos no ser humano e nos animais inferiores, dos quais interessa destacar apenas dois (visto que são a estes que Freud se refere): *i*) o primeiro princípio, dos hábitos associados úteis, que diz que movimentos os quais auxiliam a "satisfazer algum desejo, ou aliviar alguma sensação, se repetidos com frequência, tornam-se tão habituais que são realizados, tendo ou não utilidade, sempre que um mesmo desejo ou sensação são experimentados" (Darwin, 1872/2009, p. 295); *ii*) o terceiro princípio, da ação direta do sistema nervoso, o qual atribui certos movimentos expressivos à "força nervosa gerada em excesso" (p. 33).

A referência freudiana a esses dois princípios encontra-se, mais especificamente, nas discussões sobre Emmy von N. e Elisabeth von R., em que são utilizados como contraponto das manifestações patológicas de suas pacientes. Isto é, visto que o livro darwiniano investiga padrões comportamentais comuns a todos os humanos (e mesmo a alguns animais), Freud se vale dessa investigação, a fim de discriminar fenômenos patológicos de fenômenos normais.

Assim, ao refletir sobre os sintomas somáticos intensos e marcantes de Emmy, Freud (1895/2001) conclui que alguns deles "eram apenas expressão das emoções ..." (p. 91), ou seja, movimentos expressivos que podem ser observados em qualquer indivíduo. É o caso de cacoetes da paciente como o ato de brincar com os dedos e esfregar as mãos uma na outra para não gritar, que remeteriam "forçosamente a um dos princípios estabelecidos por Darwin para explicar a expressão das emoções – o princípio de transbordamento da excitação (Darwin, 1872, cap. III)" (Freud, 1895/2001, p. 91). No entanto, Freud reconhece que Emmy expressava tais emoções de forma "mais vívida e desinibida" (p. 91) que outras mulheres de "educação e raça" (p. 91) semelhante. De todo modo, isso denotaria uma diferença de grau, e não de natureza entre manifestações patológicas como essa e comportamentos considerados normais, já que "*todos nós* estamos acostumados, quando afetados por um estímulo doloroso, a substituir um grito por outras inervações" (Freud, 1895/2001, p. 91, grifos nossos).

Já no caso de Elisabeth, Freud medita não sobre a intensidade da manifestação emocional, mas sobre o seu sentido, tema que também foi objeto das investigações darwinianas. Ele descobre que sintomas como a incapacidade de se manter em pé de Elisabeth von R. e a neuralgia facial de outra paciente, Cäecilie M., tiveram sua origem em momentos absolutamente significativos – no primeiro caso, estar em determinadas posições no momento dos traumas, e, no outro caso, encarar um insulto proferido pelo marido como uma "bofetada na face" ou uma "punhalada no coração". Tais sintomas, portanto, seriam explicados por um processo de simbolização. Não obstante, o autor conjectura que a origem desse processo transcende "fatores pessoais e voluntários" (Freud, 1895/2001, p. 181), e deve-se à reativação de impressões engendradas num passado remoto, em que linguagem e ato estavam extremamente ligados. Dessa maneira, ele conclui que a tomada literal das expressões "bofetada na face" e "punhalada no coração" explica-se pelo retorno das "sensações às quais a expressão linguística deve sua justificativa" (p. 181). É essa proximidade entre linguagem e ato na histeria – proximidade a qual, aliás, já havia sido notada no capítulo "Comunicação Preliminar" – que remete ao primeiro princípio darwiniano da emoção:

> *Todas essas sensações e inervações pertencem a 'Expressão das Emoções', que, como Darwin [1872] nos ensinou, consistem em ações que originalmente possuíam um significado e serviam a uma finalidade. Embora essas ações possam ter ficado, em sua maior parte, tão fracas hoje que sua expressão em palavras nos parece apenas metafórica, é altamente provável que tudo isso fosse tomado em sentido* literal, *e a* histeria está certa em restaurar o significado original das palavras ao restabelecer essas inervações mais intensas. (Freud, 1895/2001, p. 181, grifos nossos)

De maneira bastante sutil e esquemática, posto que apenas percebe quem conhece as teses darwinianas presentes em *A expressão das emoções no homem e nos animais*, Freud, pela primeira vez em sua obra, entrevê um passado remoto inferido por Darwin, no qual a gênese de certos movimentos expressivos teria se dado. Ele se vale desse passado conjecturado pelo evolucionista inglês para buscar os limites entre o normal e o patológico, e especular sobre a origem de certas características humanas. Ao mesmo tempo, ele se atém ao aspecto dinâmico da histeria e, inversamente, reconhece nela traços da normalidade: nas manifestações motoras histéricas encontra, na verdade, conduzido pelo terceiro princípio darwiniano da emoção, o modelo de funcionamento da vida afetiva normal. Esse componente econômico do afeto será, como se sabe, basal na vindoura metapsicologia freudiana.

Tais questões não cessarão de reverberar na obra freudiana a partir de então, como atestam muitos autores. Strachey (2001b, p. 84) retoma brevemente as alterações que Freud operou sobre sua conceituação acerca da angústia, e indica quão tributária ela é, mesmo em *Inibição, sintoma e angústia* (Freud, 1926/2001), das concepções darwinianas sobre o comportamento emocional – motivo pelo qual autores como Shapiro (1999) advogam que o papel de Darwin na psicanálise pode ser elucidado se olharmos justamente para o lugar dos afetos na teoria psicanalítica. De modo semelhante, Ritvo (1992) ressalta a importância da combinação da teoria da recapitulação com a explicação darwiniana dos afetos nas *Conferências introdutórias sobre psicanálise* e, sobretudo, em *Visão geral sobre as neuroses de transferência* (Freud, 1915/1987) – texto em que, como revela Monzani (1990), Freud, na verdade, leva muito longe a teoria da recapitulação ao supor que "o indivíduo não só repete a pré-história da humanidade, como também recapitula a evolução dos seres vivos", de forma que "não só a filogênese é repetida abreviadamente como também a biogênese" (p. 93).

Já Assoun (1996a, 1996b) investiga mais detidamente as consequências do emprego de tais referências a Darwin. Segundo esse autor francês, Freud pôde enxergar, por meio do terceiro princípio darwiniano, o aspecto econômico do afeto, um dos alicerces da explicação metapsicológica freudiana. Por outro lado, o primeiro princípio darwiniano levou o criador da psicanálise a atentar para uma dimensão histórica na busca pelo sentido dos fenômenos psíquicos, outro arrimo da metapsicologia. Destarte, para Assoun (1996b, p. 153), o "núcleo econômico-dinâmico" da metapsicologia pagaria tributo à concepção darwiniana da emoção. Inspirando-se em Darwin, e a partir do estudo da histeria, Freud conseguiu tanto "correlacionar o *evento motor* à sua *significação expressiva*" quanto perceber que o afeto encontra seu "centro de gravidade no evento econômico" (p. 157).

Ainda que, à primeira vista, possa parecer estranho que, alguns anos depois, em *Os chistes e sua relação com o inconsciente*, Freud recorra a outro autor, Herbert Spencer (1820-1903), ao tratar desse aspecto econômico, é importante notar que o recurso a tal autor se deve a uma questão específica. A obra de Spencer, *A fisiologia do riso*, é recuperada para ilustrar que o "riso é um *fenômeno de descarga de excitação mental* e uma prova de que o emprego psíquico se deparou com um obstáculo subitamente" (Freud, 1905/2001, p. 146, grifos nossos). Enquanto Freud deseja retirar de Spencer esse aspecto de descarga súbita que há no riso, ele traz à baila o nome de Darwin – numa clara alusão (mesmo que não precise dizê-lo com todas as letras) a A *expressão das emoções no homem e nos animais*, livro em que se aborda com certo vagar o tema do riso – com o intuito de denotar que o livro darwiniano sobre as emoções é um marco nas investigações sobre o riso. Portanto, Spencer é trazido à tona em função de ter captado o fenômeno da "descarga de excitação" especificamente, e não por causa de uma contribuição mais abrangente (como a de Darwin) a respeito da economia afetiva.

Ora, Darwin confere abrangência ao aspecto econômico do afeto porque mostra sua universalidade. Como Lorenz (2009a) observa, a originalidade darwiniana não reside em ter constatado tal "descarga de excitação" (constatação, aliás, que o próprio Darwin credita a Spencer), mas em ter engendrado uma "estratégia de pesquisa" (p. 9) que utilizou o estudo da emoção como atestado da ascendência animal do homem. Darwin nos lembra de que seu livro sobre as emoções foi escrito na mesma ocasião que *A descendência do homem e seleção em relação ao sexo* e de que ambos visam a verificar se o ser humano descende de uma forma anterior (Darwin, 1871/1974, pp. 13-14, 1872/2009, p. 313). Sendo assim, o trabalho darwiniano sobre emoções representa um marco em função de ter estendido o fenômeno captado por Spencer às mais variadas espécies ao redor globo.

A partir desses esclarecimentos, pode-se notar que é precisamente essa gênese evolutiva de certas manifestações anímicas o que granjeia a atenção de Freud desde os *Estudos sobre histeria*. Se o fundador da psicanálise, guiado pelo terceiro princípio darwiniano, expressou desde este texto os rudimentos de um modelo acerca da normalidade e da patologia do afeto, isso apenas ocorreu por meio do recurso ao patrimônio instintivo da espécie vasculhado por Darwin. Então, Freud, mais de trinta aos depois, parece ter citado novamente a obra darwiniana sobre a emoção para ilustrar o caráter instintivo de certos medos. Ele se vale, aliás, de um episódio vivenciado e narrado pelo próprio Darwin (1872/2009, p. 40), no qual este se assustou com uma cobra "que avançou sobre ele, ainda que soubesse que estava protegido por um vidro grosso" (Freud, 1917a/2001, p. 399). Muito mais do que algo "anedótico" que atestaria o interesse de Freud pelo *homem* Darwin (Assoun, 1996a, p. 1743), pensamos que essa passagem se presta a referir, mais uma vez na obra freudiana, o grande responsável por salientar esse patrimônio instintivo do homem – o qual é perscrutado desde *Estudos sobre a histeria*.

Freud não apenas atenta para esse feito darwiniano como também para o *modo* como Darwin chegou a suas conclusões, e busca proceder de forma semelhante à do evolucionista inglês. Em seu texto sobre as emoções, além de descrever extensamente as expressões dos homens e dos animais e subsumi-las em três princípios, Darwin permite-se "*especular* sobre o quão cedo na longa linha de nossos ancestrais os vários movimentos expressivos exibidos hoje pelo homem foram sucessivamente adquiridos" (Darwin,1872/2009, p. 306, grifo nosso). Freud, por seu turno, vê nas impressionantes manifestações da patologia histérica uma via para esse exercício especulativo, de modo a conceber que a histérica, tal qual um fóssil, seria o testemunho de uma forma arcaica de expressão.

No entanto, como dissemos, Freud apenas entrevê esse modo expressivo arcaico em *Estudos sobre a histeria*. Uma verdadeira incursão a um passado remoto ocorre somente alguns anos depois, com o advento de *Totem e tabu* (Freud, 1913/2001), no qual recorre a outra obra darwiniana (1871/1974), considerada por ele um dos "dez livros mais significativos" do evolucionista inglês (Freud, 1906/2001, p. 245). O recurso a tal livro é ocasião para que Freud se dê conta do real valor heurístico desse exercício especulativo e do recurso, a esse tempo primitivo, darwiniano apenas divisados em 1895. Dá mostras dessa clareza em 1912, durante a redação de *Totem e tabu*, ao afirmar em carta a Jung:

> *Muitos autores consideram um tempo primordial de promiscuidade com improvável. Eu próprio, com toda modéstia, sou favorável a uma hipótese diferente em relação ao período primordial – a de Darwin. (Freud citado por McGuire, 1993, p. 508, grifos nossos)*

Como Assoun (1996a) ressaltou, depreende-se desse excerto o sentimento de Freud "de uma *escolha* teórica em favor da versão darwiniana do 'tempo primitivo'" (p. 1747).

Assim, Darwin representa o alicerce histórico da *Just-so story* (Freud, 1921/2001, p. 121) freudiana narrada em *Totem e tabu* – também chamada pelo próprio Freud, significativamente, de "mito científico" (p. 135). Tal mito é de enorme importância à teoria freudiana, pois busca situar a aparição da estrutura edípica em uma época originária. Ele é anunciado no quarto ensaio do livro, em que Freud busca uma explicação "ao mesmo tempo histórica e psicológica" (Freud,1913/2001, p. 108) acerca da origem do totemismo e da exogamia. Para tanto, recupera sua concepção, desenvolvida no primeiro ensaio, que supõe o advento do totemismo como resultante do sentimento de horror ao incesto, e procura encontrar a origem desse horror. Após arrolar as razões pelas quais se deve rejeitar o caráter inato desse horror[4] – apoiadas, entre outros motivos, numa afirmação de Darwin retirada de *A variação de animais e plantas sob domesticação*, de 1868 –, anuncia que se deve recorrer não a

---

4 Freud (1913/2001, p. 122) aduz à explicação de Edvard Westermarck (1862-1939), endossada por Havelock Ellis (1859-1939), em que se atribuiu esse horror a uma aversão inata às relações sexuais entre os membros do mesmo clã em razão da intimidade e da convivência desde a infância. Nem é preciso dizer que uma hipótese dessa espécie se choca frontalmente com o edifício psicanalítico, para o qual as mais precoces e fundantes manifestações sexuais têm invariavelmente caráter incestuoso. Ainda, a hipótese parece ter uma espécie de erro lógico, pois se se tratasse verdadeiramente de um instinto, leis contra o incesto não seriam necessárias. Assim, deve-se rejeitar essa hipótese, bem como outras erigidas sobre a atribuição de um suposto conhecimento por parte dos selvagens acerca dos danos genéticos da endogamia. Freud afirma que os estudos da época sobre os selvagens contemporâneos tornavam essa hipótese bastante improvável e, para apoiar seu argumento, cita, em nota de rodapé, o livro de Darwin publicado em 1868: "Darwin [1875, 2, 127] escreve que os selvagens 'provavelmente não refletem sobre os danos a longo termo [da endogamia] à prole'" (Freud,1913/2001, p. 124).

explanações sociológicas, biológicas e psicológicas, mas a uma explicação que denomina *histórica*, baseada numa "hipótese de Charles Darwin sobre o estado social dos homens primitivos" (p. 125). Vê-se, então, que Darwin irrompe num momento absolutamente crucial do ensaio, após Freud considerar como insuficientes certas explicações oriundas de diferentes áreas do conhecimento, e passa a assumir a função de arrimo de toda construção teórica freudiana expressa subsequentemente. Freud confere, assim, lugar de destaque e enorme peso a Charles Darwin.

A nosso ver, esse peso se refere nem tanto ao conteúdo da hipótese de Darwin, mas à forma conjetural que subjaz a ela; certamente Freud serve-se do conteúdo de tal hipótese, porém a grande utilidade desta parece ser a de chancelar o *exercício especulativo* praticado no texto. Frisemos que ele utilizou, para se referir a ela, a designação "histórica", o que denota um modo de proceder inferencial. Ademais, notemos que é tal designação que é associada ao nome de Darwin, e não outra mais corrente, como "biológica" ou "antropológica" – o que pode parecer um tanto peculiar, e até escandaloso, aos menos familiarizados com os aspectos epistemológicos da Biologia evolucionária.[5] Com efeito, pensamos que essa designação fornece indicações precisas a respeito do modelo de ciência em que Freud se inspira para conjeturar.

Além dessas, outras designações freudianas ressaltam esse caráter conjetural, como nos mostra Assoun (1996a, pp. 1746-1747): afora "*hipótese* de Charles Darwin", "*pensamentos teóricos* de Robertson Smith, Atkinson e Charles Darwin" (Freud, 1915/2001, p. 292, grifos nossos), "*conjetura* de Darwin" (Freud, 1921/2001, p. 122; 1925b/2001, p. 67, grifo nosso), e, por fim, "*indicação* de Darwin" e de Atkinson (Freud, 1939/2001, p. 81, grifo nosso) ou "*ideias teóricas*

---

5 Para esclarecimentos a respeito da proximidade metodológica entre a Biologia evolucionista e a História, ver, por exemplo, Gould (2002, pp. 93-115).

de Darwin, Atkinson e, particularmente, Robertson Smith" (Freud, 1939/2001, p. 131, grifos nossos). Isso sinaliza que Freud buscava em Darwin uma caução *científica* para a elaboração de suas próprias conclusões a respeito dos primórdios da humanidade – no fundo, "apenas uma hipótese, como tantas outras com as quais os *arqueólogos* buscam iluminar as trevas dos tempos pré-históricos" (Freud, 1921/2001, p. 122, grifo nosso).

A julgar por esse amplo número de ocorrências na obra freudiana, pelo grande apreço, atestado por Strachey (2001a, p. ix), que Freud tinha por tal hipótese e pela importância que esta possui na teoria freudiana, percebemos o grande poder heurístico dela, mas devemos reconhecer aí certa dívida metodológica para com *Estudos sobre a histeria*. Embora Freud tenha decidido desbravar o passado remoto dos humanos somente a partir de 1913, uma senda, via Darwin, já havia sido divisada em 1895, como procuramos mostrar. Consequentemente, se Assoun (1996a) tem razão em classificar de "principal" (p. 1746) o empréstimo feito da teoria darwiniana em *Totem e tabu*, talvez possamos, por nossa vez, qualificar de *primordial* (com os vários sentidos que o termo abriga) o empréstimo que se vê em *Estudos sobre a histeria*. Nesses dois textos, vemos Freud recorrer a Darwin com o fito de respaldar um modo de conjeturar sobre o passado.

Todavia, não é possível auferir de tais referências mais do que indícios a esse respeito. De fato, é curioso que Freud aduza a aspectos da obra darwiniana que poderiam ser descritos como metodológicos, mas nada diga a respeito do modo de proceder por conjeturas de Darwin. Assim, Freud (1950/2001), em *Projeto de uma psicologia*, se refere à "linha darwiniana de raciocínio" (p. 303), não para tratar de aspectos gerais, como talvez se pudesse esperar, mas para abordar questões bastante específicas, relativas à constituição do aparelho psíquico.[6] O mesmo ocorre com a menção às "sóbrias linhas darwinianas de raciocínio" (Freud, 1920/2001, p. 56), em *Além do princípio do prazer*.[7] Embora essas passagens demonstrem o recurso a Darwin em momentos decisivos da construção da metapsicologia, elas proporcionam uma quebra de expectativas, tanto por não trazerem mais esclarecimentos sobre o modo de conjeturar darwiniano quanto por não serem de grande utilidade a Freud.

Da mesma forma, as referências à "regra de ouro" de Darwin (Freud, 1901/2001, p.148; 1917/2001, p. 76) não trazem tais esclarecimentos, embora possam indicar, segundo Assoun (1996a), "um parentesco [*cousinage*] epistemológico significativo" (p. 1745) entre a psicanálise freudiana e a teoria darwiniana. Essa regra consistia em anotar ideias que se opunham às conclusões gerais de Darwin – procedimento rigoroso a que o próprio autor (Darwin, 1887/2000, p. 107) atribui o sucesso de sua obra magna, *A origem das espécies*. Freud, por meio do artigo de Jones "The psychopathology of everyday life", de 1911, teve ciência desse procedimento, e, com o afã de corroborar a importância de suas hipóteses a respeito da relação entre esquecimento e desprazer, evocou Darwin como alguém que

---

[6] No caso, verificar se a diferença de valência entre as barreiras de contato dos neurônios φ e ψ seria em virtude de uma diferença morfológica ou não, ou seja, se o neurônio ψ foi selecionado em função de uma característica indispensável à sobrevivência (a impermeabilidade). Freud (1950/2001, pp. 303-304) acaba supondo que a diferença não está na morfologia dos neurônios, mas nas quantidades a que estão submetidos. Dessa maneira, Freud traz à tona a "linha de raciocínio darwiniana" para descartá-la, preferindo, nesse caso, um modelo de explicação mecânico ao biológico – no fim das contas, os dois modelos cotejados nas explanações desenvolvidas nesse texto freudiano.

[7] Aludidas novamente com o intuito de calcar descobertas psicológicas sobre o solo biológico – desta vez, verificar se haveria primazia da pulsão de morte no nível celular –, e que também não trazem grande auxílio aos enigmas freudianos, já que pelas "linhas darwinianas" chegar-se-ia à conclusão de que a primeira união sexual entre células (anfimixia) fora fortuita, e selecionada, a partir de então, por suas vantagens adaptativas (Freud, 1920/2001, p. 57).

atestou na prática essa relação. Assoun (1996a) nota que o próprio Freud procedia de maneira análoga, já que a robustez de suas hipóteses metapsicológicas eram garantidas pelo apego aos fatos e pela caça obstinada à contradição e aos argumentos contrários. Daí o parentesco, para Assoun (1996a), entre as ciências de Darwin e de Freud na forma de obter conhecimento. Não obstante, o próprio Freud nada traz acerca disso nessas referências, nem a respeito do modo de conjeturar.

Por outro lado, pensamos que esse parentesco pode ser mais bem delineado se nos dirigirmos para as demais referências. Nesse conjunto de menções, Darwin porta o estandarte da revolução naturalista, evocado não mais na qualidade de autor, mas enquanto figura simbólica. Buscaremos mostrar que é na esteira dessa revolução que Freud insere sua própria ciência.

Darwin como emblema de uma revolução e o naturalismo de Freud

Não causará espanto se conferirmos destaque, dentre as referências de "uso emblemático", àquelas em que Freud professa sua genealogia dos ataques ao narcisismo humano. De fato, ao se considerar que essas passagens são demasiadamente conhecidas, pode-se até temer, no mínimo, por uma iminente falta de originalidade de nossa parte.

Todavia, tais passagens abarcam certos aspectos que nem sempre foram explorados na literatura psicanalítica. A começar pelo fato de que grande parte dessa genealogia não é de autoria de Freud, e muito menos de Darwin, mas de Ernst Haeckel. Como Assoun (1983, pp. 217-226) e Ritvo (1992, pp. 36-38) demonstraram, a eleição e associação dos nomes de Copérnico e Darwin foram expressas por Haeckel primeiramente – embora Emil du Bois-Reymond (1818-1896) tenha se valido dessa associação posteriormente –, na esteira do intento haeckeliano de propalar o darwinismo.

A despeito da autoria haeckeliana, pode-se tomar essa genealogia, conforme indicou Assoun (1983, 1996a), como uma preciosa via para a determinação dos contornos epistêmicos da psicanálise freudiana, sobretudo, se considerarmos que o uso de tal genealogia ocorre num "texto em que Freud define do modo mais explícito possível a consciência que tem de sua intervenção revolucionária no campo do saber ..." (Assoun, 1983, p. 215). Esse uso denuncia – embora nem sempre tenha sido notado – o solo naturalista em que Freud fora formado, e o fascínio que exercera ao então jovem médico a "filosofia darwinista" (p. 218) divulgada por Haeckel. Dessa forma, a alteridade da genealogia transforma-se em identidade: Freud insere sua ciência na corrente do naturalismo.

Por conseguinte, o ato de inserir a si mesmo na série de golpes ao "ingênuo amor-próprio dos homens" (Freud, 1917a/2001, p. 284) deve ser encarado como uma valiosa pista, e não meramente como mais uma das manifestações de sua imodéstia. Se, para ele, o golpe de "Darwin, Wallace e seus predecessores" (p. 285) "destruiu o suposto lugar privilegiado do homem na criação e *provou sua ascendência [descent] do reino dos animais* e sua *inextirpável natureza animal*" (p. 285, grifos nossos), fica claro que Freud considerava indelével a herança zoológica do homem. Isso causaria estranheza apenas ao jejuno em filosofia e ciência do século XIX, já que Freud, como Souza lembrou, incluía, sem sombra dúvida, o homem entre os animais, tal como seus antecessores "espirituais diretos (Schopenhauer e Nietzsche, para ficarmos entre os alemães)..." (Souza,2010, p. 259).

Em *Uma dificuldade no caminho da psicanálise* (Freud, 1917b/2001), a descrição desse "golpe *biológico*" (p. 141) é precisada, e nos fornece mais elementos para que se vislumbre o liame entre a intervenção de Darwin e a de Freud. Para ele, aquele autor, ao atentar para as patentes evidências, tanto na estrutura física do homem "*quanto em suas disposições psíquicas*" (p. 141, grifos nossos), da semelhança entre o homem e os animais, pôs fim à presunção humana que criara um fosso entre a natureza humana e a animal. Com isso, Freud dá a ver o alcance das descobertas darwinianas no domínio psíquico, embora ele próprio arrogue autoria do golpe *psicológico*. De todo modo, isso faz de Darwin uma espécie de padrinho epistêmico de Freud, visto que aquele forneceu as diretrizes para o estudo do mundo *orgânico*, que abarca diretamente o ser humano, com seu corpo e sua mente. Por isso, podemos dizer que Darwin, tal como é apresentado nessa genealogia de feições haeckelianas, fornece caução ao saber freudiano.

Quando se nota que Freud evoca Darwin também no âmbito das resistências oferecidas ao saber, percebe-se a dimensão dessa caução, pois este último, igualmente, serve de testemunho a respeito das sérias objeções que uma nova teoria científica enfrenta – objeções que, como aquelas com as quais se defrontou a psicanálise, não são origem intelectual, mas afetiva (Freud, 1917b/2001, p. 137; 1925a/2001, p. 221). Mais uma vez, Freud (1925a/2001) afirma que a teoria de Darwin aniquilou "a barreira que, de forma arrogante, foi erigida entre homem e o animal" (p. 221) – motivo pelo qual enfrentou sérias resistências (afetivas, portanto); mais uma vez, Darwin é convocado com o afã de corroborar a importância de algo caro à teoria freudiana: as resistências oferecidas a esta seriam análogas às apresentadas ao evolucionismo darwiniano.

No entanto, conforme elas vão se amainando, as teorias passam a ser aceitas de forma gradativa. Novamente, Darwin serve de exemplo a Freud (1939/2001, p. 66), já que, após enfrentar intensa rejeição, a teoria darwiniana assistiu à sua glória, cuja apoteose foi o enterro de Darwin na Abadia de Westminster. Decursos como esse provam, para Freud (1939/2001), que "a nova verdade desperta resistências emocionais" (p. 66) – bordão que o fez perseverar em suas próprias investigações (Freud, 1914/2001, pp. 20-24). Afinal, pensava ser esse o destino de um "descobridor solitário" (p. 23) como ele, "ora comparado a Colombo, Darwin e Kepler, ora insultado de demente" (p. 43). Porém, mirou-se no exemplo de Darwin, e esperou que sua ciência tivesse a mesma fortuna que teve a ciência deste; que, finalmente, um dia se dessem conta de que, com a psicanálise, "um campo para um importante avanço no conhecimento" (Freud, 1925b/2001, p. 70) teria sido aberto.

Reiteramos que é necessário passar ao largo da obstinação e vaidade freudianas evidenciadas por essas declarações a fim de perceber que a estas subjaz o interesse por um certo modelo de ciência. Com efeito, esse interesse já se manifestava, ainda sob o signo da sedução, desde a juventude de Freud, tendo impulsionado sua escolha pela Medicina, como ele nos relata em sua autobiografia (Freud, 1925b/2001, p. 8). Na obra, o autor salienta o aspecto sedutor das teorias de Darwin, que prometiam ampliar sua "compreensão do mundo" (*Weltverständnis*). Isso revela que é, com efeito, uma imagem de ciência que ele encontra em Darwin.

Tal imagem nunca deixa de fulgurar no horizonte freudiano, de forma que não permaneceu apenas no plano da atração e do interesse, mas se transformou em prática – tanto nos laboratórios de Carl Claus e Ernest W. Brücke (1819-1892), como mesmo depois de Freud abandonar as pesquisas biológicas. Nesse sentido, devemos recordar que ele reiteradamente afirma que sua psicanálise pertence ao campo das ciências da natureza (*Naturwissenschaften*), ainda que corresponda a um ramo específico da Psicologia (daí ser uma *Spezialwissenschaft*) que investiga os processos psíquicos de um determinado modo (Freud, 1933/2001, p. 158).

A reiteração desse pertencimento parece denunciar a assunção de uma posição em uma importante disputa epistemológica que se convencionou chamar de querela dos métodos (*Methodenstreit*). Como indica Assoun (1983, p. 45), essa disputa ocorreu nos meios acadêmicos alemães entre o final do século XIX e o começo do XX, e foi provocada pela ascensão das *Geisteswissenschaften*, as quais reivindicavam uma metodologia *sui generis*, diferentemente da verificada nas *Naturwissenschaften*. Além da insistência de Freud na inclusão da psicanálise no domínio destas últimas, o próprio recurso à genealogia haeckeliana, como aponta Assoun (1983), aparenta sinalizar a clareza da escolha de uma posição nesse debate, já que, "de fato, Haeckel não foi simplesmente um dos que mais difundiram o darwinismo, mas consumou o casamento da teoria de Darwin com a ciência e com a epistemologia de seu tempo" (Assoun, 1983, p. 219), ao defender um monismo epistemológico extremamente influente no último quarto do século XIX. Portanto, Freud, ao incluir a psicanálise no ramo das ciências naturais, parece ter escolhido tomar parte nesse importante debate oitocentista.

Não obstante, um olhar mais atento a essa questão revela que a concepção de *Naturwissenschaft* de Freud implica, na verdade, a recusa dessa bipartição. A esse respeito, tomamos a liberdade de, por um breve momento, sair do âmbito das referências freudianas a Darwin e reproduzir um excerto particularmente elucidativo, no mesmo texto autobiográfico, aliás, mencionado há pouco, em que a diferença entre o modo de proceder das *Geisteswissenschaften* e das *Naturwissenschaften* é abordada, e as semelhanças destas com a psicanálise são exibidas:

> *eu escutei repetidas vezes, de forma desdenhosa, que é impossível levar a sério uma ciência cujos conceitos principais são tão imprecisos como aqueles de libido e pulsão da psicanálise. Essa crítica repousa, porém, sobre um juízo totalmente falso acerca dos fatos. Conceitos básicos claros e definições com contornos precisos são*

apenas possíveis nas ciências do espírito *(Geisteswissenschaften), na medida em que estas procuram ajustar um domínio de fatos a um quadro lógico sistemático. Nas ciências naturais (Naturwissenschaften), entre as quais está psicologia, tais conceitos gerais claros são supérfluos e, de fato, impossíveis. A zoologia e a Botânica não começaram da definição correta e adequada de animal e planta; até hoje, a biologia é incapaz de prover qualquer significado seguro ao conceito de 'vida' [...] As ideias básicas ou conceitos mais gerais* em qualquer disciplina científica *ficam sempre indeterminados no princípio e apenas estão condicionados inicialmente aos fenômenos do qual derivaram; é somente por meio de uma análise progressiva do material de observação que eles se tornam claros e podem encontrar um significado evidente e consistente. (Freud, 1925b/2001, p. 57, grifos nossos)*

Esse excerto atesta de forma exemplar o silogismo epistêmico de Freud e o motivo do abandono da distinção entre ramos científicos: a) se a incompletude é uma etapa fundamental e necessária à construção de um conhecimento claro e consistente acerca dos objetos, sendo a prerrogativa maior de qualquer disciplina que se pretenda científica; b) se apenas são as *Naturwissenschaften* (e, dentre elas, a psicanálise) que seguem esse preceito, já que as *Geisteswissenschaften* estão mais preocupadas em ajustar conceitos a fim de obter uma completude apressada, que, no fundo, corresponde a um logro; c) então as *Naturwissenschaften* são as únicas ciências verdadeiras. É dessa forma que Freud, ao insistir na legitimidade das ciências naturais, elege-as como modelo das ciências em geral, donde a recusa da bipartição forjada nos meios acadêmicos oitocentistas.

Ao mesmo tempo que fundamenta tal recusa, o silogismo de Freud visa a frisar a homologia entre o trabalho científico e o analítico.

O modo laborioso de proceder e o caráter provisório das teorizações que distinguem esses trabalhos fazem da atividade analítica uma atividade científica. Tais "características negativas" (Freud, 1933/2001, p. 159) são, no entanto, o meio mais seguro de tentar "corresponder à realidade" (Freud, 1933/2001, p. 170), mesmo que se possa objetar que a ciência seja demasiadamente recente na história humana – tanto que Freud "já estava vivo quando Darwin publicou seu livro sobre a origem das espécies" (p. 173). Assim, a busca pelos preceitos das *Naturwissenschaften*, para Freud, é o que aproxima sua ciência daquela de Darwin e garante a cientificidade dessas teorias, por mais novas que sejam no conjunto de saberes do homem.

Com efeito, um exame mais atento das peculiaridades dessas teorias nos revela um liame ainda mais íntimo entre elas. Primeiramente, é necessário asseverar que a concepção freudiana de *Naturwissenschaft* não se vincula, como indica Simanke (2009), a um naturalismo positivista ou a um modelo oriundo das chamadas ciências da matéria, mas ao modelo da biologia evolucionária. Pois se deve notar "que Freud atribui à natureza características usualmente atribuídas à história: conflito, finalidade, intenção" (Simanke, 2007, p. 232), o que nos remete a Darwin, visto ser "evidente o papel que a teoria darwinista da evolução desempenhou na consolidação de uma visão da natureza como história" (p. 232). Dessa maneira, para Simanke (2009), a teoria darwiniana é crucial à compreensão das peculiaridades epistêmicas do naturalismo psicológico freudiano. Efetivamente, como Mezan (2007) recorda, a presença de um modelo darwiniano de teorizar talvez esteja tão presente na obra freudiana que o próprio Freud não tenha atinado com esse fato. Embora essa presença seja evidente nas estratégias argumentativas freudianas, talvez ela seja ainda maior "nas entrelinhas do texto de Freud ..." (Mezan, 2007, p. 343). De todo modo, vê-se que esses autores (bem como, o longo excerto freudiano reproduzido anteriormente) conferem robustez às nossas suspeitas a respeito da ampla influência de Darwin sobre o pensamento freudiano – mesmo que Freud, por vezes, não desse sinais de estar cônscio dela. Isso indica que se pode encontrar na obra deste autor ecos darwinianos, até mesmo nas reflexões que se distanciam da biologia – donde a constatação de Figueiredo (1999) a respeito da importância da biologia, a qual "não pertence apenas ao passado epistemológico da psicanálise, nem funciona apenas como parte do horizonte externo das produções freudianas, mas integra o próprio corpo do pensamento psicanalítico..." (p. 51). Portanto, ao fornecerem valiosas pistas a respeito do naturalismo freudiano, todas essas considerações permitem entrever que a ligação entre as teorias de Freud e de Darwin é ainda mais forte e profunda do que as referências textuais nos permitem enxergar.

Todavia, é apenas graças a tais referências que isso pode ser entrevisto. Assim, se nos permitimos ultrapassar muito brevemente o domínio delas, foi com o intuito de indicar que elas nos fornecem subsídios para que os contornos da filiação entre Freud e Darwin sejam alicerçados sobre bases seguras.

À guisa de conclusão

A partir da análise que empreendemos, pode-se concluir que o recurso pouco explorado, embora evidente, das menções de Freud a Darwin se mostra profícuo, na medida em que fornece sólidas indicações de que o fundador da psicanálise buscou no evolucionista inglês não apenas subsídios conceituais a respeito da dinâmica anímica do homem – desde a importância do patrimônio instintivo deste na determinação de suas ações a preceitos sobre seu funcionamento afetivo –, como também um modelo de teorizar.

Embora essa via escolhida por nós tenha apontado balizas epistemológicas que nos parecem importantes, investigações futuras e de escopo mais abrangente devem ser realizadas a fim de precisar a posição epistêmica de Freud e, nomeadamente, seu naturalismo. Dessa forma, as referências do autor a Darwin são significativas, mas não fornecem mais que indicações. Por conseguinte, poderíamos considerá-las uma espécie de propedêutica à investigação do naturalismo freudiano.

Mesmo assim, tendo em vista os objetivos a que nos propusemos, nosso critério de análise é suficiente, uma vez que permite demonstrar que Darwin acompanha etapas fundamentais da teorização freudiana. De fato, percebemos que a natureza dúplice do referente darwiniano na obra de Freud atrela-se ao amadurecimento da própria teoria freudiana. No início, Freud, preocupado em erigir sua teoria, buscou em Darwin, sobretudo, hipóteses de trabalho, como se necessitasse do amparo do autor britânico. A partir do momento em que o edifício psicanalítico se revelou mais bem assentado, Freud, interessado em avaliar o resultado de sua própria teoria, reconheceu em Darwin um aliado epistêmico, pronunciando-se sobre as semelhanças que via entre a sua ciência e a do evolucionista inglês. Esse movimento de transformação da temática darwiniana na obra freudiana acompanha, portanto, o percurso da própria psicanálise.

Referências

Assoun, P. L. (1983). *Introdução à epistemologia freudiana*. Imago.

Assoun, P. L. (1996a). Freudisme et darwinisme. In P. Tort (Org.). *Dictionnaire du darwinisme et de l'évolution* (pp. 1741-1763). PUF.

Assoun, P. L. (1996b). *Metapsicologia freudiana: uma introdução*. Jorge Zahar.

Darwin, C. (1974). *A origem do homem e a seleção sexual*. Hemus. (Trabalho original publicado em 1871).

Darwin, C. (2000). *Autobiografia 1809-1882*. Contraponto. (Trabalho original publicado em 1887).

Darwin, C. (2009). *A expressão das emoções no homem e nos animais*. Companhia das Letras. (Trabalho original publicado em 1872).

Ellenberger, H. F. (1970). *The discovery of the unconscious: the history and evolution of dynamic psychiatry*. Basic Books.

Figueiredo, L. C. (1999). As províncias da angústia (Roteiro de viagem). *Revista Latino-Americana de Psicopatologia Fundamental*, 2(1), 159-163.

Freud London Museum. Archive Catalogues. Disponível em: https://www.freud.org.uk/collections/archives/.

Freud, S. (1987). Overview of the transference neurosis. In I. Grubrisch-Simitis (Ed.). *A phylogenetic phantasy*. Harvard University Press. (Trabalho original publicado em 1915).

Freud, S. (2001). Totem and Taboo. In *The standard edition of the complete psychological works of Sigmund Freud*. (Vol. 13, pp. 1-162). Vintage. (Trabalho original publicado em 1913[1912]).

Freud, S. (2001b). A difficulty in the path of psycho-analysis. In *The standard edition of the complete psychological works of Sigmund Freud*. (Vol. 17, pp. 135-144). Vintage. (Trabalho original publicado em 1917b [1916]).

Freud, S. (2001c). An autobiographical study. In *The standard edition of the complete psychological works of Sigmund Freud*. (Vol. 20, pp. 1-74). Vintage. (Trabalho original publicado em 1925b [1924]).

Freud, S. (2001d). Beyond the pleasure principle. In *The standard edition of the complete psychological works of Sigmund Freud*. (Vol. 18, pp. 1-64). Vintage. (Trabalho original publicado em 1920).

Freud, S. (2001e). Contribution to a questionnaire on reading. In *The standard edition of the complete psychological works of Sigmund*

Freud. (Vol. 9, pp. 245-247). Vintage. (Trabalho original publicado em 1906).

Freud, S. (2001f). Group psychology and the analysis of the ego. In *The standard edition of the complete psychological works of Sigmund Freud*. (Vol. 18, pp. 65-143). Vintage. (Trabalho original publicado em 1921).

Freud, S. (2001g). Inhibitions, symptoms and anxiety. In *The standard edition of the complete psychological works of Sigmund Freud* (Vol. 20, pp. 87-172). Vintage. (Trabalho original publicado em 1926).

Freud, S. (2001h). Introductory lectures on psycho-analysis. In *The standard edition of the complete psychological works of Sigmund Freud*. (Vol. 22, p. 1-182). Vintage. (Trabalho original publicado em 1933[1932]).

Freud, S. (2001i). Jokes and their relation to the unconscious. In *The standard edition of the complete psychological works of Sigmund Freud* (Vol. 8). Vintage. (Trabalho original publicado em 1905).

Freud, S. (2001j). Moses and monotheism. In *The standard edition of the complete psychological works of Sigmund Freud* (Vol. 23, pp. 1-207). Vintage. (Trabalho original publicado em 1939[1934-1938]).

Freud, S. (2001k). New introductory lectures on psychoanalysis. In *The standard edition of the complete psychological works of Sigmund Freud* (Vol. 22, pp. 1-182). Vintage. (Trabalho original publicado em 1933[1932]).

Freud, S. (2001l). On the history of the psycho-analytic movement. In *The standard edition of the complete psychological works of Sigmund Freud*. (Vol. 14, pp. 1-66). Vintage. (Trabalho original publicado em 1914).

Freud, S. (2001m). Project for a scientific psychology. In *The standard edition of the complete psychological works of Sigmund Freud*

(Vol. 1, pp. 281-387). Vintage. (Trabalho original publicado em 1950[1895]).

Freud, S. (2001n). The psychopathology of everyday life. In *The standard edition of the complete psychological works of Sigmund Freud* (Vol. 6). Vintage. (Trabalho original publicado em 1901).

Freud, S. (2010). The resistances to psycho-analysis. In *The standard edition of the complete psychological works of Sigmund Freud*. (Vol. 19, pp. 211-222). Vintage. (Trabalho original publicado em 1925a[1924]).

Freud, S. (2001p). Thoughts on war and death. In *The standard edition of the complete psychological works of Sigmund Freud*. (Vol. 14, pp. 273-302). Vintage. (Trabalho original publicado em 1915).

Freud, S. & Breuer, J. (2001). Studies on hysteria. In *The standard edition of the complete psychological works of Sigmund Freud*. (Vol. 2). Vintage. (Trabalho original publicado em 1893-1895).

Gould, S. J. (2002). *The structure of evolutionary theory*. Belknap Press of Harvard University Press.

Lorenz, K. (2009). Prefácio. In C. Darwin. *A expressão das emoções no homem e nos animais* (pp. 7-10). Companhia das Letras.

McGuire, W. (1993). *A correspondência completa de Sigmund Freud a Carl G. Jung*. Imago.

Mezan, R. (2007). Que tipo de ciência é, afinal, a psicanálise? *Natureza Humana*, 9(2), 319-359.

Monzani, L. R. (1990). A "fantasia" freudiana. In B. Prado Jr. (Org.). *Filosofia da psicanálise* (pp. 73-107). Brasiliense.

Richards, A. (2001). Indexes and bibliographies. In *The standard edition of the complete psychological works of Sigmund Freud* (Vol. 24). Vintage.

Ritvo, L. B. (1972). Carl Claus as Freud's professor of the new Darwinian biology. *The International Journal of Psychoanalysis*, 53 (2), 77-283.

Ritvo, L. B. (1965). Darwin as the source of Freud's Neo-Lamarckism. *Journal of the American Psychoanalytic Association*, 13(3), 499-517.

Ritvo, L. B. (1974). The impact of Darwin on Freud. *The Psychoanalytic Quarterly*, 43(2), 177-192.

Ritvo, L. B. (1992). *A influência de Darwin sobre Freud*: um conto de duas ciências (J. C.C. Guimarães, trad.). Rio de Janeiro: Imago.

Shapiro, T. (1999). Foreword. *International Journal of Psychoanalysis*. 80(2), 275-276.

Simanke, R. T. (2009). A psicanálise freudiana e a dualidade entre ciências naturais e ciências humanas. *Scientiae Studia*, 7(2), 221-236.

Souza, P. C. (2010). *As palavras de Freud: o vocabulário freudiano e suas versões*. Companhia das Letras.

Strachey, J. (2001a). Editor's note. In S. Freud. *The standard edition of the complete psychological works of Sigmund Freud*. (Vol. 13, p. ix-xii.). Vintage.

Strachey, J. (2001b). Editor introduction. In S. Freud. *The standard edition of the complete psychological works of Sigmund Freud*. (Vol. 20, pp. 77-86). Vintage.

Sulloway, F. J. (1992). *Freud, biologist of the mind – beyond the psychoanalytic legend*. Harvard University Press. (Trabalho original publicado em 1979).

Shapiro, T. (1999). Foreword. *The International Journal of Psychoanalysis*, 53(2), 77-283.

10. Revolução científica e condições de possibilidade da psicanálise: sobre a presença de Husserl em *A ciência e a verdade*[1]

João Geraldo Martins da Cunha
Léa Silveira

> *A taça está para Dionísio*
> *assim como o escudo está para Ares;*
> *assim, a taça pode ser descrita*
> *como o "escudo de Dionísio".*
>
> (Aristóteles, *Poética* 1457b 16-22)

Lacan fornece aquilo que, a seu ver, pode ser pensado como a chave filosófica para a compreensão do modo como a experiência psicanalítica torna-se possível em *A ciência e a verdade* (1966/1998). Pelo

---

[1] Este capítulo foi publicado originalmente na revista *Ética e Filosofia Política*, *1*(20), em junho de 2017. Parte dos argumentos diretamente dedicados a Lacan está em Silveira, L. (2019). "On body, knowledge and truth: Referrals to explore the philosophical conditions of possibility of psychoanalytic experience". In V. Sinclair (Org.). *Rendering unconscious*. Trapart.

nome de Descartes, é à chamada *nova física*, inaugurada por Galileu, que ela se refere. Como sabemos, a hipótese central deste texto é a de que o sujeito da psicanálise é o sujeito da ciência moderna. É muito significativo, nesse sentido, que as primeiras palavras de Lacan estejam dedicadas a explicitar que não basta que a divisão do sujeito seja, para o psicanalista, um "fato empírico" (1966/1998, p. 869). Isso quer dizer, exatamente, que algo se passa, não no mero nível da apreensão dos fenômenos (como se ela fosse possível desde um ponto de neutralidade ideal), mas no nível de um acontecimento do pensamento que condiciona a abordagem do inconsciente a partir de um território científico. Isso porque Lacan defende não ter havido uma ruptura de Freud com o cientificismo de sua época, pelo contrário: exatamente por se inserir aí é que ele teria sido capaz de fundar a psicanálise (1966/1998, p. 871). Tal acontecimento de pensamento registra-se, para Lacan, em torno do *cogito*, na medida em que ele é um momento do sujeito enquanto correlato essencial da ciência. Ao implicar uma dissociação entre saber e verdade, ou entre conhecimento e certeza, o *cogito* deve ser tomado como condição de possibilidade da psicanálise. Essa, sustenta o autor, é marcada essencialmente pelo cientificismo que resulta da dissociação entre saber e verdade, produzida pela ciência moderna e expressa metafisicamente no *cogito*. A divisão do sujeito que a psicanálise conduz ao centro de sua reflexão é, ele o diz, uma divisão entre saber e verdade, e a leitura de Descartes lhe teria permitido situar a questão com esses termos (Lacan, 1966/1998, p. 870) porque é com a suspensão de todo saber prévio que se alcança, na reflexão metafísica, a indicação da verdade sob a forma subjetiva da certeza. O sujeito é um "correlato *antinômico*" (1966/1998, p. 875) da ciência, pois, esta, por definição, não pode eliminar a ruptura (entre saber e verdade) que a própria concepção do sujeito, assim tornada possível, expressa.

Não se trata aqui, para Lacan, de responder, seja afirmativa ou negativamente, à pergunta pela inserção da psicanálise na ciência.

Trata-se, isso sim, de indicar que a questão pela cientificidade da psicanálise produz uma modificação que incide sobre a própria pergunta por aquilo que faz com que algo seja denominado ciência (1966/1998, p. 877). Também não é o caso de suspeitarmos que Lacan estivesse dizendo que as reflexões de Descartes e de Freud perteceriam a um mesmo registro. Ou seja, ele não está suprimindo, *out of the blue*, a distância que separa filosofia e psicanálise. Nesse sentido, Lacan deixa claro que o sujeito da ciência não se confunde com o sujeito que fala (1966/1998, p. 874) – isto é, não se confunde com esse lugar de conjunção entre corpo e enunciação – nem, tampouco, com o sujeito que sofre (1966/1998, p. 885), aquele que procura um analista com sua demanda e com sua dor. Mas, se é assim, se o sujeito de que se trata na psicanálise é um sujeito encarnado, e se essa relação ao corpo justamente falta no sujeito da ciência moderna, o que Lacan pretende dizer ao sustentar que este é o sujeito da psicanálise? O que ele está dizendo com isso é que a metafísica implicada na física moderna produz uma dissociação entre saber e verdade e que essa dissociação é o que permite enxergar, desde dentro de determinada tentativa de construção de um saber (tentativa cientificista, como foi a de Freud), que uma posição de sujeito resta simultaneamente alijada de e produzida por esse mesmo saber. Ainda: que a psicanálise encontra nesse gesto do pensamento a condição de possibilidade de sua pretensão (intrinsecamente paradoxal) de se constituir como saber a respeito dessa dissociação na medida em que ela se articula num corpo como lugar de desejo e de pulsão. Isso confere ao inconsciente, como objeto, uma posição paradoxal na ciência, já que ele diria dessa verdade por ela mesma desalojada. Do ponto de vista da psicanálise, a verdade que a ciência moderna exclui de modo a poder formular proposições subordinadas a critérios de quantificação e de universalidade é uma verdade investida no sujeito, porém no sujeito do inconsciente. Dessa verdade, a ciência nada quer saber (Lacan, 1966/1998, p. 889). Para Lacan, essa verdade opera como causa material desse sujeito, sendo a consideração do significante como matéria o que lhe autoriza formular isso.

***

A estrutura argumentativa que permitiria captar o sentido dessa dissociação entre saber e verdade – verdade que restará não sabida como causa do sujeito – não é, no entanto, fornecida por Lacan no texto de 1966 e precisa ser reconstruída. Uma pista importante nessa direção nos é fornecida quando Lacan nomeia seu "guia": Alexandre Koyré (Lacan, 1966/1998, p. 870).

Todo leitor de *A ciência e a verdade* sabe que, ao remeter a psicanálise à separação entre saber e verdade, Lacan a está remetendo não apenas à estratégia metódica da dúvida que se desvencilha de qualquer saber tético e da qual resultará algo indubitável, mas, crucialmente, à tese de Koyré em torno da natureza da revolução científica do século XVII, tese essa que localiza o sentido maior desta revolução na estratégia de matematização da natureza e em suas consequências: princípio da relatividade do movimento, princípio de inércia, destruição do cosmo em favor de um universo sem centro, homogeneizado ontologicamente e concebível como infinito (Koyré, 1943/1982). O que não se costuma explicitar, por outro lado, quando se trata de compreender o ponto central de *A ciência e a verdade*, é que jaz em Husserl (e, por seu intermédio, nas leituras que neokantianos fizeram de Galileu) a origem da inspiração de Koyré.[2] É nisso que reside, do ponto de vista da discussão ora proposta, a importância da pista.

Aquilo que Husserl defende nos textos compilados sob o título *A crise das ciências europeias e a fenomenologia transcendental* (1954/1976) é que a ciência moderna, com seu teor naturalista e objetivista, dá lugar a uma alteração do conhecimento – na relação do ser humano com a verdade – na mesma medida em que a técnica

---

2 De Gandt (2004) expõe a filiação do pensamento de Koyré ao de Husserl.

se desenvolve em toda a sua potencialidade pelo motivo de ser aqui respaldada pelo cálculo. Um cálculo cego, afinal; pois o preço pago pela ciência para obter conhecimento exato e quantitativo a respeito do mundo sensível foi, aos olhos de Husserl, perder de vista a dimensão da experiência intuitiva do mundo da vida. O surgimento de uma nova filosofia da natureza teria sido engendrado, sobremodo, pela distinção entre qualidades primárias (propriedades matemáticas) e qualidades secundárias (apenas indiretamente matematizáveis). Essa distinção, sendo geminada à própria possibilidade da nova física, é o instrumento de uma manobra que relega o que é próprio à experiência subjetiva à condição de mero epifenômeno do tecido da extensão. Essa, de natureza quantitativa, então tomada como aquilo que seria efetivamente real (átomos, corpúsculos, partículas em movimento). Há, assim, para Husserl, algo que se perde de um modo essencial com a racionalidade da nova física, fato constitutivo da *crise* própria à modernidade, momento e lugar conceitual que teria tornado possível o advento da psicologia empírica (ou psicofísica) e de seu objeto: o sujeito visado a partir do "objetivismo" da ciência moderna. No vocabulário da fenomenologia, isso que se perde é o "mundo da vida" [*Lebenswelt*] e diz respeito ao sujeito, a algo que lhe concerne de uma maneira verdadeira, embora não calculável. O naturalismo e o objetivismo ignorariam a exigência lógica do fundamento absoluto, assim como ignorariam – em decorrência de seu foco na técnica e no cálculo – a natureza ontológica desse fundamento (Prado Jr., 1976, p. 169).

***

Vejamos a argumentação de Husserl, em especial no parágrafo 9 da *Krisis*, intitulado "A matematização galilaica da natureza", a fim de delinear melhor os contornos do que ele caracteriza como "sujeito moderno" (ao mesmo tempo a descoberta da subjetividade, com o *cogito* cartesiano como fundamento metafísico da física e sua deturpação "psicologizante", ao ser tratado como uma *res* própria ao "objetivismo" da ciência) para, posteriormente, podermos indicar sua possível presença no "sujeito da ciência moderna" de *A ciência e a verdade*.

Se, para o platonismo, estava em jogo pensar uma participação, meramente aproximativa, do real no ideal que promovia a possibilidade de uma aplicação da geometria à realidade, para a ciência galilaica é a própria natureza que se encontra matematizada e, enquanto tal, idealizada. Com a nova ciência, a natureza passa a ser tomada como uma multiplicidade matemática e não mais como conjunto de qualidades sensíveis, cujas implicações são, de todo, decisivas; notadamente, pelo fato de que, nessa alteração fundamental, radica a constituição do sujeito moderno como uma espécie de subproduto da unificação dos entes por meio de sua planificação como índices da *verdadeira objetividade*: a multiplicidade matemática.

Galileu teria se valido da "evidência"[3] de que a geometria e a matemática nos apresentam a possibilidade de construir idealidades relativamente às figuras puras. Esse campo de idealidade garantiria que temos *um* mundo por referência, apesar dele nos ser dado na experiência sensível cotidiana de forma subjetivo-relativa; apenas o modo de aparecer, de um mundo que é o mesmo, seria divergente para cada um e cada uma de nós. O que estava implicado nessa "evidência"

---

3 Na tradução da obra de Hursserl (1954/2012) para o português, Diogo Ferrer optou por "obviedade" para traduzir *Selbstverständlichkeit* (p. 17); a tradução francesa verte o termo alemão por *évidence*, embora esse termo deva traduzir mais diretamente do alemão *Evidenz*. De todo modo, cabe destacar o sentido filosófico decisivo que o vocábulo tem para Husserl no contexto da Krisis: seu diagnóstico pretende, dentre outras coisas, indicar exatamente o quanto certas "evidências" (*Selbstverständlichkeiten*) que se instauraram na história do pensamento moderno constituem os pressupostos não analisados, e muito pouco explicitados, dessa mesma história e que, por isso mesmo, revelam, a contrapelo, o caráter insatisfatório da pretensa "objetividade" nelas fundamentadas (Husserl, 1954/1976, p. 87).

e que outras "evidências" se somam a ela? A imaginação, argumenta Husserl, só pode "transformar formas sensíveis em outras formas sensíveis" (Husserl, 1954/1976, p. 29) segundo uma gradação em torno de um tipo puro, de modo que o aperfeiçoamento imaginável das formas sensíveis aponta para formas-limite que se tornaram um legado da humanidade graças a um método de idealização e de construção elaborado historicamente, cujo uso implica uma socialização intersubjetiva do espaço (Husserl, 1954/1976, p. 30).

O método geométrico pré-galilaico de determinação dessas formas ideais remete, segundo Husserl, ao método da agrimensura e, de modo geral, à mensuração, cuja arte descobre, de modo prático, a possibilidade de escolher como padrão de medida certas formas empíricas fundamentais – ou seja, formas sensíveis transmutadas em outras formas sensíveis pela imaginação. Quando esse interesse prático se transformou em interesse puramente teórico, "a arte da medição empírica, com sua função objetivadora empírico-prática, foi idealizada e converteu-se, então, no procedimento do pensar puramente geométrico [...]." (Husserl, 1954/1976, p. 33). Galileu encontrou, assim, já uma geometria pensada como "meio para a técnica", aplicada mediante subordinação aproximada das formas sensíveis da experiência cotidiana à idealidade das formas-limite. Em outras palavras, a arte empírica da medida teria sido uma espécie de idealização intermediária para a instituição do "pensamento puramente geométrico", preparando, assim, a via para Galileu, isto é, para uma geometria absolutamente universal e seu "mundo" de puras formas-limite (1954/1976, p. 33). O espaço geométrico não seria mais um espaço "imaginado", mas construído segundo a razão (p. 29).

Segundo o diagnóstico da *Krisis*, então, com Galileu, se inicia uma revolução, no sentido de uma inversão do procedimento cognitivo, segundo a qual a referência "objetiva" de nossos pensamentos passou a ser uma idealidade à qual o mundo subjetivo-relativo, o mundo da vida, teria de se aproximar indefinidamente; em outras palavras, com Galileu, teria ocorrido tanto uma matematização *direta* das formas sensíveis, quanto uma matematização *indireta* das próprias qualidades sensíveis. Esse platonismo renovado (Husserl, 1954/1976, p. 12 e ss.) faria nascer um ideal de conhecimento rigoroso, com Descartes e, depois dele, como uma *mathesis universalis* cujas consequências seriam particularmente catastróficas para a compreensão da subjetividade.

Segundo esse diagnóstico de Husserl, a geometria, tomada na ingenuidade da evidência apriorística, determina o pensamento de Galileu e o conduz à ideia de uma nova física, uma física cujo objeto, o que há de "objetivo", é uma multiplicidade matemática e não mais o mundo da vida subjetivo-relativo da experiência cotidiana, de tal sorte que, nesta matematização da natureza, o conhecimento racional deixa de ter sentido para o homem e para sua experiência pré-científica do mundo. Partindo da ideia de que a geometria favorecia uma determinação *unívoca* do mundo, Galileu teria procedido ao raciocínio de que esse método teria a capacidade de alcançar uma verdade não relativa, de promover o conhecimento de um ente verdadeiro em si mesmo, de sobrepujar a relatividade das apreensões subjetivas, relatividade intrínseca ao mundo da intuição empírica. No entanto, essa geometria pura, diz Husserl, só se relaciona com o mundo corporal mediante uma abstração, uma vez que, concretamente, as formas reais e possíveis nos são dadas na intuição empírica sensível como "'formas' de uma 'matéria'", o que significa que seriam formas de um *plenum*: o contínuo das qualidades sensíveis (Husserl, 1954/1976, pp. 34-35).

O que está em jogo aqui é, então, um duplo procedimento de matematização da natureza. Ainda em Galileu, tal procedimento teria de enfrentar uma notável dificuldade relacionada às qualidades sensíveis – ou seja, àquilo que, na experiência pré-científica da natureza, vivenciamos como "cores, sons, odor" (Husserl, 1954/1976, p. 35) –, de tal modo que, se as formas *imperfeitas* do mundo circundante ainda podiam ser tomadas, por uma gradação e aproximação infinitas, a partir das formas puras da geometria, aqueles preenchimentos materiais que integram concretamente os corpos, por sua vez, não parecem, à primeira vista, passíveis da mesma operação; ou seja, tais qualidades não se apresentam como *diretamente* matematizáveis. No entanto, se o *telos*[4] imanente dessa revolução galilaica está numa nova física, numa física *matemática* da natureza, cujo ganho residiria exatamente na substituição de uma física aristotélica das qualidades por uma "objetividade" matemática segundo a qual só deve haver *um* mundo "por detrás" das aparências apreendidas na experiência subjetiva e relativa do mundo da vida, então, impunha-se a tarefa de uma matematização radical.

A solução de Galileu, sustenta Husserl, é supor que as qualidades sensíveis descartadas pela abstração e não relacionadas diretamente a uma idealidade construível infinitamente devem se tornar *indiretamente* matematizáveis: tudo o que aparece como real nas qualidades sensíveis deve possuir seu "índice matemático" relativamente às formas (já idealizadas com a matematização "direta" da natureza); em outras palavras, tudo se passa como se esta remissão do fluxo da experiência subjetiva e relativa a um índice matemático indicasse que as qualidades sensíveis não seriam senão o resíduo psicológico do verdadeiro mundo objetivo, esse mundo de "objetividades ideais determináveis de modo metódico e absolutamente unívoco" (Husserl,

---

4 Cabe destacar que o *telos* propriamente dito da modernidade, para Husserl, seria a descoberta da "verdadeira subjetividade" com a fenomenologia transcendental (cf., por exemplo, § 26 *Krisis*, notadamente, p. 113). No entanto, se o vocabulário pode ajudar na compreensão da interpretação da *Krisis*, por analogia, não será despropositado falar da instauração da física moderna, especialmente de seu "objetivismo", como um *telos* a partir do qual podemos interpretar a revolução galilaica.

1954/1976, p. 37). A "matematização indireta" da natureza foi, assim, a solução para a exigência de que também as qualidades sensíveis se submetam àquilo a que são arredias: as "formas puras" da matemática. Precedida pela matematização "direta" das formas sensíveis, ao "postular" a "unicidade" do mundo objetivo das multiplicidades matemáticas, foi ela que, no final das contas, tornou possível uma ciência quantitativa da natureza (por garantir a "unicidade" de uma multiplicidade matemática para um mundo que, doravante, seria complacente à previsão das "hipóteses" científicas) e, consequentemente, a instauração do modo pelo qual a "objetividade" da ciência moderna irá tomar o "sujeito" como correlato dessa mutiplicidade matemática. Por esta via, ao mesmo tempo que o sujeito se põe, com Descartes, como condição metafísica da física, seu tratamento será enviesado por essa mesma física, por seu *objetivismo*, de tal modo que a *verdadeira subjetividade* permaneceria apenas latente até o advento da fenomenologia transcendental.

Assim, para que seja possível conhecer o mundo cientificamente, torna-se necessário elaborar um método que, na verdade, o *construa* sistematicamente. Como a ciência galilaica faz isso? Em primeiro lugar, ela cria uma totalidade infinita de objetividades ideais determináveis de maneira unívoca e decidida *a priori*. Essa infinidade de objetos é pensável "[...] precisamente por ser construível *ex datis* no seu ser-em-si objetivamente verdadeiro, pelo seu método que não é somente postulado, mas efetivamente criado, um método de produção apodítica" (Husserl, 1954/1976, p. 38). Em segundo lugar, o cálculo permite alcançar um conhecimento da realidade da intuição que é um conhecimento por "*aproximação* às idealidades que são próprias à matemática" (p. 38). As coisas que se apresentam à nossa intuição empírica são *res extensae* e, sobre elas, a humanidade tornou-se, a partir daí, capaz de fazer uma antecipação indutiva de natureza completamente nova: pode agora calcular, a partir dos dados conhecidos, aqueles que são desconhecidos.

Assim, o diagnóstico husserliano parece já nos indicar uma consequência decisiva do platonismo "renovado" de Galileu: o processo de matematização da natureza, notadamente a matematização "indireta" já mencionada, garantiria a *unicidade* do mundo – como mera multiplicidade matemática –, que, por sua vez, tornaria possíveis as "hipóteses"[5] com as quais podemos operar objetivamente na construção do conhecimento. Desse modo, Husserl já começa a indicar um dos elementos fundamentais – senão o mais importante – para a *crise* oriunda e própria da modernidade (da qual somos herdeiros). Afinal, esse mundo objetivo da multiplicidade matemática, passível de ser visado e recortado por meio de *hipóteses* científicas, não sendo o mundo de nossa experiência cotidiana do relativo-subjetivo, não pode indicar qualquer sentido para o ser humano e sua consciência pré-científica. A grande inflexão da ciência moderna seria, então, a seguinte: em vez de a geometria ser aplicada *a partir* da experiência das formas empíricas, ela passa a ser aplicada *a priori*. Ela não é mais um meio para uma técnica; converte-se em método geral para o conhecimento das realidades *objetivas* de um mundo tomado meramente como multiplicidade matemática.

Como se vê, segundo o diagnóstico de Husserl, a crise moderna tem muito pouco a ver com a eficácia da ciência, com seus resultados técnicos,[6] mas está relacionada, antes, com a perda de sentido que essa ciência implica. Perda de sentido na medida em que seus resultados não têm mais nada a dizer sobre a experiência cotidiana e pré-científica que temos no "mundo da vida" e que, por assim dizer, instauram um "novo" sujeito. Em outras palavras, o advento da ciência moderna funda uma cisão sub-reptícia (porque não reconhecida imediatamente segundo as evidências e prejuízos próprios à modernidade) entre o mundo da vida e a objetividade científica.

---

5   Cf. o item b do §9.
6   Cf. os parágrafos 1 e 2.

A ciência moderna produz uma subjetividade concernida com um mundo de objetividades ideais que não fazem sentido para sua experiência cotidiana, no mundo da vida, no qual as coisas são mais ou menos retas, mais ou menos curvas. Mais ainda, no desdobramento dessa revolução, posterior a Galileu e Descartes, esse sujeito será analisado, segundo os preceitos próprios a essa objetividade ideal, *enquanto* mecanismo de memória, associação de ideias etc.; ou seja, ele se torna objeto de uma psicologia empírica. Reduzida a uma instância psicológica a ser codificada apenas por uma psicologia empírica, a subjetividade foi tomada pelo objetivismo moderno como um subproduto de seu método; porém, na mesma medida em que essa consideração não é mais do que uma das evidências daquele objetivismo, acaba por lhe escapar sua espessura "egológica" mais fundamental.[7] Dessa cegueira própria à objetividade ideal, resulta a crise de sentido que acompanharia a história da modernidade e a falta de clareza quanto ao estatuto da subjetividade contida no *cogito* cartesiano.

É bem verdade que, nos desdobramentos histórico-conceituais do diagnóstico proposto por Husserl, a filosofia transcendental, em particular aquela de Kant, constitui a primeira tentativa de superação dessa situação, exatamente mediante o esforço de nuançar a diferença e a tensão entre o eu psicológico (tal como considerado a partir do objetivismo da ciência moderna, particularmente pela psicologia empírica) e uma egoidade transcendental anterior à objetividade científica que, exatamente por isso, teria por função fundá-la. De todo modo, não deixa de ser sintomático o fato de que a instauração da ciência matemática da natureza com Galileu e Descartes é quase paradoxal conforme instaura um sujeito que deveria ser o fundamento,

---

7   Cf. Moura (2001a): "A psicologia nunca poderia apreender o 'elemento subjetivo', já que o 'psíquico' que ela circunscreve como seu domínio é apenas a contrapartida abstrata do 'físico', é apenas uma retomada do dualismo cartesiano no qual ela desde a origem se assentou" (p. 214).

o solo apodítico a partir do qual a "objetividade científica" poderia se instituir, mas que, ao mesmo tempo, não é já, senão, um produto desta mesma objetividade. Em outras palavras, embora o *cogito* indique a descoberta incontornável de uma instância que se põe como condição transcendental da física, já o próprio Descartes teria contribuído para a perda dessa descoberta, uma vez que o equiparou à multiplicidade matemática do mundo, ao tomá-lo como *res*.[8]

Para além do fato de que esse processo de formalização se intensificou com a própria aritmetização da geometria, com Leibniz e Newton, e que o cálculo veio a impor drasticamente um *esvaziamento de sentido* em favor de um pensamento confinado a tomar o mundo como "objetos em geral" (Husserl, 1954/1976, pp. 51-52) – inclusive o próprio sujeito –; o que é espantoso, ainda segundo Husserl, é o fato de que a ideia de ciência em Galileu é uma *hipótese*, e uma hipótese muito peculiar, uma vez que sua confirmação se daria por um processo "infinito de confirmações" (p. 48). Além disso, mais espantoso ainda seria o fato de que este "processo infinito de aproximação" (p. 49) a um saber final e absoluto – que, enfim, englobaria a totalidade do real na objetividade da exatidão matemática – permaneceu como um pressuposto não questionado ao longo da modernidade na exata medida em que a subjetividade, que é sua condição, permaneceu enfocada apenas a partir da objetividade científica e, portanto, tomada, equivocadamente, como mero sujeito psicológico, como uma *res*. Em outras palavras, ao se colocar como tarefa infinita, essa roupagem dos símbolos mascara o mundo da vida de tal modo que faz com que

---

8 Cf. o §18 da *Krisis* e Moura (2001a): "Se Descartes é o iniciador da 'verdadeira filosofia', é apenas quanto ao 'começo do começo'. Na verdade, ele se detém na 'entrada' da filosofia transcendental, para a qual, entretanto, ele abriu o caminho. E o balanço geral de Husserl será severo: Descartes representa um 'desastre', na medida em que o 'dualismo' determina e extravia o futuro, fazendo com que, 'durante séculos', ninguém se pergunte se, em relação à esfera egológica, um 'exterior' poderia ter algum sentido." (p. 212).

tomemos pelo verdadeiro ser aquilo que é um *método* (p. 60), método a ser, então, estendido a qualquer projeto de descrição racional do mundo, inclusive para o tratamento daquilo que, a princípio, deveria ser seu fundamento, a subjetividade transcendental: essa teria sido a tarefa paradoxal da psicologia moderna e, por isso mesmo, a razão de seu fracasso.

Nos desdobramentos posteriores ao parágrafo 9 da *Krisis*, Husserl enfatiza, pelo menos, duas consequências decisivas desse pressuposto para o tema da constituição da subjetividade moderna: em primeiro lugar, a doutrina segundo a qual as qualidades sensíveis não são, senão, modulações psíquicas do "verdadeiro" mundo objetivo; em segundo, como o sujeito foi reduzido, por conta do *método* objetivo da ciência, a um elemento dessa multiplicidade matemática que dá unicidade ao único mundo objetivo que a razão deveria considerar, então a psicologia só pôde se apresentar como uma "antropologia psicofísica" (p. 72). Os sintomas dessa ambiguidade própria ao processo de naturalização do psíquico que atravessa a modernidade filosófica podem ser indicados nas várias tentativas de "investigação sobre o entendimento humano" ou "críticas da razão" (p. 72) que lhe são tão caras. De todo modo, ainda que, em alguns momentos, a razão moderna tenha levantado suspeitas acerca dessa redução psicofísica da subjetividade, notadamente com a descoberta do *cogito* por Descartes e com a inflexão transcendental de tal descoberta em Kant, a verdadeira subjetividade transcendental nunca teria sido efetivamente desvelada, senão por sua própria (de Husserl) fenomenologia transcendental. Em outras palavras, a viragem do objetivismo científico em direção à subjetividade transcendental (p. 79), a verdadeira subjetividade, significa que a "forma final da psicologia" deverá ser a filosofia transcendental como fenomenologia (p. 82).[9]

---

9 Cf. Moura (1989): "É verdade que o psicólogo, ao exercer a *epoché* da validade frente aos objetos percebidos, distanciava-se da atitude natural ao dirigir seu

***

O que está em jogo na *Krisis*, é claro, é bem diferente daquilo que está em jogo na psicanálise. Não só porque, para Husserl, a dimensão perdida envolve, de modo irrevogável e constitutivo, a consciência intencional, mas porque a psicanálise exige a entrada em cena de *outra dimensão* de subjetividade. Motivos, ademais, convergentes: essa outra dimensão da subjetividade que entra em cena com a psicanálise é aquela que põe em xeque o próprio acesso da consciência a si mesma num registro distinto daquele da fenomenologia transcendental de Husserl. A paradoxal *experiência* freudiana irá, como sabemos, digladiar-se com o sintoma, com o sonho, com a loucura; irá enfrentar o registro pulsional do que a constitui. Mas isso não nos impede de perceber a existência de um paralelo muito evidente entre, de um lado, saber e verdade, em Lacan e, por outro, técnica e conhecimento no Husserl da *Krisis*, ou melhor, entre saber e verdade como distinção que institui o "sujeito da ciência moderna" com a oposição entre o "objetivismo" da ciência matemática da natureza e a subjetividade transcendental, na medida em que, em ambos os casos, parece haver a denúncia de um encobrimento da subjetividade que se revela, desde seu nascimento, numa espécie de crise constitutiva da qual a psicologia empírica parece ser o sintoma mais evidente; psicologia que, de um modo ou de outro, deve ser superada em direção a algo distinto daquilo que essa psicofísica poderia revelar. Algo

---

interesse aos modos de manifestação (*Erscheinungswesen*) subjetivos do objeto. Mas ao não exercer uma redução *universal*, ele permanecia apreendendo a subjetividade como alma, como uma região do mundo, a partir do que era o outro 'prejuízo' da atitude natural que entrava pela porta dos fundos... Se a existência do objeto não interessava em nada à análise do psicólogo, nem por isso ele deixava de apreender esse objeto como um em-si, como um conteúdo distinto das manifestações, situado no exterior da 'região' consciência. [...] Ora, é essa contraposição entre mundo e representação, que caracteriza a psicologia e a atitude natural, que a *epoché* transcendental vai colocar em questão." (pp. 166-167).

que, para Lacan, acenaria para o lugar da psicanálise enquanto, para Husserl, indicaria a necessidade da fenomenologia transcendental. Esse paralelo, aliás, encontra eco no fato de Descartes ser visto por ambos os autores como alguém que, após ter tido uma intuição fundamental, recuou dela.[10] Pensamos ser possível defender a partir dessas diretrizes mínimas que, mais do que Koyré, é Husserl quem nos permite compreender um pouco melhor o que está em jogo quando Lacan afirma coisas como "[...] a forma lógica dada a esse saber [o da ciência moderna] inclui a modalidade da comunicação como suturando o sujeito que ele implica" (1966/1998, p. 891).

***

Lacan sinaliza insistentemente que a "forclusão" efetivada pela ciência moderna mobiliza dois pilares. A exclusão da verdade relativamente ao saber, exclusão em que ela se identifica com o lugar de causa, exige da psicanálise (sempre paradoxalmente) uma forma de visar o sujeito e uma forma de visar o objeto.

Com relação ao primeiro, Lacan insiste em que o sujeito inerente à ciência moderna, que é o sujeito da psicanálise, rompe com qualquer referência humanista (p. 871), o que significa, entre outras coisas, que não se submete a nenhuma estratégia de psicologização (p. 874). É o estruturalismo que torna esse sujeito pensável para a psicanálise exatamente porque é ele que traz à tona a possibilidade de compreender o funcionamento do significante como causa material. É claro que isso acarreta um enorme problema, uma vez que os estruturalismos

---

10 Cf. o §18 da *Krisis*, especialmente a p. 93, e Lebrun (2006): "Husserl jamais perde a ocasião de proclamar sua admiração pelo pai fundador do 'subjetivismo transcendental' e pelo 'novo tipo de filosofia' inaugurado pelas Meditações [...], [porém] Se Descartes descobre o ego cogito e se ele se interroga acerca da natureza desse ego, é para responder: '*mens sive animus sive intellectus*', quer dizer, para interpretá-lo como um '*residuum* do mundo', um 'fragmento do mundo'" (p. 253). Quanto a esse ponto em Lacan, cf. os parágrafos seguintes.

tendem a negligenciar, ou mesmo suprimir, a subjetividade (nisso, acompanhando estritamente, diga-se de passagem, o ideal da ciência moderna). Por isso, Lacan afirma que o sujeito está numa "exclusão interna" relativamente ao objeto do estruturalismo (p. 875), que obviamente é a linguagem. Se é assim, não restará ao psicanalista outro encaminhamento a não ser tomar o sujeito como ponto de desaparecimento diante do significante. É a esse preço que o sujeito pode, no registro da psicanálise, ser ao mesmo tempo mantido e despsicologizado. À luz disso, devemos compreender as referências de Lacan a Descartes no final do *Seminário 11* – ou seja: naquelas lições que ele diz expressamente tomar como ponto de partida para *A ciência e a verdade* e nas quais lemos, por exemplo, que o erro de Descartes foi tentar fazer da certeza um saber, isto é, "não fazer do *eu penso* um simples ponto de desvanecimento" (Lacan [1964]1973, p. 204). A psicanálise só se torna possível "certo tempo depois da emergência do sujeito cartesiano" (p. 47) porque, essa referência à subjetividade, o Ocidente a deve a Descartes, e não a Freud, tendo cabido a este efetuar aí um deslocamento:

> *Não digo que Freud introduz o sujeito no mundo – o sujeito como distinto da função psíquica, a qual é um mito, uma nebulosa confusa – uma vez que é Descartes quem faz isso. Mas direi que Freud se endereça ao sujeito para lhe dizer o seguinte, que é novo* – Aqui, no campo do sonho, estás em casa [...] *(Lacan, [1964]1973, p. 45).*

À psicanálise importa acompanhar o filósofo na introdução do sujeito desde que possa indicar que: 1) esse sujeito possui uma consistência mínima como ponto de enunciação cujo lugar se repete, sem refletir, não obstante, nenhuma substância; 2) que o sujeito cuja introdução se trata de reconhecer na modernidade *a partir do fato dele ser excluído pela ciência* não corresponde a um ideal de transparência do eu em relação a si mesmo, mas está implicado nas formações do inconsciente; 3) a respeito desse sujeito, *consequentemente*, não se pode construir um conhecimento conforme o modelo então assumido para o que se pretende que seja conhecimento.

A despeito dessas indicações, um leitor não familiarizado com o pensamento lacaniano talvez venha se perguntando algo como: não seria de se esperar que a psicanálise virasse as costas para o *cogito*, esse ponto originário da *filosofia da consciência*?[11] Por que Descartes se torna necessário para Lacan? O sujeito do inconsciente é, para o psicanalista, o *cogito* não tanto porque as proposições da ciência moderna, ao serem formuladas sob o ideal de universalidade, exijam uma subjetividade formal "purificada de todo conteúdo e substância",[12] mas porque um pensamento implica, a seu ver, um lugar a partir do qual se pensa, ainda que tal pensamento seja inconsciente. Tal lugar, concebido a partir da estrutura da linguagem e da noção de significante é o que Lacan chama de sujeito.[13] O que é universal aqui é apenas a ideia de "lugar" e a forma pela qual ele se estrutura e se repete. Que se fale, isso implica: 1) o direcionamento de um corpo ao campo da linguagem; 2) um lugar de alteridade radical, que Lacan nomeia "Outro"; 3) a divisão daquele que fala entre *je* e *moi*; 4) a tentativa de imaginarizar o interlocutor; 5) a inserção do desejo numa fantasia que circunscreve o lugar vazio do objeto; 6) o investimento da fala por um movimento pulsional. Esse lugar, marcado nessa estrutura, manifesta-se com aquela certeza paradoxal que é experimentada com as formações do inconsciente.

---

11 Essa pergunta é colocada por Dolar (1998) em *Cogito as the subject of the unconscious*. Nesse texto, o autor apresenta os diversos momentos da reflexão de Lacan sobre o cogito, buscando mostrar quais problemas conduziram a quais inflexões nesse percurso.
12 Ao contrário do que defende, nesse ponto, Dolar, 1998, p. 15.
13 Pelo menos até o momento de escrita de *A ciência e a verdade*.

O outro pilar daquilo que é excluído pela ciência moderna é a forma de visar o objeto. O modo de sua consideração não poderá ser desvencilhado de uma experiência de perda no sentido de ser uma perda aquilo que, para a psicanálise, é fundante de qualquer experiência. A ciência moderna, diz Lacan, produz um objeto cujo estatuto ainda não teria sido elucidado (Lacan, 1966/1998, p. 869). Esse objeto (que Lacan nomeia "objeto *a*") é um objeto de perda; não de uma perda empírica, mas de uma perda desde sempre havida. Para Lacan, a fantasia de se ter perdido um objeto precisa ser reconhecida *em seu estatuto de fantasia* e, portanto, como algo que já se constitui como defesa. Trata-se de uma defesa contra uma condição mais fundamental de falta – não a falta de um objeto, um objeto que teria sido perdido, mas falta de ser, que antecederia qualquer ideia relacionada a qualquer objeto, seja ele considerado perdido ou não. Quando nos referimos à existência de um corpo, nessa existência, a linguagem já está implicada e a ruptura entre significante e coisa deve contar como prévia àquilo que vai aparecer como existência. Por isso, a condição de perda antecede tanto a noção de objeto quanto o lugar do objeto na fantasia. A ponderação de uma perda *a priori* não pode ser transferida para Freud, para quem o objeto é perdido em uma mítica vivência primária cujas premissas são empiristas. O objeto perdido, que estará em jogo nos processos de identificação, é inicialmente mobilizado por Freud como condição de possibilidade do *uso* da linguagem – portanto, como condição de possibilidade do sistema Pcs-Cs. São os esforços voltados para o restabelecimento da identidade de percepção mediante a identidade de pensamento (isto é: os esforços para reencontrar o objeto) que conduzem o aparelho a administrar os investimentos de energia de um modo tal que eles não precisem mais ser feitos massivamente; ou seja: direcionando pequenos investimentos a caminhos complexos (processo secundário), em vez de direcionar grandes investimentos a caminhos curtos (processo primário). Esta é, para Freud ([1895]1950/2003 e 1900/2012), uma condição da fala e do pensamento (pré-consciente/consciente), condição que equivale também a uma estratégia de evitamento da alucinação. Diferentemente, para Lacan, aquilo que é importante de se destacar na consideração da perda do objeto é que a perda é simultânea, e não posterior, à inscrição daquilo que Freud nomeia "representação" e que Lacan trabalha sob o termo "significante". Uma vez que exista linguagem, está dada também a perda de um objeto que insiste no sujeito como causa de seu desejo.

***

Tratou-se de situar neste capítulo, ainda que de maneira breve, o fato de que a psicanálise exige, em virtude de sua relação com a ciência, uma nova forma de visar o sujeito, bem como o objeto. Esse duplo encaminhamento, que toma o objeto (objeto *a*) como verdade e como causa de um modo tal que ele funda o saber sem se tornar sabido, é filiado explicitamente, por Lacan, a Koyré. Neste capítulo, levantamos a hipótese de que o nome de Koyré trai, na verdade, a presença de Husserl na argumentação de Lacan. O que precisamos perguntar agora, no sentido de conferir um encerramento a esta argumentação, é: mas o que ganhamos ao reconhecer na argumentação de Husserl, mediada por Koyré, a origem da reflexão da qual Lacan procede em *A ciência e a verdade*?

Fundamentalmente, ganhamos no sentido de aprofundar nossa compreensão das condições de possibilidade da experiência psicanalítica. Isso por um motivo, a nosso ver, muito claro, embora nada simples: quem explicita o que a matematização da natureza provoca em termos de subjetividade, levantando a tese de uma maneira inaugural, é Husserl, e não Koyré. É bem verdade que diversos aspectos dessas considerações de Husserl sobre Galileu, Descartes e a ciência moderna estão presentes em Koyré, citado diretamente por Lacan. No entanto, pelo próprio fato de este último estar mais interessado numa história filosófica da ciência e menos num diagnóstico geral da modernidade em vista de seu *telos* na forma da emergência da subjetividade transcendental a partir da "crise da razão", cabe destacar que pelo menos um desses elementos não é retomado e tematizado explicitamente por Koyré, a saber, o tema da subjetividade nos termos da análise de Husserl – a despeito de sua dívida intelectual para com este último. Afinal, é em Husserl, e não em Koyré, que encontramos a tese tão emblemática quanto indicativa, segundo a qual a modernidade, a um só tempo, carrega uma descoberta e um encobrimento (Husserl, 1954/1976, p. 62): a descoberta da subjetividade a partir do *cogito* cartesiano e, mesmo em Descartes, o encobrimento desta subjetividade a partir de seu tratamento pela ciência para a qual ela deveria servir de fundamento.[14] Assim, o *sujeito da ciência moderna* pode ser lido a partir de uma ambiguidade notável: o fundamento que constitui a ciência moderna e que ela deveria pressupor e, ao mesmo tempo, sua interpretação *objetivista* como contraparte dessa mesma ciência, segundo a qual ele é apenas um resíduo a ser focado segundo os procedimentos dessa tal ciência. Donde a psicologia moderna ser o sintoma mais claro, para Husserl, desta perda de sentido imposta pela matematização da natureza e a consequente instauração da nova física a partir de Galileu.

Assim como as propriedades secundárias, a dimensão inconsciente da experiência humana é algo que o discurso da ciência, por definição, não pode apreender diretamente, senão distorcendo-o por completo. Se o primeiro aspecto situa a psicologia no centro

---

14 Cf. Moura (2001b): "Os elogios de Husserl a Descartes são invariavelmente seguidos de críticas [...]. É que, aos olhos de Husserl, a decodificação cartesiana da pergunta pela possibilidade do conhecimento era vinculada à transformação da significação 'mundo' feita por Galileu. Ao considerar o mundo a partir da geometria, Galileu abstraía dele tudo que se referia aos sujeitos, e era dessa abstração que resultavam as 'puras coisas corpóreas' [...]. A revolução galileana não se limitava assim a fundar uma nova física: sob o fundo da nova concepção de natureza é a própria significação 'mundo' que se altera e o dualismo cartesiano que se antecipa" (p. 164).

de um impasse, o segundo o faz com a psicanálise, lugar em que o impasse é *positivado, assumido enquanto tal*. As consequências são distintas em cada caso e precisam ser exploradas em suas respectivas especificidades. Mas poderíamos talvez dizer que aquilo que está perdido para o sujeito é constitutivo de suas relações com os outros e com o mundo de um modo "êxtimo" ou *unheimlich*, ou ainda, se quisermos, ao modo de uma alienação imanente cuja explicitação é tornada possível por algo que se passa na configuração ontológica da ciência moderna e que destina à experiência que é a nossa uma natureza de crise (nos termos de Husserl)[15] ou de paradoxo (nos termos de Lacan). O paralelismo aqui ensaiado visou menos a indicação de um parentesco conceitual e, muito mais, uma semelhança de família[16] em torno de uma problemática mais ou menos comum. A se crer na definição de analogia do velho Aristóteles, segundo a qual o que é equacionado num raciocínio analógico não são propriamente os termos, mas duas *relações* entre quatro termos distintos, então, talvez, não seja precipitado dizer, feitas as contas, que entre *A ciência e a verdade* e o diagnóstico husserliano da modernidade vai a distância de dois projetos *análogos*, pelo menos no que diz respeito a alguns de seus elementos centrais.

---

15 Em que possui, é claro, um sentido próprio, vinculado ao destino moderno do saber europeu. O caráter etnocêntrico do argumento de Husserl é problematizado por Prado Jr. (1976).
16 É impossível não nos remetermos aqui ao provocativo e irônico artigo de Lebrun intitulado: "David Hume no álbum de família de Husserl".

Referências

De Gandt, F. (2014). *Husserl et Galilée – Sur la crise des sciences européennes*. Vrin.

Dolar, M. (1998). Cogito as the subject of the unconscious. In S. Zizek. *Cogito and the unconscious*. Duke University Press.

Freud, S. (1950). Projeto de uma psicologia. In O. F. Gabbi Jr. *Notas a projeto de uma psicologia: as origens utilitaristas da psicanálise*. Imago. (Trabalho original publicado em 1895).

Freud, S. (2012). *A interpretação dos sonhos*. (Vol. 2). L&PM. (Trabalho original publicado em 1900).

Husserl, E. (1954a). *La crise des sciences européennes et la phénoménologie transcendentale*. Gallimard.

Husserl, E. (1954b). *A crise das ciências europeias e a fenomenologia transcendental*. Forence Universitária.

Koyré, A. (1943). Galileu e Platão. In *Estudos de história do pensamento científico*. Forense Universitária.

Lacan, J. (1973). *Le séminaire. Livre XI: Les quatre concepts fondamentaux de la psychanalyse (1964)*. Seuil.

Lacan, J. (1998). A ciência e a verdade. (pp. 869-892). In *Escritos*. Zahar. (Trabalho original publicado em 1966).

Lebrun, G. (2006). David Hume no álbum de família de Husserl. In *A filosofia e sua história*. Cosac Naify.

Moura, C. A. R. (1989). *Crítica da razão na fenomenologia*. Edusp & Nova Stella.

Moura, C. A. R. (2001a). Cartesianismo e fenomenologia. In *Racionalidade e crise: estudos de história da filosofia moderna e contemporânea*. Discurso Editorial.

Moura, C. A. R. (2001b). Husserl: significação e existência. In *Racionalidade e crise: estudos de história da filosofia moderna e contemporânea*. Discurso Editorial.

Prado Jr., B. (1976). Os limites da Aufklärung. In *Estudos Cebrap*, 15. Brasiliense.

PARTE III
Os caminhos de cientificidade a partir de Freud: continuidades, suplementações e contestações

11. A verdade e o nominalismo dinâmico: cruzamentos entre Freud, Lacan e Hacking[1]

Paulo Beer

Em seu livro *Múltipla personalidade e as ciências da memória* (1995/2000), Ian Hacking faz um rápido comentário sobre o modo como Sigmund Freud e seu colega contemporâneo, Pierre Janet, abordavam questões ligadas ao psiquismo humano. Segundo o autor, embora seja possível reconhecer diversos pontos de aproximação entre os médicos, havia também uma diferença radical, que é apresentada a partir de uma articulação entre memória e verdade.

O filósofo afirma que Janet, embora tivesse reconhecido o caráter terapêutico do trabalho com memórias, não imputava a elas um caráter de verdade. Ao contrário, relatava que muitas vezes enganava seus pacientes – afirmando a ocorrência de eventos que ele sabia não terem acontecido –, o que não impossibilitava os efeitos terapêuticos dessas afirmações. Freud, por outro lado, sofreria com um "terrível desejo de Verdade" (Hacking, 1995/2000, p. 213), insistindo na articulação

---

[1] Este capítulo é resultado direto de uma pesquisa realizada com apoio da Fapesp (nº 2016/03096-7 e 2018/09753-5).

direta entre rememoração e verdade a partir dos efeitos terapêuticos de sua prática clínica. Segundo Hacking, o psicanalista imporia a seus pacientes a crença em fatos articulados a construtos teóricos que apresentavam claros problemas em relação a sua veracidade. O filósofo não esconde certo desdém por esse posicionamento de Freud, o qual, segundo ele, teria passado para a história por ter sido o vencedor, relegando Janet a certo esquecimento.[2]

Essa consideração de Hacking sobre a obra de Freud será tomada como disparador deste capítulo por um motivo duplo: primeiramente, porque se trata de um dos poucos comentários que Hacking teceu sobre o pensamento psicanalítico no decorrer das mais de cinco décadas de sua produção. Em segundo, e mais importante, porque condensa um percurso que permite aproximações e distanciamentos entre psicanálise e filosofia da ciência de maneira particular, justamente por ter Hacking enquanto interlocutor. Isso é um efeito do próprio caráter do pensamento do filósofo canadense, sempre empenhado na produção de uma discussão filosófica sobre a ciência que não tome ares demarcacionistas ou normativos. Embora Hacking não realize uma crítica dos males do demarcacionismo científico nos moldes de pensadores, como Isabelle Stengers (1993/2000), tampouco deixa de sustentar um posicionamento contrário a uma unicidade epistemológica ou ontológica da ciência (Hacking, 1983/2012).

---

2 "Freud era o exato oposto de Janet. Seus pacientes tinham de enfrentar a verdade – como ele a via. Em retrospecto, não há dúvida de que Freud iludia a si próprio com muita frequência, graças a sua resoluta dedicação à teoria. Meio século de conhecimentos sobre Freud mostrou que ele fazia com que seus pacientes acreditassem em coisas sobre eles próprios que eram falsas, coisas, em geral, tão bizarras que somente o mais devoto teórico poderia lhes propor, em primeiro lugar. Mas não há evidência de que Freud sistematicamente, como um método de terapia, fizesse com que seus pacientes acreditassem no que ele mesmo sabia serem mentiras. Janet enganava seus pacientes; Freud enganava a si próprio." (Hacking, 1995/2000, p. 215)

Produz, assim, um pensamento que sempre tratou a epistemologia em seu caráter não normativo. Nesse sentido, a obra do filósofo demonstra uma circulação singular entre posicionamentos realistas e nominalistas, sendo um incomum ponto de diferença respeitado por ambos os lados; algo muito bem-vindo nessa tentativa, aqui empreendida, de articulação menos belicosa entre psicanálise e filosofia da ciência.

Além dessas inegáveis qualidades, a motivação que anima a escolha por uma interlocução com Hacking também diz respeito a sua bem-sucedida incursão em temas ligados ao sofrimento psíquico (Hacking 1995/2000, 1998, 2002/2009), de modo que nossa argumentação orbitará em torno de um conceito central de sua obra: sua definição de "nominalismo dinâmico" e seus desenvolvimentos decorrentes (Hacking, 2002/2009) – que possibilitam uma apreciação crítica da produção de conhecimento em campos como a psicopatologia a partir da compreensão de que os saberes produzidos apresentam um efeito retroativo sobre seus objetos. Com isso, retornaremos a essa questão apontada sobre a verdade em Freud para apresentar alguns desenvolvimentos que podem ser articulados ao que propõe Hacking.

Nominalismo dinâmico

Retomando a passagem anteriormente apontada, é necessário primeiramente contextualizar seu aparecimento. Neste livro, traduzido para o português como *Múltipla personalidade e as ciências de memória*[3] (1995/2000), Hacking se debruça sobre um fenômeno bastante

---

3 Deve-se notar que, embora a tradução do título seja feita de modo literal, há uma importante omissão em relação ao original. O título da edição brasileira consiste, de fato, no subtítulo original, o qual é precedido por *Rewriting the soul* [Reescrevendo a alma]. Acreditamos que essa omissão é digna de nota, uma vez

curioso, a partir do qual ele desenvolverá grande parte de suas ideias sobre diferentes modos de se fazer ciência. O fenômeno em questão é a existência da múltipla personalidade enquanto um quadro diagnóstico psiquiátrico que apresenta uma marcada restrição temporal e territorial: trata-se de um transtorno com prevalência significativa apenas nos Estados Unidos, e com aparição posterior aos anos 1960.

Isso fica ainda mais interessante considerando que outro quadro diagnóstico próximo, a dupla personalidade (*dédoublement*), também pode ser reconhecido na história da psiquiatria enquanto um transtorno restrito a poucos locais e a um período curto de existência. Segundo o filósofo, tal tipo de fenômeno indicaria a necessidade de compreensão de efeitos ontológicos produzidos pelas classificações produzidas sobre os indivíduos:

> *Inventar ou moldar um novo tipo, uma nova classificação de pessoas ou de comportamentos pode criar novas formas de ser, novas escolhas a fazer, para o bem e para o mal. Há novas descrições e, portanto, novas ações sob uma descrição. Não é que as pessoas mudem substantivamente, mas que como um ponto de lógica novas oportunidades de ação lhes são abertas. (Hacking, 1995/2000, p. 260)*

É isso que ele nomeia, de modo geral, como *nominalismo dinâmico*, retomando um antigo debate entre nominalistas e realistas. Deve-se lembrar que em um momento anterior, o autor assumira uma posição intermediária nomeada como *realismo de entidades*, ao menos em relação ao que definia, na época, como ciências naturais (Hacking, 1983/2012). Ao se embrenhar por campos marcadamente diferentes, que incluem a produção de conhecimento

---

que a ampliação do campo científico para problemáticas ligadas à alma é um ponto central da argumentação do filósofo.

sobre fenômenos indissociáveis do mundo simbólico em que se encontram, o filósofo propõe esse novo sintagma, que se refere a um funcionamento retroativo que reconhece que o discurso produzido opera modificações nas possibilidades de existência de seus alvos.[4] No caso da múltipla e da dupla personalidade, Hacking fornece material histórico para sustentar uma dupla inscrição dessas possibilidades, uma *profunda* e outra *superficial*, numa articulação de ideias de Foucault e Chomsky: aquilo que ele define como *conhecimento profundo* seria o estabelecimento de condições de possibilidade de reflexão e constituição de raciocínio sobre certos temas. É o que ele trabalha, de maneira geral, com a ideia de que a partir da metade do século XIX a produção científica se interessaria por um campo até então relegado a outras formas de saber: o campo da alma. Segundo o autor, o surgimento das *ciências da memória* seria o início dessa expedição do conhecimento científico por terras até então não desbravadas, que levaria a uma redescrição da alma.[5]

---

4 Hacking emprega com muito maior frequência o termo "alvo" em detrimento de "objeto", justamente por coerência a um entendimento de impossibilidade de separação total entre objeto e discurso, ou teoria (Hacking, 1993). Há, nesse sentido, uma compreensão de que os objetos são construídos de modo indissociável do estabelecimento do estilo de raciocínio e das teorias em que se inserem (Hacking, 1982), que a junção dessas duas instâncias será nomeada, na maior parte das vezes, como "tipo". Dessa maneira, um *tipo interativo* é aquele que contém um alvo em movimento (expressão bastante encontrada na obra do autor), ou seja, um alvo que se modifica com os saberes produzidos sobre ele. Por outro lado, mesmo que *tipos indiferentes* não tenham alvos em movimento, isso não significa que a descrição de seus objetos seja um simples relato do real, uma vez que os objetos são construídos a partir das possibilidades disponíveis na linguagem.

5 Como coloca o autor: "Certamente a geração que viveu nesse período teve predecessores práticos e intelectuais diretos. Mas foi nesse instante que o conhecimento profundo surgiu, o conhecimento de que existem fatos referentes à memória. Por que surgiu nesse momento? Porque as ciências da memória podiam servir de foro público para alguma coisa sobre a qual a ciência não podia falar abertamente. Não podia haver uma ciência da alma. Então surgiu a ciência da memória" (Hacking, 1995/2000, p. 239).

Nesse sentido, a produção de *conhecimentos superficiais* daria materialidade a essa nova possibilidade de pensamento. Tomando como exemplo a obra de Théodule-Armand Ribot, a qual Hacking considera como um primeiro produto teórico dessa abertura de campo da produção científica, as ciências da memória se tornariam um elemento importante da cultura e produziriam modificações nas possibilidades de experiência dos indivíduos. O que se inscreveria seria a reafirmação da compreensão (e, portanto, de identificação e experiência) da psique humana como estruturada pela memória, algo a partir de então cognoscível cientificamente e cujos distúrbios poderiam ser tratados por práticas baseadas em produções científicas. Ou seja, há a asseveração de que os conhecimentos produzem novas formas de existência, inventa pessoas e cria patologias.

Portanto, se há uma definição mais ampla (conhecimento profundo) que poderia ser enunciada, como há um conhecimento da memória a ser resgatado (e que reuniria vertentes de diferentes encaminhamentos), há também uma segunda volta, em que os conhecimentos superficiais dão maior definição a essa possibilidade inaugurada pelo conhecimento profundo. De onde pode-se reconhecer também duas modalidades de produção subjetiva, uma primeira mais ampla que abriria a possibilidade de definição da subjetividade humana a partir de critérios científicos, e outra mais específica, em que os conhecimentos superficiais produziriam efeitos bem definidos nas possibilidades de ser e de sofrer.

É sobre essa dualidade que Hacking desenvolverá tanto a relação entre as duas aparições de transtornos diretamente ligados à memória, assim como comentários sobre outros transtornos. Vale apontar, por exemplo, que a própria dupla personalidade era entendida como um problema *da* memória, assim como a múltipla personalidade contemporânea terá também, como um traço central, uma impossibilidade de rememoração.

Em obra posterior, *Mad travelers* [Viajantes loucos] (1998), o filósofo trata de outro quadro presente no final do século XIX e início do XX, a fuga histérica [*fugue*]. Nesse livro, que combina um estilo mais experimental com proposições conceituais mais arriscadas, Hacking desdobra a importância da presença cultural dos elementos simbólicos que serão mobilizados nos quadros patológicos, o que ele nomeia enquanto a presença de *nichos*: conjuntos de possibilidades que, em sua combinação, resultam nas formas possíveis de expressão do sofrimento. A partir da fuga, ele afirma que esses elementos simbólicos sempre carregam uma dualidade valorativa, incluindo algo bem aceito e outro reprovável. Os *fugueurs*, cujo principal traço seria percorrer enormes distâncias a pé sem lembrança posterior do ocorrido, oscilariam assim entre a vagabundagem e o enaltecimento do viajante, algo que começava a ganhar popularidade na época com o surgimento de grandes empresas de turismo. Isso tudo sem, todavia, tirar a centralidade da produção do conhecimento científico nesse processo:

> [...] *estou especialmente impressionado pelo modo como o conhecimento científico sobre nós mesmos – o mero sistema de crenças – muda como pensamos sobre nós mesmos, as possibilidades que nos são abertas, os tipos de pessoas que consideramos que nós e nossos pares são. O conhecimento interage conosco e com um corpo maior de práticas e da vida ordinária. Isso gera combinações socialmente permissíveis de sintomas e entidades de doenças.* (Hacking, 1998, p. 11)

Algo já presente em seu trabalho sobre múltipla personalidade ao apontar o papel fundamental da medicina, em especial da psiquiatria e da pediatria norte-americanas no processo de estabelecimento do transtorno de múltipla personalidade enquanto uma expressão possível do sofrimento (Hacking, 1995/2000). Essa centralidade se insere num conjunto de elementos culturais que definiram as possibilidades disponíveis: (1) a eleição do abuso infantil como um problema urgente e geral, cuja presença ampla e devastadora na sociedade deveria ser combatida por todos; (2) a tendência à medicalização dos processos terapêuticos e a posição ativa, por parte dos médicos, no estabelecimento de uma etiologia que preserve suas funções; e, por último, (3) o reconhecimento da memória, mas especificamente das memórias perdidas, como elemento etiológico central do transtorno em questão. Vê-se, portanto, a combinação de conhecimento profundo e conhecimentos superficiais.

Como fica explícito em *Ontologia histórica* (2002/2009), esse caminho trilhado por Hacking produz duas importantes linhas de debate, as quais se cruzam eventualmente: por um lado a diferenciação entre tipos interativos e tipos indiferentes, a partir do reconhecimento de efeitos retroativos do discurso produzido sobre seu alvo;[6] e uma compreensão sobre modalidades de sofrimento e possibilidades de experiência que carrega a dimensão histórica enquanto elemento indispensável.[7]

---

6 Como coloca o autor: "O contraste que estabeleço com as ciências sociais é o seguinte. Na ciência natural, nossa invenção de categorias não muda 'realmente' o modo como o mundo funciona. Muito embora criemos novos fenômenos que não existiam antes de nossos empreendimentos científicos, nós o fazemos apenas com a permissão do mundo (ou pelo menos é o que achamos). Mas no caso dos fenômenos sociais, podemos gerar tipos de pessoas e tipos de ações na medida em que imaginamos novas classificações e categorias. Minha afirmação é que 'inventamos pessoas' em um sentido mais forte do que 'inventamos' o mundo" (Hacking, 2002/2009, p. 55).

7 Nesse sentido, Hacking é bastante explícito em defender sua escolha tanto pelo termo "histórico" (que é mais evidente) quanto por "ontologia", que poderia remeter a uma tradição de debates que justamente tenta excluir o histórico de seu campo. Como ele diz: "De fato, acaba que 'ontologia' é perfeito, pois estamos interessados em dois tipos de entidades: por um lado, universais um tanto aristotélico – trauma ou desenvolvimento infantil – e, por outro, as particularidades

A história, o sujeito e os sintomas

Nesse momento, já é possível iniciar algumas articulações com o pensamento psicanalítico. Começaremos por alguns pontos de aproximação para em seguida retornar à questão do *desejo de verdade* de Freud, a qual iniciou nossas reflexões.

O primeiro ponto a ser observado é a compatibilidade entre o funcionamento do nominalismo dinâmico de Hacking e a compreensão psicanalítica da formação de uma relação inseparável entre subjetividade e cultura. Se em *Psicologia das massas e análise do eu* (1921/2011), Freud é explícito sobre a inseparabilidade entre psicologia individual e psicologia social, vale lembrar que essa ideia já havia sido apresentada de diversas maneiras em momentos anteriores. Vê-se, por exemplo, uma relação de mútua interferência entre cultura e psiquismo quando Freud pensa o modo como a moral sexual é responsável pela produção e agravamento do sofrimento nas neuroses e nas psiconeuroses (Freud, 1908/2015a). Ideia apresentada com notável complexidade que não recua diante de funcionamentos aparentemente contraditórios, por exemplo, a afirmação da necessidade da sublimação enquanto processo necessário à construção da cultura, ao mesmo tempo que aponta os danos produzidos pelo excesso de sublimação e de renúncias às pulsões sexuais. Nesse momento, Freud é bem claro ao apresentar o modo como demandas civilizatórias produzem o desenvolvimento ou agravamento de transtornos considerados, por ele, como psicogênicos, indicando desde então uma inseparabilidade entre cultura e subjetividade.

---

que se encaixam neles – essa dor psíquica ou aquela criança em desenvolvimento. O universal não é intemporal, mas histórico, e ele e seus casos particulares, as crianças ou as vítimas de traumas, são formados e alterados na medida em que o universal emerge. Tenho chamado esse processo de nominalismo dinâmico, porque ele conecta fortemente o que passa a existir com a dinâmica histórica de nomear e o uso posterior do nome" (Hacking, 2002/2009, p. 39).

Outro momento em que tal direcionamento aparece expressivamente é em uma de suas *Conferências introdutórias à psicanálise*, intitulada "O sentido dos sintomas" (Freud, 1917/2014b). Nesse grande apanhado de ideias que já haviam sido trabalhadas anteriormente e que agora eram apresentadas a estudantes de medicina, Freud discorre sobre a forma com os sintomas apresentam sentidos singulares a cada sujeito, mas também uma dimensão cultural que determina suas formas possíveis de expressão. Segundo o psicanalista, existem os sintomas "típicos" – que são aqueles que gozam de certa estabilidade e que expõem maior dificuldade ao reconhecimento de traços individuais – e os sintomas que apresentam uma relação específica com as vivências particulares de cada paciente, possibilitando o que o autor chama de "interpretação histórica", remontando a história de cada indivíduo. Segundo ele, entretanto, não haveria uma diferença radical entre os dois tipos de sintomas:

> *Com a seguinte reflexão busco oferecer um consolo aos senhores: não há por que supor a existência de uma diferença fundamental entre um tipo e outro de sintoma. Se os sintomas individuais dependem tão claramente das vivências do doente, resta a possibilidade de que os sintomas típicos remontem a vivências específicas, típicas em si mesmas e comuns a todos. Outros traços recorrentes na neurose podem constituir reações gerais que são impostas aos doentes pela natureza da alteração patológica como as repetições e as dúvidas da neurose obsessiva. (Freud, 1917/2014b, p. 363)*

É importante notar que Freud não deixa de dar grande importância aos sintomas típicos por sua estabilidade, ao afirmar que esses sintomas "parecem resistir a uma fácil remissão histórica" (Freud, 1917/2014b, p. 363). Vemos, entretanto, que é possível afirmar uma dupla historicidade em um sintoma: se, por um lado, ele responde – como bem estabelece Hacking (1995/2000, 1998, 1999, 2002/2009) – ao contexto social e cultural no qual se insere, utilizando elementos disponíveis na circulação simbólica para se expressar; por outro, há uma historicidade mais específica que diz respeito à história de cada um dos indivíduos. Isso é importante, uma vez que o caráter mais geral dos sintomas típicos não indica uma negação de sua individualidade. O fato de que essas instâncias não sejam excludentes, mas, inclusive, articuladas, aponta que um sintoma individual sempre se expressa a partir de elementos simbólicos disponíveis, assim como um sintoma típico sempre se entrelaça à história individual de cada um. Esse tipo de articulação também se faz presente no pensamento lacaniano em diversos momentos. Se podemos encontrar, em "Função e campo da fala e da linguagem em psicanálise" a afirmação de que o analista deve alcançar em seu horizonte a subjetividade de sua época (Lacan, 1953/1998b, p. 322), o modo de compreensão dos sintomas dentro de um sistema simbólico em que os termos se relacionam a partir de suas diferenças se faz presente de diversas maneiras, como bem exemplificado em *O mito individual do neurótico* (Lacan, 1953/2007).

Nesse primeiro ponto de possível aproximação entre o pensamento psicanalítico de Freud e Lacan e a filosofia da ciência de Ian Hacking, pode-se reconhecer a proximidade existente entre o modo como as possibilidades de expressão sintomática são compreendidas na psicanálise, de modo bastante solidário a como Hacking define seu nominalismo dinâmico, em especial com relação ao que chama de *conhecimento superficial*.

Por outro lado, pode-se perguntar se haveria uma aproximação possível correlata ao que Hacking denomina como *conhecimento profundo*. Uma primeira possibilidade seria tomar as formulações freudianas sobre o mal-estar enquanto um efeito necessário do processo civilizatório (Freud, 1930/2010) nessa chave, uma vez que apresentaria uma compreensão mais ampla sobre determinantes da produção de sofrimento ligados ao social. Entretanto, essa aproximação seria equivocada por alguns motivos: primeiramente porque o encaminhamento de Hacking não se debruça sobre o lugar do processo civilizatório enquanto causador de sofrimento, mas sim sobre como modificações discursivas mais ou menos específicas modificam o espectro de como o sofrimento pode ser produzido e experienciado. Não se trata, portanto, da causa, mas sim de condições de possibilidades. Em segundo lugar, porque a própria proposição freudiana visa uma amplitude qualitativamente maior do que a apresentada por Hacking: não se trata de condições de específicas de produção de sofrimento, mas sim do reconhecimento do processo civilizatório enquanto agente necessariamente produtor de sofrimentos e sintomas ligados à renúncia sexual demandada, não importando, para esse efeito, as especificidades culturais. Inclui, portanto, uma consideração sobre a causalidade. Além disso, ainda que quando se trata de conhecimento profundo essas condições específicas não deixem se articular a um espectro de possibilidades notavelmente amplo, esse processo não deixa de ser reconhecido dentro de um regime específico de discursividade.

Nesse sentido, talvez o construto teórico mais próximo do que Hacking define como conhecimento profundo seja a relação de oposição complementar que Lacan reconhece entre sujeito da psicanálise e sujeito da ciência (Lacan, 1966/1998b). Essa ideia constituída com forte influência do pensamento de Alexandre Koyré, reconhece que a existência da psicanálise depende da produção de um tipo de subjetividade, ao mesmo tempo particular e amplo, que consistiria na reunião de uma série de questões que teriam sido relegadas a segundo plano ou mesmo silenciadas na constituição do pensamento científico moderno. A partir do privilégio de processos de formalização, matematização do mundo que estariam no cerne da emergência da ciência moderna (Koyré, 1957/2006; Biazin & Kessler, 2017), aquilo que seria rejeitado nesse tipo de racionalidade – e que consistiria, de alguma maneira, em outros modos de se perguntar sobre a verdade –, daria corpo a um modo de experiência subjetiva que possibilitaria a produção daquilo que, posteriormente, seria chamado como "formações do inconsciente", carregando, inclusive, certa influência husserliana nesse diagnóstico da modernidade feito por Lacan com intermédio da obra de Koyré (Cunha & Silveira, 2017).

A produção do sujeito da ciência e seu par antinômico, o sujeito da psicanálise, poderia então ser compreendido na chave da produção de um conhecimento profundo. Mesmo apresentando uma amplitude maior do que aquela que Hacking se refere ao falar da constituição do campo de ciências da memória,[8] respeita dois traços centrais do pensamento do filósofo: a implementação de uma racionalidade ampla que comporta diferentes tipos de discursos específicos, assim como o reconhecimento de efeitos ontológicos,

---

8   Vale apontar, ainda que brevemente, que essa diferença sobre o grau de amplitude da colocação de Lacan em relação a Hacking pode ser entendida como um efeito direto das diferenças entre Hacking e Koyré. Isso porque, diferentemente de Koyré, Hacking privilegia abordagens de história da ciência mais focados em movimentos mais restritos, buscando explicações e compreensões mais pontuais em detrimento de grandes construtos, por exemplo, "emergência da ciência moderna". A obra de Hacking parece tomar esse tipo de questão de maneira mais preocupada com os detalhes, o que curiosamente reforça que aquilo que Lacan afirma sobre a constituição do sujeito da ciência pode muito bem ser articulado ao que Hacking trabalha de modo muito menos amplo, a partir do estabelecimento das ciências da memória. Um passo adicional nessa diferenciação específica entre linhas que tomam a história como elemento central para se pensar a filosofia da ciência (possibilidade que Hacking, assim como Thomas Kuhn, não deixa de imputar ao trabalho do próprio Koyré), seria tomar as diferenças nas obras de Alistair Crombie e Koyré, considerando que Crombie é uma das grandes referências de Hacking e também um dos grandes debatedores da existência ou não de uma ruptura que permita a afirmação da emergência da ciência moderna enquanto um evento em si (Crombie, 1994; Koyré, 1961/2011). Para mais informações, ver Beer (2020).

consistindo na modificação das possibilidades de experiência e de produção de novos tipos de sofrimento e sintomas. Desse modo, é possível inclusive estabelecer uma espécie de relação dialética entre os dois autores, uma vez que para além dos pontos de confluência direta, algumas diferenças pontuais são facilmente colocadas numa relação que potencializa as ideias que sustentam.

Entretanto, não é possível reduzir as relações entre Hacking e a psicanálise de Freud e Lacan a somente pontos de compatibilidade imediata, o que nos leva inclusive ao início deste capítulo, em que partimos de uma crítica bastante direta que o filósofo canadense dirige a Freud. De fato, esse ponto de discordância levantado por Hacking ganha um caráter de distanciamento mais intenso ao se considerar algumas outras colocações do autor que não dialogam, na sua pena, com a psicanálise, mas que apresentam uma relação direta, como temas dos quais o pensamento psicanalítico se ocupa.

A verdade e a causa

Retomando o comentário sobre Freud que deu início a nossa discussão, é possível propor que ele encerra em si uma discussão que explicita uma diferença de racionalidade que diz respeito ao modo de apreensão do tipo de questão que foi apresentado até agora. Deve-se considerar que ao tomar o modo como Freud trabalha a questão da verdade de maneira tão rápida, boa parte do trabalho do psicanalista sobre o tema fica obliterado, excluindo uma possibilidade de discussão particularmente interessante.

O ponto principal a ser considerado é a aproximação que Freud realiza, desde um momento muito inicial, entre a questão da verdade e os efeitos terapêuticos do processo analítico. Isso pode ser visto explicitamente desde *Estudos sobre a histeria* (Breuer & Freud,

1893-1895/2016) até momentos tardios da obra freudiana, como *Construções na análise* (Freud, 1937/2018a) ou *Moisés e o monoteísmo: três ensasios* (Freud, 1939/2018b), em que distintas reflexões sobre verdade e história são apresentadas (Ambra & Paulon, 2018). Essa presença intensiva da questão da verdade se dá, pois é localizada como um dos núcleos patogênicos da teoria freudiana, consistindo ao lado dos conflitos inerentes entre natureza e cultura, uma das fontes de sofrimento (Silva Jr., 2017). E é justamente por isso que a verdade será tomada enquanto algo ligado à efetivação terapêutica, uma vez que incidiria diretamente sobre um dos núcleos patogênicos.

De volta, a partir desse ponto, à afirmação de Hacking sobre Freud e Janet, vê-se que para além de um suposto "terrível desejo de verdade" (Hacking, 1995/2000, p. 213), a economia conceitual psicanalítica e os problemas colocados pela prática clínica demandam uma complexificação da questão que passa ao largo de uma simples insistência no tema. De fato, o questionamento do estatuto de verdade (entendida como uma relação de adequação ou correspondência entre discurso e realidade), tanto daquilo que é escutado assim como daquilo que é interpretado ou construído pelo analista, pode ser reconhecido em diversos momentos. Desde o estranhamento do psicanalista em relação aos relatos de suas pacientes e o subsequente abandono da teoria da sedução (Freud, 1905/2016), passando pelo questionamento do estatuto das negações (Freud, 1925/2014a) na situação analítica e o próprio reconhecimento de que a efetividade terapêutica não depende, necessariamente, da correção histórica da construção proposta (Freud, 1937/2018a), o modo como a questão da verdade é trabalhado e desdobrado demanda uma consideração muito mais complexa daquela apontada pelo filósofo. O que pode se afirmar, de maneira imediata, é que simplesmente assumir "mentir para seus pacientes" não resolveria os problemas encontrados por Freud, uma vez que estes decorrem de um tipo de prática que é atravessado pelo reconhecimento de a questão da verdade é relevante não somente enquanto elemento terapêutico, mas especialmente enquanto elemento etiológico.[9]

Isso significa que, para além de uma leitura demasiadamente restrita da obra de Freud para que uma afirmação dessas possa ser realizada, o ponto principal de tensionamento entre as linhas de pensamento consiste no fato de que a teoria psicanalítica está o tempo todo se perguntando sobre a causalidade (seja ela psíquica, dos sintomas, do sofrimento, do desejo etc.), enquanto as considerações de Hacking sobre o nominalismo dinâmico não comportam essa dimensão. Isso não significa que Hacking não se ocupe da questão da causalidade de nenhuma maneira: ao contrário, uma parte importante de sua teoria diz respeito à afirmação de que a causalidade dos efeitos ontológicos da produção discursiva de um saber não depende da veracidade do conhecimento produzido. Isso está explicitado em desenvolvimentos que antecedem o comentário do filósofo sobre Freud e Janet, momentos em que ele se ocupa de maneira extremamente rigorosa em apresentar a fragilidade das tentativas de validação científica das hipóteses sobre o transtorno de múltipla personalidade. O autor conclui que embora não haja uma base compartilhada para que se possa afirmar a validade do conhecimento, isso não impede que os efeitos ontológicos sejam produzidos (Hacking, 1995/2000).

Por outro lado, em praticamente nenhum momento ele avança em qualquer tipo de explicação causal sobre a produção de sofrimento, somente se ocupando da plasticidade relacionada às diferentes

---

9 Isso é demonstrado pelo fato de Freud se ocupar tão intensamente, especialmente após o abandono da teoria da sedução enquanto traço etiológico necessário e geral para a histeria, da relação existente entre verdade, realidade e fantasia. Vê-se, em um dos textos em que essa temática é explorada, a afirmação de que por mais que as teorias sexuais infantis possam ser absurdas e eventualmente até cômicas, elas sempre carregam "um *quê* de verdade" (Freud, 1908/2015b).

formas que o sofrimento e as experiências podem tomar,[10] ou então de possibilidades de intensificação ou alívio parcial relacionados ao reconhecimento social presente nos processos dinâmicos de adoecimento (Hacking, 1998).

É um dos pontos de diferença que foram levantados anteriormente sobre o a articulação de certos construtos freudianos com o nominalismo dinâmico de Hacking. Se por um lado o trabalho de Hacking oferece uma análise histórica rigorosa e uma possibilidade de melhor delineação dos efeitos ontológicos do conhecimento produzido, por outro, a própria consideração da relação entre natureza e cultura, enquanto um núcleo patogênico, indica um ponto que pode ser encontrado no pensamento psicanalítico e que pode contribuir com o pensamento de Hacking. O outro ponto, relacionado ao caráter patogênico e sua decorrente potencialidade terapêutica da verdade em Freud, e que posteriormente será intensificado no trabalho lacaniano sobre a questão da verdade, também pode contribuir com o trabalho de Hacking sobre o nominalismo dinâmico, ao apresentar uma racionalidade etiológica que se mostra compatível com as considerações do filósofo. Isso demanda, entretanto, um tipo de consideração distinto da questão da verdade, que deve ser compreendida enquanto um elemento dinâmico reconhecível dentro de parâmetros definidos na clínica psicanalítica.

Nesse sentido, a própria ideia de que a verdade fala embora não diga o verdadeiro (Lacan, 1953/1998a), conjuntamente com a asserção de que a verdade deve ser tomada enquanto causa (Lacan,

---

10 Talvez o ponto em que o autor mais se aproxime de uma afirmação etiológica relacionada a patologias psíquicas seria no apontamento de certa superioridade da psiquiatria biológica em reconhecer elementos indiferentes (Hacking, 1998), ou seja, tipos não interativos. São pontos em que o filósofo apresenta uma sustentação biológica que não parece se sustentar a análise mais rigorosas, como aquela apresentada por Nikolas Rose (2018). Para mais informações, ver Beer (2020).

1966/1998b), não somente possibilita um diálogo intenso com a obra de Hacking, mas, inclusive, resolve a questão que teria inspirado a crítica do filósofo a Freud num primeiro momento, que diz respeito à cisão entre verdade e memória. Se isso já havia sido sustentado explicitamente por Freud (1937/2018a) em Lacan essa ideia é generalizada, delineando uma racionalidade que pode abarcar o nominalismo dinâmico de Hacking em sua potência, além de permitir sua conjugação à desenvolvimentos etiológicos sólidos.

A apresentação de alguns pontos de articulação dos pensamentos de Hacking, Freud e Lacan permite reconhecer a potência contida no cruzamento desses autores. Consiste, em linhas gerais, num tipo de diálogo entre psicanálise e filosofia da ciência não tão preocupado em responder a demandas de adequação a parâmetros específicos de cientificidade, ou, então, em justificar uma sustentação que lance mão de outros modos de validação. Trata-se, isso sim, de um diálogo que, ao renunciar a horizontes prescritivos ou normativos, pode se aventurar em tentativas de ampliação de possibilidades dos dois lados, assim como explorar com maior desenvoltura o que esses dois campos apresentam de melhor: seu potencial disruptivo.

Referências

Ambra, P. & Paulon, C. (2018). O analista é o historiador. *Psicologia USP*, 29(3), 412-417. https://doi.org/10.1590/0103-656420180012.

Beer, P. (2020). *A questão da verdade na produção de conhecimento sobre sofrimento psíquico: considerações a partir de Ian Hacking e Jacques Lacan*. Tese de Doutorado. Instituto de Psicologia, Universidade de São Paulo. https://doi:10.11606/T.47.2020.tde-28052020-185500.

Biazin, R. & Kessler, C. (2017). Psicanálise e ciência: a equação dos sujeitos. *Psicologia USP*, *28*(3), 414-423. https://doi.org/10.1590/0103-656420160184

Breur, J. & Freud, S. (2016). Estudos sobre a histeria. In *Obras Completas* (Vol. 2). Companhia das Letras. (Trabalho original publicado em 1893-1895).

Crombie, A. C. (1994). *Styles of scientific thinking in the european tradition: the history of argument and explanation especially in the mathematical and biomedical sciences and arts*. Duckworth.

Cunha, J. & Silveira, L. (2017). Revolução científica e condições de possibilidade da psicanálise: sobre a presença de Husserl em A ciência e a verdade. In *Revista Ética e Filosofia Política*, *20*(1), 69-87.

Freud, S. (2010). O mal-estar na civilização. In *Obras Completas* (Vol. 18). Companhia das Letras. (Trabalho original publicado em 1930).

Freud, S. (2011). Psicologia das massas e análise do eu. In *Obras Completas* (Vol. 15). Companhia das Letras. (Trabalho original publicado em 1921).

Freud, S. (2014a). *A negação*. Cosac Naif. (Trabalho original publicado em 1925).

Freud, S. (2014b). O sentido dos sintomas. In *Obras Completas* (Vol. 13). Companhia das Letras. (Trabalho original publicado em 1917).

Freud, S. (2015a). A moral sexual "cultural" e o nervosismo moderno. In *Obras Completas* (Vol. 8). Companhia das Letras.(Trabalho original publicado em 1908).

Freud, S. (2015b). Sobre as teorias sexuais infantis. In *Obras Completas* (Vol. 8). Companhia das Letras. (Trabalho original publicado em 1908).

Freud, S. (2016). Três ensaios sobre a teoria da sexualidade. In *Obras Completas* (Vol. 6). Companhia das Letras. (Trabalho original publicado em 1905).

Freud, S. (2018a). Construções na análise. In *Obras Completas* (Vol. 19). Companhia das Letras. (Trabalho original publicado em 1937).

Freud, S. (2018b). Moisés e o monoteísmo: três ensaios. In *Obras Completas* (Vol. 19). Companhia das Letras. (Trabalho original publicado em 1939 [1934-1938]).

Hacking, I. (1982). Language, truth and reason. In M. Hollis & S. Lukes (eds.). *Rationality and relativism* (pp. 48-66). Blackwell.

Hacking, I. (1993). On Kripke's and Goodman's use of 'grue'. In *Philosophy, 68*(265), 269-295.

Hacking, I. (1998). *Mad travelers: reflections on the reality of transient mental illness*. University Press of Virginia.

Hacking, I. (2000). *Múltipla personalidade e as ciências da memória*. José Olympio. (Trabalho original publicado em 1995).

Hacking, I. (2009). *Ontologia histórica*. Unisinos. (Trabalho original publicado em 2002).

Hacking, I. (2012). *Representar e intervir: tópicos introdutórios de filosofia da ciência natural*. Eduerj. (Trabalho original publicado em 1983).

Koyré, A. (2006). *Do mundo fechado ao universo infinito*. Forense Universitária. (Trabalho original publicado em 1957).

Koyré, A. (2011). *Estudos de história do pensamento científico*. Forense Universitária. (Trabalho original publicado em 1961).

Lacan, J. (1998a). A ciência e a verdade. In *Escritos*. Jorge Zahar. (Trabalho original publicado em 1953).

Lacan, J. (1966b). Função e campo da fala e da linguagem em psicanálise. In *Escritos*. Jorge Zahar. (Trabalho original publicado em 1953).

Lacan, J. (2007). *O mito individual do neurótico*. Jorge Zahar. (Trabalho original publicado em 1953).

Rose, N. (2018). *Our psychiatric future*. John Wiley & Sons.

Silva Jr., N. (2017). O sofrimento como hífen na teoria social freudiana e sua atualidade. O exemplo das modificações corporais. In N. Silva Jr. & W. Zangari. *A psicologia social e a questão do hífen*. Blucher.

Stengers, I. (2000). *As políticas da razão*. Edições 70. (Trabalho original publicado em 1993).

12. A psicanálise na comunidade científica segundo Laplanche

Luiz Carlos Tarelho

A psicanálise na comunidade científica é o título de um dos textos principais nos quais Laplanche revela sua posição em relação à questão da cientificidade da psicanálise (Laplanche, 1999b, pp. 127-146). No contexto do presente volume, dedicado a esta questão, pareceu-nos mais do que oportuno escolher esse título em espelhamento. Ainda mais que esse texto é emblemático em relação a vários outros de seus trabalhos dedicados ao assunto. Para ser mais exato, é preciso dizer que todo seu projeto está marcado, não apenas por uma questão epistemológica, que visa encontrar, como veremos, uma forma científica adequada para a psicanálise, mas também por uma preocupação que ele chama de filosófica, pois transcende os limites da epistemologia na medida em que visa uma dimensão diferente do ser humano, que somente a psicanálise foi capaz de revelar. O próprio Laplanche dá uma boa ideia disso quando escreve que "é no seio da experiência inaugurada por Freud – experiência indissoluvelmente clínica e teórica, diria *filosófica* – que se situa meu pensamento" (Laplanche, 1992a, p. 1). Ainda conclui essa autoapresentação afirmando que a psicanálise já teria perdido completamente seu espaço se não tivesse continuado a explorar essa pista aberta por Freud, que, para ele, envolve uma reflexão sobre uma dimensão do ser humano até então desconhecida, o inconsciente e sua relação com a estraneidade do outro.

Nosso objetivo aqui será um exercício no sentido de mostrar como a questão da cientificidade da psicanálise, assim como a questão epistemológica subjacente, são pensadas por Laplanche dentro de um contexto maior, que ele chama de filosófico, envolvendo essas duas experiências inseparáveis, a clínica e a teórica, e tendo como objeto uma dimensão do ser humano, o inconsciente, que corresponde a um terceiro nível de realidade e que exigiu a construção de um método específico para apreendê-lo.

Da sedução da mensagem à realidade do inconsciente

Se é possível sustentar que a descoberta freudiana relativa ao inconsciente envolve uma questão filosófica é porque, para Laplanche, ela revela uma terceira dimensão de realidade, diferente tanto da realidade material (factual, do mundo físico e dos fenômenos em geral) quanto da realidade psicológica (do mundo da representação do sujeito). Freud chegou a ter a intelecção sobre esse novo domínio de realidade, que ele chamou de "realidade psíquica", mas lhe faltou clareza para teorizar a respeito e, assim, distingui-lo de fato da realidade psicológica (Laplanche, 1992a, p. 402).[1]

Essa falta de clareza, segundo Laplanche, envolve um outro aspecto dessa realidade, que representa outra questão filosófica e que acabou também escapando a Freud. Esse aspecto diz respeito ao papel

---

1 Em outro lugar ele escreve: "Toda a questão reside aqui no termo 'realidade', no tipo de realidade em causa. O que está em questão é saber se, de fato, a psicanálise trouxe algo novo nesse domínio, se ela afirmou a existência de um *terceiro domínio de realidade*" (1999b, p. 11, tradução nossa).

do inconsciente do adulto na determinação do inconsciente da criança. E, se escapou a Freud, é porque ele não conseguiu retirar a teoria que ele propôs sobre a sedução do campo restritivo da perversão e da patologia e transformá-la numa teoria geral da constituição do inconsciente e do psiquismo. Na medida em que esse passo é dado, diz Laplanche, aparece uma questão filosófica importante, pois é preciso se considerar a anterioridade da existência dessa outra pessoa na constituição do sujeito, e isso não apenas do ponto de vista teórico, mas também da experiência que representa a transferência. Questão que a própria filosofia ainda não conseguiu abarcar em toda sua dimensão, segundo o autor (Laplanche, 1992a, p. XXIII).

Para Laplanche, somente a teoria da sedução pode dar conta de explicar essas duas questões filosóficas ligadas à descoberta freudiana: primeiro, que esse terceiro domínio de realidade está na base da estraneidade do inconsciente e, segundo, que essa estraneidade se deve a um descentramento representado pela anterioridade do outro na constituição do psiquismo. Numa frase lapidar, ele resume assim a questão: "a outra-coisa (*das Andere*), que é o inconsciente, só se sustenta em sua alteridade radical pela outra-pessoa (*der Andere*): numa palavra, pela sedução" (Laplanche, 1992a p. XXII-XXIII).

Mas do que é constituído exatamente esse terceiro domínio de realidade? Ele é constituído de significantes que, pelo processo de recalcamento, foram dessignificados, isto é, retirados do contexto original e desligados das relações com significados e com outros significantes, perdendo, assim, a possibilidade de significação. Ou seja, significantes que, depois desse metabolismo, não remetem a mais nada além de si mesmos, como uma coisa, mas que, apesar disso, conservaram seu traço central, que Laplanche chama de "endereçamento", isto é, o fato de que eles continuam sendo um significante *para* alguém (*significante a*, que interpela) e, assim, representam uma intenção de comunicar, sem saber exatamente o que (Laplanche,

1992b, pp. 49-50). Esses significantes constituem, no modelo proposto por Laplanche, os objetos-fonte da pulsão (Laplanche, 1992b, pp. 227-242). São esses significantes, funcionando como fonte da pulsão e, portanto, como núcleo do inconsciente, que constituem a essência desse terceiro nível de realidade. Eles são a base material do inconsciente e deste nível de realidade.

Esse realismo do inconsciente defendido por Laplanche se apoia num dado fenomenológico universal, que ele denomina de situação antropológica fundamental[2] (Laplanche, 1992b, pp. 256-257). Essa situação originária caracteriza-se por uma dissimetria envolvendo o adulto e a criança, cujo elemento central é a existência de um inconsciente no primeiro e a ausência dele no segundo. Essa situação representa o que Laplanche identificou como sendo o nível originário da sedução (Laplanche, 1992b, pp. 135-138), que é universal, pois o inconsciente do adulto aparece nessa relação, inevitavelmente, produzindo um desequilíbrio, já que ele aporta significantes para a comunicação, cujo significado o próprio adulto desconhece, e ainda menos a criança que, no início, se move exclusivamente no plano da autoconservação e do apego. Esse comprometimento da comunicação, pelos significantes de natureza sexual provenientes do inconsciente do adulto, torna suas mensagens enigmáticas e, assim, coloca a criança diante da necessidade de tentar traduzir essas mensagens para poder enfrentar o desequilíbrio que elas produzem, tanto em seu corpo quanto em seu mundo representacional. Esse endereçamento enigmático proveniente do adulto representa o que o autor chama de "motor imóvel" do processo de tradução e de simbolização (Laplanche, 1999a, p. 323).

Laplanche chama essa derivação de "dedução clínico-teórica" (Laplanche, 1999a, p. 315) e diz que o realismo que ele busca demonstrar nesse processo de constituição do inconsciente não precisa ser

---

2 Ver também: "Sexualidade e apego na metapsicologia" (Laplanche, 2015).

pressuposto, como tal, no adulto (basta sua constatação no sentido fenomenológico, como um dado), inclusive porque o que determina, de fato, esse realismo do inconsciente é o metabolismo operado pelo recalcamento, que cria algo novo no psiquismo da criança, diferente de tudo o que ali existe e diferente também do que vem do mundo adulto, inclusive, do inconsciente deste último. Isso porque o que escapa ao processo de tradução pela criança não coincide exatamente com o que existe no inconsciente do adulto, embora derive dele (Laplanche, 2015, pp. 195-196). Pelo menos duas deformações separam um inconsciente do outro. Primeiro, porque o que se infiltra nas mensagens do adulto são retornos de seu inconsciente, mediados pela formação de compromisso própria desse processo. Segundo, porque a tradução feita pela criança também promoverá transformações nas mensagens recebidas e isso por duas razões: de um lado, essas mensagens não são traduzidas instantaneamente, mas apenas num segundo tempo, quando outros acontecimentos significantes vierem reativá-las e se misturarem a elas; do outro, o que vai escapar desse processo tradutivo, como resto dessignificado no inconsciente da criança, dificilmente corresponderá, assim, exatamente àquilo que existia no inconsciente do adulto.

De acordo com essa derivação, pela qual o inconsciente é o resíduo recalcado da outra pessoa – e um resíduo inevitável, já que sempre vai escapar algo intraduzível das mensagens do outro, pois, este algo também é desconhecido por este outro –, o realismo do inconsciente não é mais uma pressuposição, mas sim uma dedução lógica necessária.[3] Segundo esse modelo genético, o recalcamento, ao engendrar o recalcado, o inconsciente, cria, ao mesmo tempo, outro tipo de realidade, cuja materialidade reside nos significantes dessignificados e que funcionam como objeto-fonte da pulsão, essa outra coisa em mim,

---

3 Além do artigo já citado, "Curto tratado do inconsciente" (Laplanche, 1999a), ver também "Le mur et l'arcade" (Laplanche, 1992a). Nesse texto, ele vai um pouco além, apresentando quatro provas para o inconsciente.

que me afeta como a outra pessoa me afetava, mas agora como uma coisa que adquiriu o poder de funcionar como causa independente. E, se essa afetação do inconsciente sobre mim deriva da afetação que a outra pessoa exercia sobre mim, é porque o recalcamento representa uma falha do processo tradutivo, o qual visava justamente dominar essa afetação. Isso tem implicações diretas sobre a dinâmica psíquica e sobre a transferência (Laplanche, 1993, pp. 735-783).

Além disso, esse modelo tradutivo deve conseguir explicar também as características do inconsciente, pois, como diz Laplanche, "na medida em que descreve o engendramento do inconsciente, deveria então ser possível deduzir, a partir dele, não só a existência, mas certas propriedades – a consistência, poderíamos dizer – do inconsciente" (Laplanche, 1999a, p. 321). O autor recorre aqui às características centrais já destacadas por Freud. Primeiramente, a questão da atemporalidade que, segundo ele, precisa ser entendida na relação com a da inconsciência. O que determina essa atemporalidade, isto é, essa impermeabilidade dos conteúdos inconscientes à influência do tempo histórico-vivido, é, nessa perspectiva, a impossibilidade que marcou tais conteúdos, pelo recalcamento, de entrarem numa trama significante no plano pré-consciente, onde se desenvolve um saber sobre si, na forma de uma colocação em romance, de uma narrativa, e de uma temporalização. Mas essa temporalização é diferente do tempo perceptivo, da consciência imediata; ela corresponde a outro nível de tempo, próprio da memória, no qual se desenvolve uma autoteorização a partir da tradução dos enigmas propostos pelo outro da sedução. Ela corresponde também a outro tipo de consciência, diferente da consciência perceptiva imediata. Para Laplanche, a ideia freudiana do tornar-se consciente precisa ser repensada nesses termos, pois o que o tratamento promove é muito mais do que uma simples tomada de consciência no sentido perceptivo: é uma recolocação em trabalho do movimento de autoteorização e de temporalização bloqueado pelo recalcamento (Laplanche, 1999a, pp. 322-323).

Em segundo lugar, vem a ausência de coordenação e de negação dentro do inconsciente. Laplanche sublinha que Freud manteve até o fim essa hipótese, imposta pela clínica, mesmo quando se rende à concepção de um Id hereditário, que abarcaria dentro de si as necessidades pulsionais e que entra em choque com essa ideia de uma falta de organização, pois o plano do biológico e do vital é regido por um princípio oposto. Para Laplanche, isso evidencia, no fundo, a reticência e a dificuldade de Freud em explicar as características do inconsciente a partir do recalque. A partir desse modelo tradutivo, tal característica central pode ser entendida como sendo resultado do efeito de deslocação que o recalcamento produz, fazendo com que os significantes dessignificados permaneçam isolados nesse espaço e sem capacidade de estabelecer relações de sentido. Tais significantes perderam a possibilidade de realizar ligações e não podem, assim, formar cadeias associativas. Por isso, Laplanche sustenta que os complexos, como de Édipo e de castração, não podem fazer parte do núcleo do inconsciente, isto é, do recalcado originário, onde predomina o desligamento, próprio da pulsão de morte (Laplanche, 1999a, pp. 324-326). Isso aponta para uma distinção dentro do inconsciente e, ao mesmo tempo, permite introduzir a discussão que ele propõe sobre a outra característica universalmente admitida do inconsciente, que é o processo primário.

O processo primário é caracterizado pela mobilidade dos investimentos, que se dá, normalmente, por meio dos mecanismos de deslocamento e de condensação. Uma tal mobilidade, passando por trocas incessantes entre os significantes inconscientes, parece não ser compatível com a ideia dos significantes dessignificados que são incapazes de estabelecer relações. De fato, para Laplanche, essa mobilidade não existe no nível do recalcado originário, mas sim no do recalcado secundário. E isso implica, portanto, em admitir a existência de dois níveis dentro do inconsciente sistemático: "o do recalcado originário, constituído de protótipos inconscientes, caracterizados por sua fixidez e pelo efeito de atração que exercem, não uns sobre os outros, mas sobre as representações que passam a seu alcance; e o do recalcado secundário, ao qual se aplica o processo primário" (Laplanche, 1999a, p. 327).

Em favor dessa distinção, o autor lembra duas coisas. Primeiro, que o processo primário foi descoberto no contexto da teoria sobre os sonhos, em que entra no trabalho inconsciente que produz o sonho e que incide sobre o material pré-consciente. E, segundo, que a hipótese sobre a fixidez dentro do inconsciente encontra na clínica os apoios mais fortes, como é caso da compulsão à repetição. Além disso, essa distinção permite também garantir, por assim dizer, um lugar para os complexos dentro do inconsciente sistemático. Entretanto, Laplanche é categórico em dizer que o verdadeiro lugar dos complexos é o pré-consciente, onde se produz a temporalização já citada anteriormente e onde, nesse espaço do recalcado secundário, eles se encontram numa forma mais rudimentar, pois aqui também ainda não reina a contradição. Por isso, conclui ele, "a ferida castrativa está aí presente como perfuração, ferida aberta, e mesmo corte, mas não como amputação" (Laplanche, 1999a, p. 328).

Essa referência à castração nos permite passar para outro ponto importante, que é a relação entre o inconsciente e o corpo. Se em Freud é o corpo que responde, por assim dizer, pela consistência da pulsão, pois é nele que se encontra a fonte, para Laplanche, pelo contrário, é o significante dessignificado que tem essa função. E essa mudança de perspectiva é feita de forma deliberada, pois, para ele, o corpo, originariamente, se encontra no plano do instintivo e do vital, no qual a ideia de desligamento não encontra respaldo.[4] Mas o fato é que esse vital é desde muito cedo colonizado pelo pulsional, ficando quase impossível, em seguida, distinguir esses dois planos. Mas isso

---

4 Para Laplanche, o caminho percorrido por Freud nessa direção representa um desvio da rota originária, pelo qual a sedução levava a outro lugar. É exemplar, nesse sentido, seu livro *Freud e a sexualidade – o desvio biologizante* (1997).

não quer dizer, para Laplanche, que a fonte da pulsão provenha do corpo, embora ele esteja completamente implicado. Implicado, primeiro, porque a sedução passa necessariamente por ele, pois é ele, em última instância, que ativa a fantasia inconsciente do adulto. E implicado, em segundo lugar, porque a pulsão sexual exerce um papel colonizador em relação ao vital. A própria constituição do eu não é possível sem o suporte do corpo e as sensações que ele produz. Isso vale também para o processo de simbolização: o desequilíbrio que a mensagem enigmática produz não é apenas mental, pela incapacidade de traduzir; esse desequilíbrio é, antes, corporal, pelo excedente de excitação que produz. Por isso, o significante dessignificado guarda uma relação como o corpo. Além disso, a pulsão, depois de constituída pelo recalcamento, continua afetando o corpo (Laplanche, 1999a).[5]

Essa discussão traz à tona a questão quantitativa, econômica, para a qual Laplanche, a partir desse modelo tradutivo, propõe a seguinte formulação:

> *O que está em questão aí não é outra coisa senão a "exigência de trabalho" exercida pelos "protótipos inconscientes recalcados". Se eu tivesse que apresentar uma hipótese quase metafísica sobre a origem última desta força, eu diria que ela é a medida da diferença ou do desequilíbrio entre o que é e o que não é simbolizável nas mensagens enigmáticas propostas à criança. É, em outras palavras, a medida da quantidade de traumatismo. (Laplanche, 1992a, p. 240, tradução nossa)[6]*

E isso lhe permite concluir que:

---

5 Aí é onde entra, para ele, a questão do afeto, cujo lugar é, essencialmente, o corpo e o eu.
6 Destaques do autor para lembrar que são termos freudianos.

> *A pulsão não é, então, nem um ser mítico, nem uma força biológica, nem um conceito limite. Ela é o impacto sobre o indivíduo e sobre o eu da estimulação constante exercida, do interior, pelas representações-coisa recalcadas, que podemos designar como objetos-fonte da pulsão.* (Laplanche, 1992a, p. 240, tradução nossa)

Esta passagem é importante porque revela toda a preocupação do autor em mostrar que esse modelo permite chegar a uma concepção da pulsão, com base nas representações *coisa* (que é o outro nome, nesse modelo, dos significantes dessignificados), muito mais objetiva e livre das especulações que a aproximam tanto de uma biologia irreal quanto de uma energia desconhecida, e que tornam difícil reivindicar qualquer realismo para o inconsciente.

Do objeto ao método

É chegada a hora de retomar nosso ponto de partida para tentar responder à grande questão que nos levou a esse caminho mais longo, mas necessário. Necessário porque a questão do método é orientada pelo objeto, como ocorreu, aliás, com Freud. Entre os grandes méritos de Freud, segundo Laplanche, está essa clareza de que o método é definido em função da exigência do objeto, que não se permite revelar de outro modo. Isso fica patente quando, em 1923, apresenta uma definição formal da psicanálise, colocando em primeiro lugar o método, em segundo, o tratamento, e, em terceiro, a teoria. Comentando essa definição, Laplanche escreve:

> *O que aparece em primeiro lugar é um procedimento de exploração absolutamente novo, que revela um* domínio *do ser (dos "processos anímicos") ao qual praticamente*

nenhum outro daria acesso. Tudo foi feito na sequência para enfraquecer o "realismo do inconsciente" – que é o nome dessa terra incógnita –, encontrando precursores e equivalentes para ele. Na verdade – pelo menos, essa é nossa tese –, a novidade radical do inconsciente freudiano deriva do fato de ele não trazer um suplemento de significação para o nosso universo consciente: ele não é um novo sentido que seria lido em fenômenos já conhecidos. Ele não é um código, muito menos uma nova teoria. Revela-se nas falhas do consciente como outro domínio do ser. (Laplanche, 2015, p. 92, tradução nossa)[7]

Ao enfatizar a prioridade dada por Freud ao método, quando define a psicanálise, Laplanche busca justamente sublinhar o quanto isso pesa em favor do realismo do inconsciente, marcado por um outro domínio de realidade, que Freud chegou a apontar como "a outra coisa em nós", agindo como "causa" e não pela mediação de sentido, mas teve dificuldade para demonstrar, não apenas porque lhe faltava ainda uma teoria da comunicação, senão também porque a descoberta do simbolismo e dos complexos veio confundir tudo. Mas além de contar a favor do realismo, pois supõe a existência concreta de um objeto, não acessível diretamente, Laplanche insiste também no fato de que o método, por sua natureza analítica no sentido próprio do termo, isto é, associativo-dissociativo, permite ainda supor que esse objeto não é da ordem do sentido. Se a livre associação visa desfazer as associações conscientes para poder chegar a algo em estado bruto, diz Laplanche, "nos encontramos no direito de postular no objeto

---

7 Outro ponto sobre o qual ele insiste é que, além de revolucionário, esse método é também científico: "Não podemos jamais deixar de insistir sobre esse caráter inaudito, revolucionário e, ao mesmo tempo, científico do método freudiano" (Laplanche, 2015, p. 412, tradução nossa).

visado, em função justamente de seu modo de acesso, a ausência de todo sentido sintético" (Laplanche, 1999b, p. 245).

Essa passagem está num texto no qual o autor se defronta com a questão da relação entre a psicanálise e a hermenêutica. E o título escolhido não deixa nenhuma dúvida: a psicanálise não apenas não é uma hermenêutica, senão exatamente o contrário. Sua argumentação pode ser resumida mais ou menos assim: se é verdade, em primeiro lugar, que toda hermenêutica, como método simbólico, visa à revelação de um sentido pré-existente, escondido ou latente, e em segundo lugar, que a psicanálise, como método analítico, associativo-dissociativo, visa à desconstrução de um sentido egoico defensivo para deixar vir à tona o recalcado desconhecido, que perdeu toda referência simbólica, então, estamos falando de dois métodos opostos. Ao fazer uso de uma metáfora, ele sintetiza essa diferença dizendo que, se o método simbólico da hermenêutica pode ser comparado com uma chave, cuja função é abrir a fechadura para trazer à tona um sentido escondido, o método analítico da psicanálise pode, então, ser comparado à chave de fenda, cuja função seria desmontar a fechadura para liberar, de fato, o tesouro inconsciente, já que a chave da hermenêutica que abre a fechadura serve também para fechá-la (Laplanche, 1999b, p. 259).

Essa discussão toda não visa apenas à hermenêutica enquanto tal, mas principalmente à hermenêutica que se instalou na própria psicanálise, e por intermédio do próprio Freud, que aderiu abertamente a uma visão simbólica, apesar de conhecer sua origem cultural, instaurando-a no cerne do inconsciente, primeiro para explicar os sonhos típicos e, depois, os complexos. Para Laplanche, não se trata de exorcizar esse simbolismo, mesmo porque ele também constitui uma realidade, mas de outro nível, diferente do inconsciente recalcado. Logo, a questão não é expurgar o simbolismo da psicanálise, mas sim do inconsciente criado pelo recalcamento originário e, com isso, mostrar onde ele se insere no aparelho psíquico e qual seu papel. Para tanto, a psicanálise precisa de "um modelo capaz de *situar este pensamento e de explicar sua função*" (Laplanche, 1999b, p. 285). Pois bem, o modelo proposto por ele, dito tradutivo, visa justamente dar conta desse desafio. Na verdade, para ele, somente esse modelo pode fazer isso, justamente porque consegue explicar a articulação dos dois planos de realidade, que reside na função tradutiva e organizadora do universo mito-simbólico em relação ao sexual desligado do inconsciente. Longe de se situar do lado do recalcado, o mito-simbólico se situa do lado da censura, isto é, do universo de significação que permite recalcar e manter o recalcado, funcionando como contrainvestimento a este último.

Para Laplanche, o grande equívoco de Freud, que continua na psicanálise contemporânea, foi não ter conseguido distinguir esses dois níveis de realidade, os quais comportam também dois tipos de teorização. Ter colocado no cerne do inconsciente recalcado os mitos que a psicanálise descobriu em ação no homem, como o Édipo e castração, trouxe a maior confusão para a distinção desses dois planos e para a própria metapsicologia, colocando-a numa posição de extrema fragilidade, uma vez que a teorização ligada a esse universo mito-simbólico, por sua natureza necessariamente contingente, não pode ter pretensão de validade universal. Foi justamente essa confusão que permitiu a maioria das críticas em relação à cientificidade da psicanálise (Laplanche, 1999b, p. 181).

O modelo tradutivo, desenvolvido por ele, veio tentar resolver esse dilema, propondo a distinção de dois níveis de teorização, correspondentes a dois níveis de realidade e a dois métodos diferentes. De um lado, uma teoria, de inspiração hermenêutica e baseada no método simbólico, sintético, que contempla esse universo mito-simbólico, tanto no plano cultural quanto no plano individual. De outro, uma teoria metapsicológica, com base no método psicanalítico, da associação-dissociação, que, além de explicar o universo do inconsciente recalcado, excluído do campo significante, assim como seu método específico e a prática do tratamento, precisa ainda contemplar a existência e a função do primeiro nível de teoria, que é mais descritivo e pontual. Ao conseguir fazer isso, essa metapsicologia, além de se legitimar com força, se torna uma meta-antropologia (Laplanche, 1999b, p. 292). Isso porque essa metapsicologia consegue, assim, dar o passo essencial de colocar seus fundamentos sobre uma teoria do ser humano (Laplanche, 1999b, p. 253). Mas o mais importante é que, com isso, essa teoria metapsicológica se desonera do factual contingente e se coloca como um modelo, como uma construção que, como tal, isto é, como toda teoria, está sujeita à crítica, à refutação e à falsificação. Isso nos conduz à questão de partida, da psicanálise na comunidade científica.

Essa nova situação da metapsicologia psicanalítica, à qual a teoria da sedução generalizada lhe permite aceder, coloca-a em condição de requerer, em pleno direito segundo Laplanche, seu lugar no mundo da ciência (Laplanche, 1999b, pp. 176, 184). E, com isso, pode-se dizer que ele conseguiu realizar o grande objetivo de seu projeto, que desde o início foi buscado com afinco e que mergulha suas raízes na exigência perseguida incansavelmente pelo próprio Freud, a saber, de "encontrar para a psicanálise sua forma *científica* adequada", como ele escreve em 1968 (Laplanche, 1992a, p. 36). Essa forma adequada não é muito diferente da maneira "positivista" com a qual o próprio Freud operava, apesar de não ter conhecido Popper, submetendo os modelos por ele construídos ao crivo da experiência, embora tenha cedido à tentação da explicação filogenética e subordinado o método original por ele inventado à uma leitura hermenêutica dos complexos. Mas, justamente, resgatar esse veio positivista freudiano é o que permite, segundo Laplanche, recuperar sua exigência original de cientificidade.

Uma exigência de cientificidade que envolve um racionalismo, com base num mínimo de positivismo, envolvendo três pontos fundamentais: primeiro, a possibilidade de se estabelecer um consenso sobre os termos utilizados; segundo, a capacidade de identificar o domínio dos fatos enunciados pela teoria; e, terceiro, prever circunstâncias que permitam a contestação do que é afirmado (Laplanche, 2015, pp. 101,102). Em outras palavras, para Laplanche, a metapsicologia, como qualquer modelo teórico, precisa se submeter "à *crítica*, quanto a sua simplicidade, sua elegância e sua pertinência; à *refutação*, quanto a sua coerência interna; e, enfim, à *falsificação*, isto é, à possibilidade de ser contraditada em suas consequências pelos fatos" (Laplanche, 1999b, p. 179).

Em outro texto intitulado "Níveis da prova", seguindo essa orientação racionalista que leva em conta a evolução do positivismo, ele fala da importância de se distinguir níveis diferentes da teoria, com pretensões de validade também diferentes. O nível mais importante, o núcleo duro, é o da metapsicologia, focado na questão do inconsciente, da pulsão sexual que o constitui e sua gênese a partir do recalcamento. Esse nível pode e deve ter pretensão de validade universal, submetendo-se aos critérios descritos acima, e é isso que Laplanche reivindica com sua teoria tradutiva e sua explicação sobre o realismo do inconsciente. O nível mais distante é o das teorias sexuais infantis ou adultas, isto é, da autoteorização do ser humano, que se vale dos mitos e do universo simbólico existentes. Esse segundo nível é o dos esquemas narrativos e interpretativos, que a psicanálise, indevidamente, alçou como sendo universal e estando na base do inconsciente. Mas essas teorias não apenas não se situam na base do inconsciente, pois, ao contrário, é o que permite mantê-lo, como também não se prestam à falsificação, já que constituem outro nível de realidade, que é da ordem do mito, da ideologia. E, entre esses dois níveis, é preciso também considerar níveis intermediários, formados a partir de hipóteses que são mais susceptíveis de falsificação, sem necessariamente comprometer o núcleo duro. Ele situa nesse nível as teorias do conflito, da psicopatologia, do sintoma, dos atos falhos e do sonho (Laplanche, 2015, p. 124).

Para encerrar, vale a pena lembrar que, para Laplanche, esse modelo por ele proposto para explicar o inconsciente e sua origem, a partir da hipótese tradutiva, traz a possibilidade de sustentar, dentro de uma perspectiva racionalista, o realismo do inconsciente e, em consequência, a materialidade desse terceiro nível de realidade ao qual ele pertence. De modo que, para ele, "o debate entre verdade material e verdade psicológica precisa ser superado. O lugar original da verdade e do erro e, em consequência, a *verdade psíquica*, não pode ser concebida senão a partir deste terceiro domínio: o da mensagem" (Laplanche, 1999b, p. 286).

Referências

Laplanche, J. (1992a). *La révolution copernicienne inachevée*. Aubier.

Laplanche, J. (1992b). *Novos fundamentos para a psicanálise*. Martins Fontes.

Laplanche, J. (1993). Da transferência: sua provocação pelo analista. In *Percurso, 10*(1), 73-83.

Laplanche, J. (1997). *Freud e a sexualidade: o desvio biologizante*. Jorge Zahar.

Laplanche, J. (1999a). Curto tratado do inconsciente. *Jornal de Psicanálise, 32*(58/59), 307-337.

Laplanche, J. (1999b). *Entre séduction et inspiration: l'homme*. PUF.

Laplanche, J. (2015). Sexual: a sexualidade ampliada no sentido freudiano 2000-2006. (Trad. de V. Dresch). Dublinense. (Trabalho original publicado em 2007).

Tarelho, L. C. (2017). O descentramento do ser humano e o realismo do inconsciente na teoria laplancheana. In P. C. Ribeiro (org.). *Por que Laplanche?* (pp. 15-49). Zagodoni.

13. Ferenczi e o estatuto científico da psicanálise

Helio Honda

A diversidade de abordagens existente no campo da psicanálise tende a ser vista como uma qualidade positiva por uma ótica plural da prática científica. Contudo, além de expô-la a duras críticas externas e internas, tal diversidade teórico-clínica impõe questionamentos que estimulam nossas reflexões sobre seu *status* científico. Que pensar de uma disciplina em que coabitam abordagens não apenas de diferentes matizes, mas díspares em seus fundamentos, como as que reivindicam à psicanálise seu caráter humanista – de tipo hermenêutico ou culturalista, por exemplo – e as declaradamente neurocientíficas? Esse tipo de problema, relacionado à dicotomia oitocentista entre os métodos estabelecidos pelas ciências da natureza e os reivindicados pelas então emergentes ciências humanas, foi objeto de análise em perspectivas diversas por inúmeros autores.

Apesar dos avanços nos estudos em epistemologia e história da psicanálise, tais questionamentos persistem e parecem dever-se, sobretudo, a leituras pautadas por pressuposições externas ao texto freudiano, que podem resultar em abordagens híbridas criativas e interessantes, mas que pouco contribuem à discussão que nos interessa. Para além de sua importância histórica, surpreende-nos como certas ideias metodológicas de um psicanalista próximo de Freud, que fala do interior do movimento psicanalítico em seus começos, podem auxiliar-nos a pensar problemas como o acima elencado.

Conhecido principalmente por suas contribuições à técnica e à clínica psicanalíticas, encontram-se nos textos de Ferenczi certas opiniões sobre metodologia da ciência, cuja explicitação pode contribuir para nossas reflexões sobre os fundamentos da disciplina estabelecida por Freud. Isso em vista, o objetivo deste trabalho é analisar o modo como o psicanalista húngaro compreende o estatuto científico da psicanálise, a partir do que denomina método "utraquista". Em virtude de certa inconsistência contida no aparato de tradução de suas obras, que pode dificultar a apreensão do sentido em que o autor utiliza a noção de utraquismo, iniciaremos com alguns esclarecimentos sobre o termo. Em seguida, buscaremos mostrar como a ideia de uma metodologia utraquista ganha corpo nas reflexões de Ferenczi a partir da compreensão do próprio método da metapsicologia de Freud. Na terceira seção, delinearemos algumas proposições sobre o estatuto do território novo do conhecimento que o autor vê inaugurado pela metodologia freudiana. Para finalizar, exploraremos algumas implicações da discussão apresentada, buscando situá-la ao lado de duas propostas atuais de leitura sobre o problema, para tentar vislumbrar um possível horizonte de novas pesquisas.

Sentido do utraquismo em Ferenczi: alguns esclarecimentos[1]

O termo "utraquismo" passa a figurar em trabalhos ferenczianos do começo dos anos vinte, como em *Thalassa* de 1924, para designar

---

[1] A discussão feita nesta e nas seções seguintes consiste em adaptações de conteúdos publicados em Honda (2018).

uma abordagem metodológica que articula dois pontos de vista, dois domínios científicos etc. No entanto, apenas em um texto de 1933, reunido no quarto volume da edição de suas obras completas em francês – e nas versões produzidas a partir dela, como a brasileira –, encontramos uma nota de esclarecimento sobre o significado do termo. Segundo a nota, utraquismo provém do latim *uter*, significando "lequel des deux, l'un ou l'autre" (Ferenczi, 1982, p. 117; nota), ou seja, "um dos dois, um ou outro", esclarecimento que evidencia o sentido disjuntivo do termo.

Como veremos a seguir, a significação veiculada pela nota contraria o sentido conjuntivo em que o autor concebe e emprega o termo em suas reflexões sobre o método de investigação de Freud. Mas a consulta a alguns dicionários já oferece esclarecimentos preliminares importantes. Segundo o *The Oxford universal dictionary illustrated* (1970), o termo utraquista provém do latim *utraque*, que significa cada um dos dois, ambos, na expressão *sub utraque specie*, isto é, "em ambas as espécies". O dicionário *Le Grand Robert de la langue française* (2008) oferece informações adicionais e esclarece que o termo utraquista, como adjetivo, aparece na edição de 1872, no dicionário Littré, utilizado no plural, utraquistas, derivado do latim *utraque*, também cita a expressão *sub utraque specie* (sob cada uma das duas espécies), ou seja, em ambas as espécies, uma e outra.

Little, Fowler e Couslon e Le Robert também esclarecem que utraquista foi a designação utilizada para se referir aos adeptos do movimento de Hussitas da região da Bohemia, atual República Tcheca, cujos membros reivindicavam a eucaristia, então restrita ao pão, sob as duas espécies, pão e vinho, sendo sua doutrina denominada utraquismo (Little, Fowler & Coulson, 1970; Robert, 2008).[2] Portan-

---

2 Consulta a obras mais específicas ensina que os utraquistas ou hussitas eram assim chamados por seguirem as ideias de John Hus (1373-1414). De acordo com Flinn (2007), Hus teria sido um dos precursores da reforma protestante a ter

to, contrariamente à disjunção indicada pela nota aduzida ao texto de Ferenczi, o sentido conjuntivo do termo é claro: originalmente, no movimento religioso, utraquismo designava a reivindicação do direito à comunhão em ambas as espécies, uma e outra.

Apesar de buscar restituir ao termo sua significação correta, também não parece tratar-se no utraquismo de Ferenczi de uma abordagem de tipo complementarista, conforme indica Pragier: "Esse neologismo criado por Ferenczi – que o utiliza em *Thalassa* – designa a necessidade de levar em consideração dois pontos de vista que trazem a um mesmo problema dois esclarecimentos diferentes e complementares" (1995, p. 15). Mais radical do que um complementarismo *à la* Devereux (1985), cuja etnopsicanálise pressupõe a autonomia das disciplinas envolvidas e a preservação da especificidade dos conhecimentos produzidos a partir de cada domínio, tentaremos mostrar que o uso do termo feito por Ferenczi em suas reflexões sobre o método de Freud implica não só a conjugação de dois pontos de vista envolvidos, mas a articulação do conhecimento assim produzido sob um discurso e estatuto novos.

---

lugar no século seguinte à sua morte. Suas ideias advogavam por uma reforma não apenas moral entre os clérigos, mas igualmente mudanças doutrinárias e práticas na liturgia religiosa, sendo a mais conhecida a defesa da "distribuição da eucaristia para os leigos em ambas as formas, pão e vinho, uma posição mais tarde denominada Utraquismo" (Flinn, 2007, p. 356). Por suas ideias, Hus teria sido condenado ao silêncio e excomungado. A partir de 1466, seguindo as ideias de Hus, uma facção de religiosos Hussitas, os assim chamados Utraquistas, teriam se rebelado contra as autoridades papal e imperial, declarando-se doutrinariamente favoráveis ao "sacramento em ambas as espécies, ou *sub utraque specie*, durante a missa" (Nolan, 2006, p. 892). Essa rebelião teria levado os Utraquistas a conquistar em 1478 o controle nacional da igreja na Bohemia.

O método utraquista de Ferenczi e a metapsicologia de Freud

Conforme indicado, um dos primeiros textos em que nos deparamos com o termo utraquismo sendo adotado para designar uma regra metodológica é *Thalassa* de 1924. Nele o autor apresenta uma concepção sobre a genitalidade, elaborada por meio da articulação entre analogias extraídas da biologia e conhecimentos psicanalíticos sobre a sexualidade. Em suas palavras:

> *Pouco a pouco eu adquiri a convicção de que a introdução em psicologia de noções provenientes do domínio da biologia e de noções de psicologia no das ciências naturais é inevitável e pode ser extremamente fecundo.*
> *(Ferenczi, 1994a, p. 43)*

Com as proposições apresentadas nesse texto, Ferenczi acredita ter lançado as bases de uma nova disciplina: "Assim, nós colocamos a primeira pedra para a fundação de uma nova ciência *bioanalítica*, que transfere sistematicamente os conhecimentos e os métodos da psicanálise para o das ciências naturais" (1994a, p. 141).

Segundo o autor, a metodologia que orienta a discussão em *Thalassa* é inteiramente inspirada em *Três ensaios sobre a sexualidade*, de 1905, momento em que Freud teria pela primeira vez feito uso de conhecimentos obtidos com o tratamento das psiconeuroses e o estudo dos sonhos para esclarecer um problema de biologia. Baseado nessa metodologia, Freud teria conseguido, a partir da conceituação psicanalítica sobre o psiquismo, estabelecida em *A interpretação dos sonhos*, de 1900 – a partir de hipóteses psicológicas, portanto -, "erigir sobre bases inteiramente novas um capítulo importante da biologia, a teoria do desenvolvimento sexual" (Ferenczi, 1994a, p.

43). Na medida em que Ferenczi apropria-se do método freudiano e o emprega nas análises apresentadas em *Thalassa*, estas consistiriam em prolongamento das de *Três ensaios*, elaboradas dentro do mesmo espírito da metodologia que pôde discernir no trabalho de Freud.

É ainda em *Thalassa* que encontramos outras pistas sobre a trilha que conduz às fontes freudianas do utraquismo de Ferenczi. Depois de assinalar a forte impressão nele produzida pelo trabalho de Freud, quando teria mergulhado no estudo de *Três ensaios*, Ferenczi assinala que já o teria homenageado pela iniciativa no prefácio à sua tradução desse texto ao húngaro. Escreve: "No meu prefácio à edição húngara eu já prestei homenagem a esse método que eu considero como um progresso importante no domínio da metodologia científica [...]" (Ferenczi, 1994a, p. 43). No prefácio, intitulado "A importância científica dos *Três ensaios sobre a sexualidade* de Freud", embora a ausência do termo utraquismo se faça notar, encontramos aí considerações sobre os métodos científicos que ajudam a compreender as presentes em *Thalassa*.

Ferenczi já enaltecia o procedimento de Freud, considerando-o um método inovador na história da ciência, a partir do qual o autor teria elaborado uma concepção igualmente inédita sobre a sexualidade humana. A novidade dessa metodologia decorreria do fato de que antes dela, a psiquiatria não passava de uma disciplina descritiva e classificatória dos quadros mórbidos, assim como as pesquisas em sexualidade de uma descrição das perversões sexuais. Ao longo de seu trabalho, opina Ferenczi (1970), embora seus resultados contrariassem a lógica estabelecida e os valores morais e estéticos dominantes, Freud teria mostrado que forças e tendências sexuais identificadas como atuantes em quadros de perversões sexuais e doenças mentais são reencontradas no desenvolvimento ontogenético do psiquismo normal.

As descobertas de Freud dever-se-iam sobretudo à utilização de um procedimento rigoroso, alicerçado numa concepção clara sobre o método científico. Em suas palavras:

> *Esse resultado, como o sucesso de Freud em suas pesquisas psiquiátricas, deve ser atribuído não somente à perspicácia do seu autor, mas igualmente a uma aplicação rigorosa de um método de pesquisa e à adesão a certos pontos de vista científicos. (Ferenczi, 1970, p. 178)*

Por compreendê-la como inovadora e heuristicamente produtiva, Ferenczi teria passado em trabalhos subsequentes – a partir de 1915, portanto – a utilizar-se de forma intensiva da metodologia freudiana, denominando-a posteriormente de método utraquista. Leiamos o registro feito em *Thalassa*:

> *Destarte, em meus trabalhos posteriores, eu não hesitei mais em preconizar esse modo de trabalho que eu qualifiquei de "utraquista". E expressei a esperança de que ele permitiria à ciência obter respostas a certas questões que, até o presente, haviam-na deixado impotente. (Ferenczi, 1994a, p. 44)*

Fiel ao sentido conjuntivo e historicamente localizado do termo, Ferenczi busca não apenas destacar o caráter inovador das investigações metapsicológicas de Freud, mas, ao qualificar como utraquista o método que as organiza, parece assinalar o sentido revolucionário – à maneira dos Utraquistas da Bohemia – da metodologia freudiana frente às concepções vigentes. Vejamos então como ele compreende o contexto científico contra o qual teria emergido a psicanálise, e o que a leitura desse autor pode nos ensinar sobre o seu estatuto.

Ferenczi e a revolução metodológica de Freud

Para justificar sua opinião acerca do caráter inovador da metodologia freudiana na história dos métodos científicos, Ferenczi (1970) busca reconstruir alguns estágios do desenvolvimento da ciência. Conforme a reconstrução, em seus começos a atividade científica não passava de uma forma antropomorfista e animista de conhecimento, caracterizada pelo uso projetivo de faculdades mentais, do que resultaria um mundo portador de características humanas. Essa forma animista de ver o mundo estaria relacionada à cosmologia geocêntrica de Ptolomeu. Uma verdadeira revolução teria ocorrido com o advento da teoria heliocêntrica de Copérnico. Nessa concepção considerada propriamente científica, além da terra ter perdido seu lugar privilegiado no cosmo, o homem ocuparia um assento modesto no mundo, já que passava a ser visto como um mecanismo dentre outros que comporiam o universo. A esse respeito, em texto de juventude datado de 1899, Ferenczi já descrevia de modo irônico essa concepção mecânica:

> Atualmente, nossa pretensa intelligentsia cultural inspira-se em temas do materialismo atomista: o mundo não seria, pois, outra coisa senão uma massa infinita de partículas [...], entre as quais o movimento vibratório criaria a luz, o calor, a eletricidade etc. (Ferenczi, 1994b, p. 35)

Alguns estudos sobre o contexto epistemológico no qual emerge a obra de Freud podem ser úteis para situar as descrições de Ferenczi. O modelo mecânico e os princípios materialistas que passaram a predominar nas ciências da natureza teriam adquirido impulso na primeira metade do século XIX, fruto da reação do positivismo emergente, como alternativa a uma prática científica vista como permeada de elementos metafísicos e princípios vitalistas, uma filosofia da natureza [*Naturphilosophie*]. Resumido por Bernfeld, e reproduzido por Jones (1953) e Assoun (1981), o lema das ciências da natureza estabeleceria:

> *Nenhuma outra força senão a físico-química comum está em atividade no organismo. Para aqueles casos que não puderem ser explicados na ocasião por meio dessas forças, deve-se, ou procurar o modo específico ou forma de sua ação, por meio do método físico-matemático, ou assumir forças novas equivalentes em dignidade às forças físico-químicas inerentes à questão, redutíveis à força de atração e repulsão (Bernfeld, 1949, p. 171).*

Visto como caricatura de um princípio subjacente a um modelo de ciência que fez época, esse lema pode servir como ilustração de uma concepção que, ao se tornar hegemônica, teria imposto como ideal metodológico a explicação dos fenômenos mediante sua redução a processos físicos. Apesar do sucesso do modelo fisicalista no estudo dos fenômenos naturais e de sua importância para o avanço do conhecimento científico, Ferenczi (1970) vê implícita nessa concepção de ciência, a hipótese tácita de que não apenas as funções orgânicas, mas igualmente as funções psíquicas resultariam de mecanismos. Investigados pelos métodos das ciências da natureza, os fenômenos psíquicos deveriam, portanto, ser explicados por processos físicos do sistema nervoso.

Na medida, porém, em que as investigações pautadas nesse modelo de ciência mostravam-se insuficientes para o esclarecimento dos fenômenos psíquicos, os pressupostos materialistas constitutivos dessa concepção de método restavam como uma suposição não demonstrada. Críticas nesse sentido também já podiam ser verificadas desde a juventude de Ferenczi. Reclamava então que para essa concepção de ciência

> *a consciência humana não seria senão um simples produto de uma combinação de partículas do cérebro.* Essa *visão é, contudo, difícil de ser exposta por nossos professores de física, que se esforçam em ensinar essas ideias com uma grande convicção.* (1994b, p. 35)

Quer dizer, embora a hipótese tácita fosse a de que os fenômenos psíquicos constituíssem, como os físicos, mecanismos, quando não eram reduzidos às explicações fisiológicas, um estudo satisfatório das funções mentais era sempre deixado de lado. Por isso, opina o autor, um dos maiores obstáculos para o avanço do conhecimento em psicologia residiria no fato de as ciências da natureza sempre terem negado sua ignorância acerca desses mecanismos psíquicos, "[...] dissimulando essa lacuna de nosso saber mediante pseudo-explicações verborrágicas de ordem fisiológica e física" (Ferenczi, 1970, p. 179).

Teria sido justamente contra as exigências metodológicas impostas pelas ciências da natureza [*Naturwissenschaften*] na investigação dos fenômenos humanos e culturais que teriam se insurgido alguns proponentes de disciplinas das humanidades, as assim conhecidas como "ciências do espírito" [*Geisteswissenschaften*], inaugurando um debate que alcança nossos dias (cf. Assoun, 1981; Mezan, 2007; Simanke, 2009; Carvalho & Monzani, 2015). Dada a suposição de que os fenômenos humanos não são passíveis de esclarecimento mediante sua redução a processos físicos, como visada pelas ciências da natureza, a investigação desses fenômenos deveria ser orientada não pela busca de uma explicação, mas pela compreensão de seu sentido. Daí a ascensão de diferentes disciplinas reivindicando concepções humanistas – fenomenológicas, hermenêuticas, culturalistas etc. – na direção de suas pesquisas e ocupando-se da compreensão do sentido da ação humana considerada livre.

Em vista desse plano de fundo, caracterizado por querelas metodológicas e posicionamentos epistemológicos extremos, vemos transparecer traços utraquistas já na opinião do jovem húngaro, que ironizava: "o espírito humano passa de um excesso a outro, subestimando a verdade que, com frequência, escapa a esses extremos" (Ferenczi, 1994b, p. 36). Em seu esboço de reconstrução histórica, é nessa etapa do pensamento científico, marcada pela dicotomia entre explicação e compreensão, ciências da natureza e ciências humanas, que Ferenczi reconhece a inovação introduzida pelo método da metapsicologia freudiana, que não pode ser subsumido nem a um, nem a outro desses extremos.

A articulação em um discurso novo de descrições até então dissociadas pela demarcação de territórios no campo do saber, Ferenczi a reconhece, como vimos, inicialmente nos avanços produzidos por Freud no conhecimento da sexualidade. A partir dessa metodologia inovadora, considera, a psicologia passou a dispor de meios para produzir conhecimento psicológico sobre camadas profundas da psique, então inacessíveis às descrições psiquiátricas, pois não apreendidas pela observação direta. Em outros termos, enriquecida pelas descobertas de Freud, a psicologia "[...] ousou pesquisar as leis da atividade psíquica inconsciente" (Ferenczi, 1970, p. 179). Enfim, por ter sido o primeiro a utilizar-se desse método na investigação dos processos sexuais desenvolvida em *Três ensaios*, conclui nosso autor: "Freud realizou algo que encontra seu lugar na história da ciência" (Ferenczi, 1970, p. 180).

O reconhecimento da originalidade e dos avanços no conhecimento em psicologia possibilitados pela metodologia freudiana é reafirmado ao longo de seus escritos,[3] valendo destacar um de seus

---

3 Além dos já citados, menção à articulação representada pela psicanálise entre ciências da natureza e psicologia já se encontra na conferência de 1922 intitulada *A metapsicologia de Freud* (Ferenczi, 1982b). Também é de 1922 a resenha de

últimos, de 1933, intitulado *Influência de Freud sobre a medicina*. Reencontramos aí a afirmação explícita de Ferenczi de que o advento da psicanálise constituiria um marco na superação da dicotomia metodológica que estabelecia demarcações no território do conhecimento e fazia afastar as ciências do homem das ciências da natureza:

> *Para terminar, eu gostaria de sublinhar o fato de que Freud aboliu a linha de demarcação bem estabelecida entre as ciências da natureza e as ciências do espírito. A psicanálise não promoveu apenas a compreensão recíproca entre médico e paciente, mas ela reaproximou igualmente ciências da natureza e ciências do espírito (1982a, p. 124).*

Para concluir: algumas perspectivas de pesquisa

A apropriação do sentido da revolução psicanalítica não teria sido, porém, uma experiência fácil nem agradável a Ferenczi. Ao contrário, teria exigido dele um esforço de elaboração, cujo exame pode ser útil ao propósito dessas considerações finais. O autor relata que as primeiras reflexões sobre as implicações epistemológicas contidas na metapsicologia teriam suscitado certas reservas e dúvidas, manifestas em resistências e inibições que o teriam levado a postergar por quase dez anos a publicação de *Thalassa*. Essa relutância é significativa porque, vale lembrar, o livro de 1924 não só seguiria os princípios

---

Psicologia de massas e análise do eu (Ferenczi, 1974), na qual mostra como Freud articula de forma inovadora duas outras dimensões problemáticas, no caso, as do social e do individual, ao demonstrar como essas categorias são indissociáveis na explicação não apenas da formação dos ideais coletivos, mas na da constituição da subjetividade como um todo.

da metodologia de *Três ensaios*, enaltecida desde o prefácio à versão húngara, mas nessa época já estaria praticamente pronto, pois teria sido produzido em paralelo ao trabalho de tradução do texto freudiano. Conforme relatado, ele teria vivenciado uma espécie de conflito que envolveria alguns ideais oriundos de sua educação científica:

> *Segundo minhas convicções de então, este procedimento também era inadmissível. Eu havia aprendido desde a escola a considerar como um princípio fundamental de todo trabalho científico, a separação rigorosa entre os pontos de vista próprios às ciências naturais e aqueles pertencentes às ciências do espírito. A inobservância dessas regras no curso de minhas especulações era uma das razões que me impediam de publicar minha teoria da genitalidade (Ferenczi, 1994a, pp. 42-43).*

Em retrospectiva, esclarece que teria percebido o caráter herético do método ao deter-se sobre os objetivos de *Três ensaios*, reproduzidos em citação no prefácio de 1915. Freud escrevera: "Meu objetivo era verificar em que medida os métodos de investigação psicanalítica podiam fornecer-nos indicações sobre a biologia da vida sexual do homem" (citado por Ferenczi, 1970, p. 179). Ferenczi observa que uma leitura apressada dessas palavras poderia deixar escapar implicações decisivas contidas em um objetivo aparentemente modesto. Porque, se se levar em conta as regras em vigor na pesquisa científica, Freud estaria produzindo uma verdadeira revolução metodológica:

> *Essa tentativa, aparentemente modesta, significa, se nós a considerarmos de perto, uma reviravolta completa do uso estabelecido. Até o presente, nunca se sonhou com a possibilidade de que um método psicológico [...] pudesse*

ajudar a explicar um problema biológico. (Ferenczi, 1970, p. 179)

A conotação moral do dilema enfrentado pelo autor parece transparecer em afirmações como:

Essa transposição permitiu-me ver as coisas sob um ângulo novo, mas eu me senti culpado [schuldig] *pelo crime de psicomorfismo, abuso metodológico que perturbava minha consciência científica* [mein wissenschaftliches Gewissen]. *(Ferenczi, 1994a, p. 42; 2004, p. 318)*

A travessia de um período por assim dizer de elaboração ter-lhe-ia possibilitado compreender que não precisava se envergonhar [shämen] pelo uso de analogias em suas investigações bioanalíticas. Porque se não restasse ao investigador senão limitar-se à descrição dos fenômenos, como procederiam a psicologia e a psiquiatria d'então, as classificações propostas e os conceitos descritivos formulados poderiam ser mantidos "dentro dos limites de seu domínio científico particular" (Ferenczi, 1994a, p. 43). Mas quando o objetivo consiste em elucidar a significação profunda de um fenômeno, é necessário avançar para além de uma atividade puramente descritiva, procurando "involuntariamente analogias em domínios científicos alheios" (1994a, p. 43), tornando-se inevitável a transposição de limites de demarcações estabelecidas.

O conflito vivenciado pelo autor pode soar exagerado quando consideramos a compreensão desde então alcançada por estudos em epistemologia e metodologia da ciência. No entanto, talvez a atenção a uma espécie de desidentificação (Mannoni, 1985), expressa pelas transformações estimuladas pelo impacto da metodologia freudiana sobre a consciência científica de Ferenczi, possa oferecer indicações sobre nossas próprias dificuldades na abordagem do problema. Em outras palavras, talvez as dificuldades em compreender o cenário epistemológico novo, aberto pela metapsicologia freudiana, possam relacionar-se a resistências emanadas de ideais de ciência e método que, apesar de nossos esforços, mantém a psicanálise à espera de esclarecimentos sobre seu estatuto científico.

Para indicar alguns possíveis desdobramentos decorrentes da leitura ferencziana, tentemos situá-la brevemente ao lado das de dois autores cujas propostas têm contribuído para o debate e auxiliado em nossas próprias reflexões. Em Mezan (2007) encontramos uma argumentação consistente voltada para o esclarecimento do tipo de ciência que seria a psicanálise. Considerando-se a dicotomia metodológica já mencionada, passa em revista as reiteradas afirmações de Freud de que a psicanálise é uma ciência natural. O autor mostra que embora tome a física como disciplina modelo de ciências da natureza, os métodos freudianos teriam mais a ver com os da biologia, em particular com os utilizados por Darwin. Como se verificaria mais tarde na metapsicologia, o trabalho do biólogo já seria orientado por hipóteses gerais dificilmente demonstráveis em espaço restrito de tempo, como a da evolução por seleção natural, pelo uso de casos representativos de uma espécie – o caso típico – ao invés de inferências indutivas etc. Além disso, por suas características, os métodos estabelecidos por Darwin na biologia teriam extrapolado o campo restrito, até então tido como das ciências da natureza, tornando-se, nos dias de hoje, constitutivo de disciplinas das humanidades, como as ciências da linguagem. Em virtude dessa assimilação metodológica, o que se entende nos dias de hoje por ciências humanas pouco teria a ver com as antigas *Geisteswissenschaften*, nem estariam limitadas à busca da compreensão do sentido dos fenômenos estudados, mas visariam obter explicações mediante hipóteses gerais. Portanto, a despeito das afirmações de Freud, considera Mezan (2007), a psicanálise incluir-se-ia entre as disciplinas hoje em dia compreendidas como ciências humanas.

Simanke (2009) também se debruça sobre problema análogo, mas explora o sentido das afirmações de Freud sobre o caráter científico naturalista da psicanálise. Em relação à dicotomia metodológica mencionada, o autor considera que Freud teria permanecido alheio às suas implicações, como a da separação entre explicação e compreensão. Como se ciência propriamente dita fosse apenas as ciências da natureza, Freud teria permanecido fiel aos princípios do naturalismo científico e, a partir dele, buscado explicar fenômenos tidos como próprios às humanidades. Ilustraria o feito freudiano, a explicação naturalista, com base em hipóteses neuropsicológicas presentes em textos iniciais de sua obra, de fenômenos cujos esclarecimentos seriam até hoje reivindicados por abordagens humanistas, como o papel do outro na constituição da subjetividade. Mais: como as investigações freudianas teriam abalado pressuposições ontológicas subjacentes a um conceito mecanicista dos processos psicofísicos, ao elevar a biografia do paciente a primeiro plano, essas realizações requereriam um conceito novo de natureza. Nesse contexto, o autor defende a necessidade de rever o que ainda se toma por natureza, pois esta não deveria mais ser vista como limitada a uma concepção mecânica, mas reuniria em si a dimensão histórica. Para além de um naturalismo restrito ao plano do método, Simanke (2009) propõe a ideia de um naturalismo integral que faça juz a uma ontologia da psicanálise.

Apesar das diferenças na orientação dos argumentos, se faz sentido falar de superação pela psicanálise freudiana da dicotomia entre ciências da natureza e ciências humanas, de um apagamento da linha que separava biologia e psicologia, como considera Ferenczi, também para ambos os autores, o sentido dessa superação só poderia ser compreendido a partir da depuração de antigas concepções. As indicações de Mezan (2007) sobre a assimilação da metodologia darwiniana por disciplinas das humanidades e o papel central ali desempenhado por hipóteses gerais ajudam-nos, assim, não apenas a pensar um sentido novo de ciências humanas – ocupe-se ela predominantemente do psíquico, da cultura, da linguagem etc. –, mas sugerem, sobretudo, a necessidade de repensar o próprio sentido de *Wissenschaft*. Em adição, com a demonstração da necessidade de levar em conta a convergência entre mecanicismo e história na consideração da ideia de natureza e a defesa de uma versão nova capaz de integrar as dimensões metodológica e ontológica na abordagem naturalista, Simanke (2009) destaca alguns elementos imprescindíveis para uma reflexão sobre o que podemos ainda estar entendendo por *Natur*.

No horizonte dessas reflexões, revelam-se promissores alguns estudos que têm buscado explicitar a noção de processo para lançar luz sobre a dimensão ontológica da psicossexualidade inconsciente, como propostos em Carvalho (2018). Ao tempo em que enriquecem e aprofundam o debate sobre o estatuto da psicanálise, contribuindo para a explicitação de fundamentos capazes talvez de justificar aproximações entre abordagens aparentemente inconciliáveis, estudos como esses incentivam-nos a refletir sobre nossos próprios ideais científicos e a buscar construir um discurso novo sobre as ciências, talvez como o despertado no autor húngaro pelo impacto da metodologia freudiana.

Referências

Assoun, P. L. (1981). *Introduction à l'épistémologie freudienne*. Payot.

Bernfeld, S. (1949). Freud's scientific beginnings. *The American Imago: A Psychoanalytic Journal for the Arts and Sciences*, 6(3), 163-196.

Carvalho, V. O. (2018). *O território da ciência da natureza em Freud*. 2018. Tese (Doutorado em Psicologia Experimental). Instituto de Psicologia, Universidade de São Paulo.

Carvalho, V. O. & Monzani, L. R. (1985). Sobre as origens da concepção freudiana de ciências da natureza. *Scientiæ Studia*, 13(4), 781-809.

Devereux, G. (1985). *Ethnopsychanalyse complémentariste*. Flammarion.

Ferenczi, S. (1970). L'importance scientifique des "Trois essais sur la sexualité" de Freud. In *Psychanalyse II. Oeuvres complètes, 1913-1919*. Payot.

Ferenczi, S. (1974). Psychologie collective et analyse du moi, de Freud. In *Psychanalyse III. Oeuvres complètes, 1919-1926*. Payot.

Ferenczi, S. (1982a). Influence de Freud sur la médicine. In *Psychanalyse IV. Oeuvres complètes, 1927-1933*. Payot.

Ferenczi, S. (1982b). La métapsychologie de Freud. In *Psychanalyse IV. Oeuvres complètes, 1927-1933*. Payot.

Ferenczi, S. (1994a). *Thalassa. Psychanalyse des origines de la vie sexuelle*. Payot.

Ferenczi, S. (1994b). Le spiritisme. In *Les écrits de Budapest*. E.P.E.L.

Ferenczi, S. (2004). Einleitung (Versuch einer Genitaltheorie). In *Schriften zur psychoanalyse II*. Psychosozial Verlag.

Flinn, F. K. (2007). *Encyclopedia of catholicism*. Facts On File.

Honda, H. (2018). *Sándor Ferenczi e as perspectivas da psicanálise: Elementos para uma metapsicologia freudo-ferencziana*. Appris.

Jones, E. (1953). *Life and work of Sigmund Freud*. Basic Books.

Mannoni, O. (1985). La désidentification. In *Le moi et l'autre*. Denoël.

Mezan, R. (2007). Que tipo de ciência é, afinal, a Psicanálise? *Natureza Humana*, 9(2), 319-359, 2007.

Nolan, C. J. (2006). *The age of wars of religion, 1000-1650: An encyclopedia of global warfare and civilization.* Greenwood Press.

Little, W., Fowler, H. W. & Coulson, J. (1970). *The Oxford universal dictionary illustrated.* The Clarendon.

Pragier, G. (1995). Un inédit de Ferenczi sur les interactions de la théorie et de la pratique. In T. Bokanowski, K. Kelley-Laine & G. Pragier (eds.). *Monographies de la Revue Française de Psychanalyse: Sandor Ferenczi* (pp. 11-18). PUF.

Robert. (2008). *Le grand Robert de la langue française.* Le Robert.

Simanke, R. T. (2009). A psicanálise freudiana e a dualidade entre ciências naturais e ciências humanas. *Scientiae Studia*, 7(2), 221-35.

14. Afeto, corpo e sentido: a clínica psicanalítica com Freud e Merleau-Ponty[1]

Nelson Ernesto Coelho Junior

Desde o início de minha atuação como psicanalista tenho estado plenamente envolvido nos esforços clínicos e teóricos para fazer da psicanálise uma prática e um campo de conhecimento em que as diferentes dimensões da complexa construção/evocação de sentidos se faça de forma cada vez mais consolidada e compreensível. Que se expanda, justamente, a compreensão sobre as diferentes trilhas que nos levam dos afetos, da percepção e do corpo à simbolização e aos pensamentos. E que possamos encontrar nosso espaço para ser nós mesmos, um espaço mental próprio, na feliz concepção de Salomon Resnik, no prefácio para a tradução inglesa de seu livro *Mental space* (1995):

> *Encontrar um lugar para ser você mesmo é uma experiência aventureira que todos desejam, mas vivemos em uma*

---

1 Este artigo é uma versão modificada do texto "Do afeto ao pensamento ou do corpo à simbolização", publicado originalmente no livro *Diálogos psicanalíticos Bion e Laplanche: do afeto ao pensamento* (2019).

cultura onde estamos sempre fugindo de nós mesmos –, mas fugir só aumenta o medo de se encontrar, e o medo, por sua vez, aumenta a tendência de fugir, de escapar para o mundo exterior. Às vezes, na mente do adolescente (qualquer que seja nossa idade cronológica), isso aparece como a compulsão de pular na mente ou no espaço mental de um guru ou de algum outro líder. Quando me mudei para a Europa, tive que enfrentar isso em mim mesmo, o problema de identidade de ir em direção a um grande e idealizado analista (Herbert Rosenfeld) e a um filósofo – Maurice Merleau-Ponty, por exemplo, de quem fui aluno em Paris. Eu estava enfrentando em mim mesmo o problema de identidade de qualquer jovem que está se tornando consciente de sua necessidade de um ego ideal, mas ao mesmo tempo tem que evitar a alienação da idealização extrema e deve voltar ao seu próprio ego ideal e ego "real". Um dia, depois de escrever este livro, encontrei em uma livraria o livro de Virginia Woolf "A Room of One's Own". Fiquei impressionado com o título e me senti muito em sintonia com sua linguagem e metáforas evocativas. Virginia Woolf deu-me a imagem viva da ideia de procurar um espaço para mim mesmo. Ela despertou em mim meus sentimentos românticos infantis e adolescentes de vagar por jardins e casas, bosques e flores, a necessidade de algum calor dentro de nós, que podemos chamar de "mãe": a boa mãe interiorizada. Para mim, a ideia de espaço mental na psicanálise é uma forma de estimular em cada um de nós algum calor em nossas próprias casas íntimas: o corpo. A psicanálise às vezes é uma mediação necessária – como foi para mim Paris, entre Buenos Aires e Londres –, que nos ajudará a descobrir nosso "lar interior", a repará-lo e torná-lo apto para viver. O processo psicanalítico é uma forma de vagar dentro de nossa própria história, através do escuro e do cinza e, também, da luz. Às vezes, nosso caminho interno é obstruído por períodos de mau tempo – aqueles tempos internos perturbadores, que podem até congelar. (Resnik, 1995, p. xx)

Ele nos lembra de que a psicanálise pode ser uma das formas de ajudar pacientes desesperados a "descongelar". O uso que Resnik faz da filosofia de Merleau-Ponty, como mediação, em seu diálogo com psicanalistas como Klein, Bion e Winnicott, fez com que me sentisse muito próximo de seu "lar interior", vivendo também minha busca por uma casa íntima que espero poder compartilhar com os leitores.

Nos meus próprios termos, venho recorrendo à metapsicologia freudiana e à filosofia de Merleau-Ponty para avançar nessas questões e conseguir estabelecer um diálogo frutífero com meus colegas psicanalistas. Em minhas pesquisas e prática clínica, tenho procurado estabelecer os elementos básicos de uma clínica psicanalítica fundamentada na experiência de uma cocorporeidade. Defino a noção de corporeidade como um tecido material e energético, móvel e instável, movido por forças pulsionais em sua remissão aos objetos e marcado por interferências de intensidades internas e externas, constituindo um campo de forças e protossentidos. Como se verá, proponho que não há forma de expulsar a dimensão pulsional da corporeidade, tampouco o *Eu* e o inconsciente. Mas também não há como negar a dimensão relacional, propriamente intersubjetiva da situação analítica. Com isso, tenho procurado sublinhar a necessária tensão permanente entre as dimensões intrapsíquicas e as intersubjetivas na clínica e na teorização psicanalíticas. Procuro sublinhar também minha preferência pela noção de cocorporeidade com relação a de intercorporeidade, já que entendo que a ênfase não deve se situar no entre corporeidades, mas sim na ideia da copresença de duas corporeidades, que já trazem em si o *Eu* e o outro.

Cabe esclarecer que a noção de intercoporiedade, proposta por Merleau-Ponty, foi apresentada em um ensaio de 1959 intitulado "O filósofo e sua sombra", tendo como ponto de partida a clássica referência ao encontro da mão esquerda com a mão direita no toque. Merleau-Ponty (1960) procura formular a possibilidade de compreensão da relação entre o Eu e o outro, não mais por meio da intersubjetividade, mas da intercorporeidade:

> *Minha mão direita assistia ao surgimento do tato ativo em minha mão esquerda. Não é de maneira diversa que o corpo do outro se anima diante de mim quando aperto a mão de outro homem, ou quando o olho somente. [...] Minhas duas mãos são "co-presentes" ou "coexistem" porque são as mãos de um só corpo; o outro aparece por extensão desta co-presença. Ele e eu somos os órgãos de uma só intercorporeidade. (pp. 212-213)*

Para Merleau-Ponty, a noção de intercorporeidade é fundamental na transformação de uma tradição filosófica marcada pelo privilégio das representações, em direção a uma filosofia voltada para a investigação do campo de intensidades sensíveis, solo primeiro de nossas experiências vividas.

Nos meus termos, trata-se de redefinir e valorizar a noção de corporeidade e sua relação com as formas de simbolização, por meio do reconhecimento das dimensões pulsionais e relacionais presentes na corporeidade. O caminho que me levou à definição anteriormente apresentada foi que a corporeidade é um feixe sensorial e energético de intensidades heterogêneas e aleatórias que possui a potência de produzir protossentidos, como parece sugerir o filósofo Michel

Bernard (2002), a partir das concepções psicanalíticas de Anton Ehrenzweig (1967/1974). Ou ainda, de forma menos condensada, a corporeidade é um tecido material e energético, móvel e instável; é movida por forças pulsionais, em sua relação de investimento mútuo com os objetos externos (par pulsão/objeto, como propõe Green [2002], e pulsões mensageiras, como sugere Roussillon [2008]). Portanto, a corporeidade é marcada por interferências de intensidades internas e externas, possibilitadas por sua grande porosidade, característica primordial da corporeidade constituindo, assim, um campo de forças e protossentidos.

Com isso, o que proponho, de modo simplificado, é que tomemos o conceito de corporeidade como alternativa para designar um campo específico de experiências sensoriais, afetivas e com significado, mesmo que protossimbólicas. Corporeidade de paciente e analista, cocorporeidade, plano originário de relação em que processos transferenciais e contratransferenciais são vividos e sentidos, corporeidade do analista em suas respostas à corporeidade do paciente, que podem incluir experiências/ações de sonolência, tédio, desejo sexual, tristeza, raiva, impulsos agressivos ou sádicos etc. Insisto na dimensão cocorpórea do campo analítico na tentativa de enfatizar, por outro ângulo, a grande interdependência dos funcionamentos psíquicos de pacientes e analistas durante o processo de análise. Com isso, procuro também me referir a formas de comunicação e não comunicação que permeiam e sustentam os trabalhos analíticos. São estímulos basicamente não verbais e pré-verbais (mas que também podem ser verbais) que operam por meio de um plano primordial de contato e experiência do outro, que é a cocorporeidade. Insisto na ideia de que as percepções e as sensações trazem em si a possibilidade de atribuição de sentidos/significados. A questão que proponho é a possibilidade de a dimensão cocorpórea, por si mesma, em sua estrutura sensorial enquadrante, para além de ser polo receptivo, também produzir sentido/significação. Ou seja, como se passa do corpo à consciência, ou do corpo à plena capacidade de simbolização?

Acrescento, apenas, que se pensarmos como Ogden, a partir das funções do terceiro analítico, teremos a *corporeidade do setting* (como sugiro que se nomeie esse recorte da situação analítica) enquanto possibilidade simultânea de percepções internas e externas de cada uma das corporeidades da situação analítica, bem como da própria situação composta pelas duas corporeidades, a cocorporeidade.

Para deixar mais claro o caminho que me levou a pensar desse modo, retomarei algumas das ideias propostas por Merleau-Ponty em seu percurso filosófico sobre os temas da percepção, do corpo, da sensibilidade e do conhecimento.

A *percepção e o pensamento*

Para Merleau-Ponty, a percepção tem um papel fundamental com relação ao ato de conhecer: "[...] subtraímos à percepção a sua função essencial, que é a de fundar ou de inaugurar o conhecimento [...]" (1945, p. 24). Por outro lado, "a percepção não é uma ciência do mundo, não é nem mesmo um ato, uma tomada de posição deliberada; ela é o fundo sobre o qual todos os atos se destacam e ela é pressuposta por eles." (1945, p. v) Assim, é possível dizer, com Merleau-Ponty, que não há como prescindir da percepção em qualquer processo que vise ou busque o conhecimento, mas, ao mesmo tempo, não devemos considerá-la ingenuamente uma ciência do mundo.

É importante, ainda, enfatizar a relação que Merleau-Ponty estabelece entre percepção e sentido:

> *Ora, aqui os dados do problema não são anteriores à sua solução, e a percepção é justamente este ato que cria de*

> *um só golpe, com a constelação dos dados, o sentido que os une – que não apenas descobre o sentido que eles têm, mas ainda faz com que tenham um sentido. (1945, p. 46)*

Esta citação revela um filósofo otimista com relação à possibilidade de que um ato perceptivo, por si mesmo, revele/produza sentido. Para ele, o sentido não é propriedade nem dos objetos nem da consciência soberana de um sujeito. O sentido emerge do *campo perceptivo*, de um campo sensível em que a copresença de corpos em sua fricção com o mundo inaugura o plano das experiências significativas.

Se na *Fenomenologia da percepção* (1945), ainda não poderíamos ter a certeza definitiva de que Merleau-Ponty buscava na experiência sensível do corpo vivido à base para sua compreensão da relação homem-mundo, homem-outros homens, em *O visível e o invisível* (obra inacabada publicada postumamente, em 1964), seu projeto fica evidente. O que encontramos nesse último texto é o aprofundamento em direção a uma interrogação mais radical da origem da relação perceptiva e, portanto, da gênese do conhecimento que emerge do contato do corpo com o mundo, com as coisas e com o corpo de outros. É o projeto de uma ontologia que parte do sensível, que toma o plano do sensível como um solo primeiro, "já que o sentir não é a possessão intelectual 'daquilo' que é sentido, mas sim despossessão de nós mesmos em seu proveito, abertura àquilo que em nós não temos necessidade de pensar para compreender." (Merleau-Ponty,1964a, p. 179).

A investigação que partiu de uma fenomenologia da percepção, que buscava na experiência pré-reflexiva seu plano originário, prossegue seu curso, tomando inicialmente uma das possibilidades da abertura perceptiva, o olhar, como paradigma do ser sensível do corpo vivido. Uma primeira sistematização já aparece no último texto publicado em vida por Merleau-Ponty, o ensaio *O olho e o espírito*:

> *O enigma reside no fato de que meu corpo é ao mesmo tempo aquele que vê e que é visto. Ele que olha todas as coisas também pode olhar a si e reconhecer no que está vendo então, o 'outro lado' de sua potência de ver.*
> *(1964b, p. 18.)*

Apresentar o corpo vivido, a partir de sua potência de ver, como experiência reversível – de quase simultaneidade de ser sujeito e objeto de um ato sensível –, é um dos projetos dos últimos textos de Merleau-Ponty. Referi-me a quase simultaneidade, porque, como bem escreve o filósofo:

> *É tempo de sublinhar que se trata de uma reversibilidade sempre iminente e nunca realizada de fato. Minha mão esquerda está sempre em vias de tocar a direita no ato de tocar as coisas, mas nunca chego à coincidência; [...] nada disso é fracasso, pois se tais experiências nunca se recobrem exatamente, se escapam no momento em que se encontram, se há entre elas "algo que se mexeu", uma "distância", é precisamente porque minhas duas mãos fazem parte do mesmo corpo, porque este se move no mundo [...] Sinto quantas vezes quiser, a transição e metamorfose de uma das experiências na outra, tudo se passa como se a dobradiça entre elas, sólida e inabalável, permanecesse irremediavelmente oculta para mim.*
> *(1964a, pp. 194-195)*

Surge, assim, um dos aspectos mais característicos das últimas proposições filosóficas de Merleau-Ponty: a descrição e investigação de um campo que é quase o da indiferenciação, como se, no plano do sensível, da mais radical relação perceptiva, as particularidades que geram as diferenças quase fossem abolidas e nós tivéssemos então que reconhecer que no princípio só há a unidade. Mas Merleau-Ponty afirma: se não há coincidência absoluta, se não há simultaneidade total ou reversibilidade "instantânea", isso não deve ser entendido como um fracasso. A distância e, portanto, o nível das particularidades é próprio do corpo vivido em sua relação com o mundo. Deve-se, no entanto, reconhecer as "dobradiças" que fazem desse plano de base, que é o da relação perceptiva, um campo que se constitui em um só contexto, em uma só cena, que tem lados e dobras, mas que não é mais, definitivamente, a situação dividida, separada em duas cenas da dicotomia sujeito-objeto, da oposição irreconciliável consciência-mundo.

Para Merleau-Ponty há sempre polaridades, há tensão entre lados. Não há uma unidade absoluta anterior nem uma unidade absoluta posterior. Essa é sua concepção de uma dialética sem síntese. Há permanente movimento entre polaridades que, no entanto, não criam dois contextos isolados, duas cenas separadas. Há constante interpenetração, há um lado e outro lado e uma dobradiça entre eles. Ou como escreve Merleau-Ponty sobre a dualidade corpo-espírito:

> *Definir o espírito como outro lado do corpo – Não temos ideia de um espírito que não estivesse de par (doublé) com um corpo, que não se estabelecesse sobre esse solo.* [...] *Há um corpo do espírito e um espírito do corpo e um quiasma entre os dois.* (1964a, pp. 312-313)

Aqui estão duas noções-chave para a melhor compreensão do pensamento de Merleau-Ponty – dobradiça e quiasma – e para que nos aproximemos um pouco mais de uma compreensão possível da situação clínica que nós, psicanalistas, desde Freud, procuramos descrever a partir de nossa prática. A situação clínica desenvolve-se em um só contexto, em um só campo, em uma só cena; mas essa unidade não é a da indiferenciação absoluta. É sempre cena com um e outro lado: visível e invisível, um corpo e outro corpo. Um lado e outro lado, mas não como lados independentes e irreconciliáveis: um lado, outro lado e um quiasma, uma dobradiça entre os dois.

Mas cabe prosseguir investigando a relação perceptiva. A noção de "carne" (*chair*), uma das noções privilegiadas por Merleau-Ponty em *O visível e o invisível*, é de grande utilidade neste momento do percurso de investigação:

> [...] *de sorte que o que vê e o que é visto se permutam reciprocamente* (se reciproquen), *e não mais se saiba quem vê e quem é visto. É a essa Visibilidade, a essa generalidade do Sensível em si, a esse anonimato inato do Eu-mesmo que há pouco chamávamos "carne", e sabemos não há nome na filosofia tradicional para designá-lo. [...] A "carne" não é matéria, não é espírito, não é substância. Seria preciso, para designá-la, o velho termo "elemento", no sentido em que era empregado para falar-se da água, do ar, da terra e do fogo, isto é, no sentido de uma coisa geral, a meio caminho entre o indivíduo espácio-temporal e a ideia, espécie de princípio encarnado que importa um estilo de ser em todos os lugares onde se encontra uma parcela sua.* (1964a, pp. 183-184)

No que essa noção merleau-pontyana de carne pode ser útil para a teorização psicanalítica e para a compreensão do ato perceptivo? Que elemento é esse, que sendo coisa geral, a meio caminho entre o indivíduo espácio-temporal e a ideia, pode vir a contribuir para a compreensão da situação clínica descrita pela psicanálise?

A noção de carne, me parece, é a base comum, é o estofo comum que possibilita falar em interpenetrabilidade de lados, de polaridades, de um e outro. É o que evita com que seja preciso trabalhar em duas cenas, isoladas, que não se intercomunicariam a não ser que se postulasse uma ponte imaginária, autoconstituída. A noção de carne é o que faz, ao contrário, com que seja possível partir de uma cena só, de um só contexto de base, onde lados se interpenetram. Entretanto, não cabe postular a carne como uma nova síntese, só que anterior, unidade originária e indiferenciada que extinguiria o incômodo pulsar de polaridades. A noção de carne, melhor que qualquer outra por sua radicalidade, traz em si esse espetáculo maravilhoso, que é o da mútua constituição das polaridades em um campo comum, o da permanente reversibilidade possível entre corpo como o que vê e o que é visto, entre corpo que toca o mundo e é pelo mundo tocado. Aparece aqui um aspecto central do diálogo possível entre a filosofia de Merleau-Ponty e o trabalho de psicanalistas contemporâneos.

Do ponto de vista epistemológico, a proposição de um elemento (carne) que estaria presente em tudo, mas sem, todavia, ser origem desse tudo, não postula a eliminação das diferenças que abriria espaço para uma concepção monista. Ao contrário, legitima as diferenças, ao mesmo tempo que recupera um estilo comum presente no entrejogo das polaridades, caracterizando, simultaneamente, a presença da igualdade e a da diferença. Esse aspecto é central na discussão do pensamento pós-moderno, em que a defesa incondicional das diferenças trouxe consigo, na maioria das vezes, a perda da tensão gerada entre igualdade e diferença. O pensamento de Merleau-Ponty constrói-se, como ele mesmo apresenta em *O visível e o invisível*, a partir de uma *dialética sem síntese*, em que a tensão dialética é mantida como aspecto central, mas recusa-se à busca de sínteses reasseguradoras.

Com isso, fica claro que Merleau-Ponty não supõe um mundo onde distâncias não existem. Não há a defesa de uma "geleia geral", pura indiferenciação que nos remeteria à concepção da grande unidade originária, na forma do uno primordial, de onde tudo nasce e para onde tudo volta. Ver-se é tocar à distância; se busco com meu corpo tocar e ser tocado é porque a distância existe, a diferença é um fato. No entanto, o que pode tornar o ver e o tocar significativos e carregados de sentidos é a simultaneidade de diferenciação e indiferenciação – esta como a presença do mesmo elemento (carne) no corpo e no mundo. Escreve Merleau-Ponty: "Em vez de rivalizar com a espessura do mundo, a de meu corpo é, ao contrário, o único meio que possuo para chegar ao âmago das coisas, fazendo-me mundo e fazendo-as 'carne'" (1964a, p. 178). Ou ainda:

> *O visível pode assim preencher-me e ocupar-me só porque, eu que o vejo não o vejo do fundo do nada, mas do meio dele mesmo, eu, aquele que vê, também sou visível; o que faz o peso, a espessura, a "carne" de cada cor, cada som, de cada textura tátil, do presente e do mundo, é que aquele que os apreende sente-se emergir deles por uma espécie de enrolamento ou redobramento, profundamente homogêneo em relação a eles, que é o próprio sensível vindo a si e, em compensação, o sensível está perante seus olhos como seu duplo ou extensão de sua "carne". (pp. 152-153)*

Assim, o enigma presente na situação clínica encontra-se, em parte, nessa ambiguidade constante que nos faz deslizar de um lado para o outro lado e, depois, deste para aquele. Em alguns momentos, é possível situar-se no entre, no quiasma; algo se torna apreensível, mas não porque emerge de uma plena visibilidade, e sim justamente porque emerge do entrelaçamento de visível e invisível. Não há visibilidade pura, tampouco pura invisibilidade. Nada está absolutamente oculto e nada se mostra em sua totalidade, como uma visibilidade absoluta. O visível não é o oposto do invisível. O invisível não é ausência de visibilidade. Ou como escreve Merleau-Ponty:

> Melhor que falar do ser e do nada, conviria falar do visível e do invisível, repetindo que eles não são contraditórios. Diz-se invisível como se diz imóvel: não para aquilo que é estranho (étranger) ao movimento, mas para aquilo que o mantém fixo. É o ponto ou grau zero da visibilidade; a abertura de uma dimensão do visível. (1964a, p. 30)

Uma vez mais vale lembrar que, para Merleau-Ponty, não há anterioridade do invisível em relação ao visível, nem o inverso. Nossa experiência ocorre na simultaneidade de visível e invisível. Considerar a simultaneidade entre o visível e o invisível é a tarefa de uma reflexão psicanalítica que procura se situar para além dos limites de sua própria teorização.

A psicanálise, a percepção e o corpo: em busca do pensamento e da simbolização

Ao descrever a complexidade da experiência vivida, a psicanálise sempre mostrou aspectos que dificilmente podem ser explicados por construções teóricas que partem de um conhecimento estabelecido *a priori*. Há, nas articulações pré-reflexivas, o estabelecimento de uma situação que não é da ordem do entendimento racional, das construções acabadas de uma teoria. Mas nem por isso precisam tornar-se propriedade de um irracionalismo. Não se trata, é evidente, da impossibilidade da construção de um conhecimento ou do reconhecimento de um saber que se estabelece a partir de uma prática vivida, mas sim de tornar evidente que a intervenção de um pensamento que se dê de fora da própria situação vivida (como se isso fosse possível) correrá sempre o risco de constituir-se a partir de si mesmo, ou seja, de encontrar no mundo aquilo que nele já havia colocado. Seria necessário descrever uma vivência que se dá, enquanto contato primordial, no plano do pré-reflexivo, portanto, anterracional, e não antirracional. É neste plano que a filosofia final de Merleau-Ponty procura se mover e que a psicanálise precisaria fazer o mesmo mais constantemente, tanto no que diz respeito às suas descrições clínicas, quanto às suas teorizações.

Em minhas pesquisas, tenho trabalhado com a hipótese de que a percepção ocupa um espaço intermediário, o lugar da ambiguidade entre o subjetivo e o objetivo, o virtual e o atual, o psiquismo e a realidade externa. Nesse sentido, a percepção não tem como ser purificada de seus aspectos introjetivos e projetivos, concebida apenas como uma função neutra de apreensão de estímulos. A percepção participa ativamente da construção das realidades externas e psíquicas.

> *A percepção não é propriedade de um sujeito ou de uma consciência, tampouco é resultado exclusivo das propriedades expressivas de um objeto. Está sempre a meio caminho entre o eu e o mundo, ou melhor, exige uma completa reformulação destas oposições. A percepção é espaço intermediário; é simultaneidade de perceber e não perceber, é a ambiguidade intensa que rege nossa complexa interligação com os objetos. A percepção revela fronteiras muito mais tênues do que as geralmente reconhecidas entre as assim chamadas realidades externas e internas. Se a percepção nos possibilita uma representação dos objetos, do mundo e de nós mesmos, ela também nos revela a simultânea irrepresentabilidade dos objetos, do mundo e de nós mesmos. (Coelho Jr., 1999, p. 106)*

No trabalho terapêutico, há a evidência de muitas formas de presença, assim como a ausência das funções perceptivas e de suas respectivas consequências. Se por um lado é fato que o pensamento e a linguagem verbal viabilizam a forma de expressão das capacidades perceptivas de cada sujeito, por outro o empobrecimento perceptivo gera o empobrecimento do pensamento e da linguagem verbal. Tenho me questionado se o oposto pode ser pensado. Ou seja, será que a ampliação das possibilidades perceptivas por meio da desativação de inibições afetivas na relação terapêutica poderia favorecer a ampliação das possibilidades de expressão da linguagem verbal? Tenho notado em alguns pacientes que o grande empobrecimento da linguagem é comumente acompanhado de um empobrecimento geral das percepções. Assim, será que é possível imaginar, no processo de uma análise, a ampliação perceptiva e sua articulação com a ampliação das possibilidades de expressão e reconhecimento dos afetos por meio da linguagem verbal? Essas e muitas outras questões têm marcado minha clínica e minhas tentativas de formulação do tema geral da percepção na psicanálise.

Afinal, a percepção, ou melhor, a maneira como a concebemos, reclama uma definição que não é apenas técnica ou teórica, em sentido mais restrito. Percebemos o mundo e a nós mesmos diretamente ou apenas por meio do pensamento? Existe percepção inconsciente ou a percepção é sempre consciente? O modelo inicial freudiano do binômio percepção-representação é o único possível em sua obra ou a percepção pode aparecer com outra conotação em sua última formulação metapsicológica? Assim, talvez ainda nos reste definir com mais precisão como é que a psicanálise concebe a percepção, qual é o lugar que essa experiência possui em sua construção teórica e em sua prática clínica. Para avançar um pouco mais nesse questionamento, passemos para os textos de Freud.

Para contextualizar e dar maior sentido a essas questões, cabe situar o modo como Freud concebeu, em sua segunda tópica, a constituição do *Eu* e a presença do corpo e do outro (*Nebensmensch*) nessa constituição e, assim, valorizar o caminho que a metapsicologia freudiana nos legou. Para isso, entendo que é preciso insistir nas concepções freudianas e recuperar o lugar da corporeidade na teoria e na clínica de Freud e, em particular, recuperar a relação entre corporeidade e o *Eu*. Trata-se de dar relevo, inicialmente, ao que Freud indicou como o nascimento do *Eu*, ou seja, uma diferenciação do *Id*, uma protosseparação com relação às pulsões e à dimensão propriamente somática. Mas esse momento inicial é também, seguindo diferentes proposições psicanalíticas, o momento da separação do corpo (ou da corporeidade) da mãe que, no entanto, se faz presente por meio dos processos identificatórios primários. É nesse plano que apareceria o que podemos chamar de marcas no corpo, elementos constitutivos que não são imagens nem representações, mas operações que deixam marcas e cicatrizes no *corpo identificado*, constituindo-se, talvez, como a base para o que já se denominou *memórias corporais*. As duas separações (do *Id* e do corpo da mãe) que possibilitam o surgimento do *Eu* não são, por outro lado, exclusões definitivas dessas duas figuras da corporeidade. Difícil imaginar o *Eu* em seu projeto de autonomia, podendo prescindir das forças pulsionais e das marcas identificatórias que o constituíram. As posições de Freud sobre o *Eu* em *O Eu e o Id* (1923/2007) ampliam a possibilidade de compreensão das determinações da corporeidade. Como procurarei demonstrar, Freud abre as possibilidades para a compreensão da simultaneidade das dimensões internas (pulsões, a partir do *Id* e das percepções endopsíquicas) e externas (realidade, outros, a partir da percepção externa). Freud sugere que funções inconscientes do *Eu* são responsáveis pela percepção interna dos processos dos pensamentos e dos afetos. Não temos consciência das determinações, apenas dos seus efeitos. Trata-se da explicitação do campo das percepções endopsíquicas, descritas como uma espécie de percepção inconsciente dos processos internos, que influencia as possibilidades de interpretação sobre o mundo e sobre as próprias funções do *Eu*. Do outro lado, é o próprio sistema percepção, com suas funções de mediação com o mundo externo, que Freud considera um elemento central na constituição do *Eu*. Mas não é o único elemento decisivo, como afirmou Freud:

> *Contudo, além da influência do sistema P., outro fator parece também ter importância no processo de formação do Eu e na sua diferenciação do Id. Refiro-me ao nosso próprio corpo, sobretudo sua superfície, de onde podem partir tanto percepções internas quanto externas* [äussere und innere Wahrnehmungen]. *Embora ao vermos nosso próprio corpo, ele se nos apresente como se fosse um objeto, ao tocá-lo, notaremos que ele produz dois tipos de sensações táteis, das quais uma pode ser equiparada a uma percepção interna. [...] Além do tato, também a dor parece desempenhar um papel na formação do Eu. [...] Assim, o Eu é sobretudo um Eu corporal, mas ele não é somente um ente de superfície* [Oberflächenwesen]: *é, também, ele mesmo, a projeção de uma superfície.* (1923/2007, p. 38).

Essa passagem, sempre citada, permite diferentes níveis de interpretação. Para mim, é claro, chama a atenção a semelhança com muitas passagens de Merleau-Ponty sobre a experiência sensível do corpo, que é pré-condição para sua formulação da intercorporeidade como marca inaugural de nossas relações Eu-outro. Mas, em termos propriamente psicanalíticos, podemos enfatizar que a emergência do *Eu* no e pelo corpo abre inúmeras possibilidades para se pensar a constituição da subjetividade a partir de um modelo que não se reduza ao do binômio percepção-representação, como formulado na primeira tópica. Já nesse momento de sua obra, para Freud, os órgãos de percepção são veículos de mediação e formam o núcleo de origem do *Eu*. O próprio *Eu* vincula-se ao inconsciente e possui, em parte, características inconscientes. E mais, como explicita Freud: "o Eu não está nitidamente separado do Id; há uma zona de transição em que ele se interpenetra com o Id situado abaixo dele até o ponto em que ambos se fundem". (1923/2007, p. 37).

Aqui reside o que mais me interessa: se de um lado precisamos reconhecer o papel da percepção externa na constituição do *Eu*, em sua diferenciação do *Id*, de outro lado não há como recusar a presença do *Id* como elemento presente, de forma constante, no *Eu*. Ou seja, a origem do *Eu* (tanto em sua constituição quanto em sua presença como instância já constituída no aparelho psíquico) revela sua dupla face, abertura por meio da percepção externa ao mundo, aos outros e, ao mesmo tempo, à imbricação no *Id*, nosso caldeirão de pulsões. As três forças que exigem trabalho do *Eu* (*Id*, *Super Eu* e mundo externo) são, assim, explicitadas por Freud. Para nosso tema, interessa ver como elas comparecem em uma leitura do campo analítico que procure levar em conta a corporeidade e a simbolização.

Acredito que, com o que já foi exposto, posso afirmar que não há como nem por que opor as dimensões ditas "intrapsíquicas" (aparelho psíquico, objetos internos, pulsões – o *Id* como caldeirão –, instâncias psíquicas) às ditas "intersubjetivas" (relação com o outro, o ambiente, o objeto externo etc.). Há simultaneidade dessas dimensões no âmbito da corporeidade. A corporeidade é interna e externa ao mesmo tempo, é a presença irrecusável das pulsões e a abertura permanente para o mundo, para os outros. Resta situar nessa simultaneidade a capacidade plena de simbolização psíquica, para além do percurso já realizado até aqui. Com isso abriríamos mais uma dimensão do tema, que terá de ficar para um próximo artigo.

Referências

Bernard, M. (2002). La corporéité fictionnaire. In *Revue Internationale de Philosophie*, 56(4), 523-534.

Coelho Jr., N. (1999). Usos da percepção na psicanálise contemporânea. *Percurso*, 32(2), 97-106.

Ehrenzweig, A. (1974). *L'ordre caché de l'art*. Gallimard. (Trabalho original publicado em 1967).

Freud, S. (1970). Das Ich und das Es. *Studienausgabe* (Vol. III). Fischer Verlag.

Freud, S. (2007). O Eu e o Id. *Obras completas* (Vol. 3). Imago. (Trabalho original publicado em 1923).

Green, A. (2002). *Idées directrices pour une psychanalyse contemporaine*. PUF.

Merleau-Ponty, M. (1945). *Phénoménologie de la perception*. Gallimard.

Merleau-Ponty, M. (1960). Le philosophe et son ombre. In *Signes* (pp. 201-228). Gallimard.

Merleau-Ponty, M. (1964a). *Le visible et L'invisible*. Gallimard.

Merleau-Ponty, M. (1964b). *L'oeil et L'esprit*. Gallimard.

Merleau-Ponty, M. (1984). O filósofo e sua sombra. *Textos escolhidos*. Abril Cultural.

Resnik, S. (1995). *Mental space*. Karnac Books.

Roussillon, R. (2008). La pulsion et l'intersubjectivité: vers l'entre--je(u). In *Le jeu et l'entre-je(u)* (pp. 1-22). PUF.

15. Um estudo, uma denúncia e uma proposta para a psicanálise na saúde mental[1]

Sonia Alberti
Ana Paula Lettiere Fulco

É possível supor que a história do conhecimento ocidental teve uma interrupção de mais ou menos três séculos a partir das Cruzadas, quando o mundo teve o saber adquirido trancafiado nas torres dos monastérios. No século XVI, em algumas searas, o início da falência do domínio da Igreja, que até então detinha o saber, franqueou a divulgação de novas ideias. A derrubada de grandes verdades levou a descobertas, invenções, transformações políticas e religiosas (Garcia-Roza, 1988). Se desde o século XV já se resistia às explicações religiosas sobre as coisas do mundo, a partir da Reforma Protestante, o século XVI conheceu uma nova *Weltanschauung*, uma nova visão de mundo – e a revolução se intensificou contra o saber absoluto da

---

[1] Texto que retoma o ensaio "Um estudo, uma denúncia e uma proposta: a psicanálise na interlocução com outros saberes em saúde mental, como avanço do conhecimento sobre o sofrimento psíquico", ganhador do Prêmio Internacional Pierre Fedida de 2004 e, por isso, publicado pela *Revista Latinoamericana de Psicopatologia Fundamental*, 8(4), 2005, pp. 721-737.

Igreja Católica; apareceram as teorias renascentistas sobre o universo e o homem e se deu o início da investigação científica da realidade, numa proposta de dissociar as influências teológica e escolástica.

Diante da incerteza quanto à realidade do mundo objetivo – em função do corte com o dogmatismo religioso –, Descartes afirma a certeza do cogito: "Penso, logo existo". O homem existe porque é possível inscrevê-lo no simbólico, no pensamento, o que lhe dá morada no cogito, e não porque um Outro divino o criou, pois a questão deixou de ser essa. Descartes distinguiu um mundo em que as coisas existem por meio de sua representação conceitual, deixando de fora outro mundo onde as coisas não são conceituadas. Era, então, a criação de um novo discurso: o da ciência.

Nele, a realidade era composta de duas áreas distintas e separadas: o domínio físico, da matéria, e o reino imaterial da mente (Henneman, 1966/1985). Para Abbgnano (1971/2000), a concepção do dualismo alma-corpo de Descartes estabeleceu certa independência com relação àquela postulada anteriormente pela escolástica, que entendia o corpo como mero instrumento da alma. Apesar da nova proposta,[2] as considerações de Descartes sobre o dualismo *não esclareceram a natureza da relação entre o corpo e a alma*. As perguntas de como e por que tais substâncias se combinam para formar o homem se mantêm desde então e norteiam os debates entre muitas teorias. Nem sempre foi assim, haja vista o exemplo da prática da medicina medieval, com Avicena (Gordon, 1986/2018). É no contexto cartesiano que também se deu o nascimento da clínica, estudado por Foucault (1980).

Durante o século XIX, houve um tempo em que tanto a teologia quanto a filosofia e ainda a medicina se ocuparam do corpo e da alma. Mas a história das psicologias nos mostra que a tentativa de

---

[2] Ver, também, Pollo (2004, pp. 20-21).

entender e explicar os fenômenos psíquicos tendeu, neste contexto, à opção de se traçar uma correlação direta, biunívoca, entre os fenômenos psíquicos e suas causas – geralmente químicas, fisiológicas ou anatômicas. Este é o legado da revolução científica de Descartes, com o qual temos que nos haver. O primeiro a melhor denunciá-lo foi Hugglings Jackson (1878) e depois, com ele, Freud, ambos a partir das afasias. Com efeito, em 1891, em seu texto *A interpretação das afasias*, Freud (1891/1977) observava, conforme retoma o eminente colega inglês Mark Solms, a seguinte pérola:

> *Eu bem que sei que os autores a cujos pontos de vista me oponho não podem ser culpabilizados por erros grosseiros em seus estudos científicos. Obviamente eles querem dizer que as modificações fisiológicas da fibra nervosa através dos estímulos sensoriais produzem outra modificação nas células centrais que então se tornam correlatos fisiológicos do "conceito" ou da "ideia". Na medida em que eles conhecem melhor as ideias do que as modificações nervosas, que ainda estão indefinidas e desconhecidas, eles usam a frase elíptica: uma ideia está localizada numa célula nervosa.* Mas essa substituição leva, de imediato, a uma confusão de dois processos, que não precisam ter nada em comum entre si. Para a psicologia, a simples ideia é algo elementar, e pode ser claramente diferenciada da conexão com outras ideias. *Eis porque se é tentado a assumir que seu correlato fisiológico, isto é, a modificação das células nervosas originada da estimulação das fibras nervosas, também pode ser algo simples e localizável. Mas tal inferência é, evidentemente, sem garantias; as qualidades dessa modificação devem ser estabelecidas por elas mesmas e independentemente de*

sua concomitância psicológica. (Freud citado por Solms, 1998, p. 3, tradução e grifos nossos)

A partir disso, qual a postura que hoje se observa nos textos dos neurocientistas?

Alguns estudos atuais, não podendo esquivar-se da metodologia de trabalho que impera na medicina desde o século XIX, insistem em procurar nas disfunções químicas e anatômicas, por meio de exames complexos (imagens, extremo avanço tecnológico e medições bioquímicas das mais complexas), a causalidade para os fenômenos que alguns pacientes apresentam. Acreditam que, para trabalhar com o que é da ordem do psíquico, precisam de intervenções no corpo orgânico, o que hoje identificamos com o organicismo. Nele, os organismos vivos não são "nada mais do que máquinas" (Campos, 2001, p. 8), explicáveis pelas leis da mecânica, da física e da química, o que traz prejuízos incalculáveis para toda e qualquer positivação do sujeito, contra o que a psicanálise é, provavelmente, o mais sólido instrumento. É interessante notar que, na amostra de Figueiredo (1997, pp. 94-96), são os psicanalistas de alguma forma referidos a Lacan que mais sustentam esse ponto de vista no serviço público. Cada campo do conhecimento traça explicações de acordo com o seu referencial teórico, mas o que se verifica na multidisciplinaridade de uma equipe de saúde, em que coexistem a psicanálise, a neurologia, a psiquiatria e as neurociências, é a necessidade de sempre lembrar que a particularidade da clínica é a de fazer valer o sujeito. E o discurso do psicanalista é o único a se dirigir propriamente para o sujeito (Lacan, 1968-69/1992, p. 9). Pensar aqui a relação existente entre alma e cérebro visa a um alerta: que limites e que competências há entre a medicina e a psicanálise no atendimento da saúde mental?

A psicopatologia e as ciências humanas

Com efeito, somente a partir do Iluminismo e, sobretudo, no século XIX foram encontradas as respostas para inúmeros problemas matemáticos até então impossíveis de resolver e que permitiram, para citar somente um pequeno exemplo, estudar as relações entre conjuntos – coisa até então impensável. Isso implicou as leis da intersubjetividade nas ciências conjecturais, ou seja, no campo da lógica e da matemática moderna. Quanto à história, é também somente no século XIX que o homem pode fazer greve geral, o que não era pouca coisa num mundo até então submetido à ordem do Um (só para retornar à referência matemática).

Ao mesmo tempo que os discursos tentavam se inscrever a partir de uma relação com a ciência, impunha-se cada vez mais o organicismo, conforme o primeiro modelo, da cientificização das disciplinas. É no segundo movimento, ao lado da linguística, da etnologia, da antropologia, da história e da lógica matemática, que a psicanálise se inscreve entre as psicologias, não somente a psicanálise, mas sem dúvida ela, do modo como queria Freud (1895/1987) a acolher em seu campo a psicopatologia. Nela, o homem é efeito lógico do entrecruzamento dos campos da linguagem e do gozo, e a clínica permite estabelecer este homem, "portador de um excesso, de uma dor, de um sofrimento psíquico a respeito do qual fala sem parar, ainda que não o diga constantemente" (Berlinck, 1999, p. 27), como capaz de elaborar, na transferência, o que desse entrecruzamento o adoece.

Contudo, por mais absurdo que isso possa parecer, ao longo do século XX a própria psicanálise conheceu destinos que, como temia Freud (1927/1976a, p. 286), passaram a querer esvaziar seu fundamento, e a tentativa de inscrever a psicanálise no discurso médico sem dúvida foi um dos responsáveis. Diante do embaraço que a clínica psicanalítica presentifica no cotidiano de sua prática, não foram poucas as vezes que lançou-se mão de explicações que já não apostavam na capacidade de o próprio sujeito elaborar seu sofrimento, considerando a importante gama de psicanalistas que buscaram as neurociências para darem conta de fenômenos. Ainda nos encontramos numa grande Babel, num futuro apontado por Freud: "O futuro pode ensinar-nos a exercer influência direta, através de substâncias químicas específicas, nas quantidades de energia e na sua distribuição no aparelho psíquico" (1938/1976b, p. 210), e acredita-se que hoje já saibamos exatamente quais as afecções psíquicas que efetivamente se beneficiariam das influências "eletroquímicas".

A partir do século XIX, a própria medicina, primeiro por meio da anatomia patológica, depois com a fisiologia, procurou reduzir o homem a um objeto cientificamente investigável. Para isso, surgiu a preocupação com novas causalidades, fazendo da medicina uma prática causal: "todo fenômeno tem uma causa", conforme o princípio da causalidade, já abordado no Lalande (1926/1999, p. 147). Para evitar o erro, seria necessário se ater incessantemente ao contato com a experiência e renunciar a todo e qualquer *a priori*. Crendo poder fazê-lo, a medicina incluiu nela o positivismo. Este, avesso à psicologia, por definição, considerava-a fora da ciência, e qualquer explicação sobre o psiquismo que não recorresse ao orgânico e ao experimentável passou a ser considerada como não científica. O sujeito, ele mesmo, ficou órfão da cientificidade.

Com o positivismo, as ciências do homem foram colocadas no topo do edifício das ciências experimentais e, se por um lado com isso elas foram reconhecidas, por outro, em realidade, foram subordinadas. "Essa noção provém de uma visão errônea da história das ciências, baseada no prestígio de um desenvolvimento especializado dos experimentos" (Lacan, 1953/1998, p. 285). As razões que determinam tal engano certamente têm suas origens no próprio movimento ideológico e mesmo econômico da revolução burguesa, nos quais poderíamos observar dois grandes movimentos.

Em primeiro lugar, o da cientifização das disciplinas – que, até então, se ocupavam da alma –, com a finalidade de incluí-las no rol das ciências, e da redução metodológica de suas práticas, que cada vez mais exilam os discursos a insistirem na subjetividade. Assim, o que se verifica hoje nesse movimento é que a própria psicanálise – certamente um saber com consistência teórica – é reduzida a uma *folk psychology*, ou seja, a uma psicologia popular, *acientífica*. Chega-se a dizer que tal psicologia é causa da maior doença que assolou a sociedade americana (Torrey citado por Bilder, 1998, p. x). Qualquer construção teórica que não siga as bases experimentais é descartada como *acientífica*. Para esses autores, além disso, o conceito de ciência não deixa de ter sido afinado com o positivismo.

E em segundo lugar, o da insistência na importância da subjetividade. Com Lacan, esse segundo movimento se verifica nos avanços particulares de algumas disciplinas, sobretudo no século XIX: a linguística, a etnografia estrutural e a teoria geral dos símbolos. Lacan (1953/1998) observa que tal movimento se baseia na especificidade da referência simbólica para a pesquisa da subjetividade. Em função disso, o que associa esse movimento com a ciência não é a experimentalidade, mas as consequências dos avanços da matemática e da história, ambas determinando uma nova forma de ver o mundo.

Em suas *Notas para uma teoria geral da psicopatologia fundamental*, Manoel Berlinck (1999, p. 34) propõe que Freud teria construído uma "psicopatologia geral da humanidade" que leva em conta, por um lado, a catástrofe[3] e, por outro, a filogênese. Propõe também que "a teoria psicopatológica geral da humanidade é somática,

---

3 Termo que se associa ao encontro com o real conceituado por Jacques Lacan – um dos três registros da estruturação do sujeito, o real serve aqui para indicar os maus encontros que o destino reserva ao homem (cf. também Soler, 2004, p. 86).

eminentemente biológica e naturalista". Paradoxalmente, em seu texto original sobre o tema, observa que a psicanálise é "a casa mais confortável existente na contemporaneidade para a psicopatologia fundamental" (p. 24). Isso distingue a psicanálise da psicopatologia fundamental que "não se confunde com ela" ao mesmo tempo que levanta a importante questão sobre a relação entre o somático, o biológico, o naturalista e a psicanálise.

Tal questão, muito além de meramente teórica, é, na realidade, impactante para cada psicanalista que trabalha tanto no consultório quanto em algum serviço de saúde mental no Brasil hoje. Não raro, se verifica a dicotomia propriamente dita entre psíquico e somático, a tal ponto que há verdadeiras divisões nos próprios serviços e encaminhamentos em função dela. Assim, é possível encontrar setores nos serviços de saúde mental que trabalham exclusivamente com a ideia de que todo fenômeno mental tem origem somática, enquanto outros não levam em conta de forma alguma a determinação somática dos processos psíquicos. Se com Descartes houve uma divisão entre corpo e pensamento no âmbito da teoria, o que se pode encontrar hoje é tal divisão na prática clínica: ou *res cogitans* ou *res extensa*.

Quando indagamos as diretrizes públicas para a saúde mental, lemos, por exemplo, no *Relatório sobre a saúde no mundo: Saúde mental, nova concepção, nova esperança*, publicado pela OMS (2002), que deve abrir lugar para as neurociências que "constituem um ramo da ciência que se dedica à anatomia, fisiologia, bioquímica e biologia molecular do sistema nervoso", mas também, ao "funcionamento do cérebro humano vivo enquanto sente e pensa" usando uma "combinação com a neurociência cognitiva" (p. 29). Tal proposta pode visar a interdisciplinaridade na fundamentação de nossas práticas, porém, por outro lado, surge de maneira surpreendente para o psicanalista, que não encontra nessas mesmas diretrizes referência esclarecedora sobre o lugar da psicanálise.

Ainda com Berlinck (1999, p. 40), articulamos a questão: se as neurociências podem ajudar a avançar as pesquisas no campo da psicopatologia, qual é o lugar dos investimentos libidinais e da pulsão nesse corpo em que se manifesta a psicopatologia humana? Na realidade, tal questão se faz tanto mais necessária e urgente quanto mais nos voltamos para uma medicina que supõe à ciência a resposta para todos os impasses clínicos.

Primeiro, porque é preciso novamente sublinhar que a ciência não tem toda resposta para o homem e que seu discurso, pelo menos originalmente, sabe a falácia de uma crença nesse sentido. Segundo, porque são as exigências do discurso que remete à ciência que hoje também podem servir à psicanálise para melhor dizer a que veio. Ou seja, as exigências do discurso da ciência podem ser aproveitadas pelo psicanalista para afinar seu próprio instrumento a melhor transmitir o que está em jogo na articulação com os outros saberes. Tal observação é tanto mais necessária hoje, em particular no momento que o discurso que se diz religioso, associado ao sistema econômico dominante, se contrapõe, mais uma vez na história, ao discurso da ciência.

De todo modo, quaisquer que sejam as articulações com a ciência, a clínica é soberana, e, sendo ela psicanalítica, seu lugar é a fala do sujeito – daí a gravidade da questão. Algumas vezes até parece que é no campo da clínica que mais se faz sentir a influência da crença de que a ciência teria resposta para tudo. Como dizia Gilda Paoliello (2003), às vezes os laboratórios levam mais em conta a existência do *sujeito* em seus estudos experimentais, do que os médicos que medicam nos consultórios e serviços de saúde mental:

A Medicina, regida pela ética da ciência, tem como ponto de partida para o tratamento os sintomas e como objetivo final a abolição dos mesmos – o restitutio ad integrum,

> *possibilitando a avaliação estatística dos resultados, seguindo condutas terapêuticas padronizadas, de acordo com os famosos* guidelines *que estão na ordem do dia e que vêm sendo incorporados pela Psiquiatria com a maior avidez. Aliás, uma tendência da Psiquiatria atual vem fazendo um movimento bastante inusitado: enquanto os laboratórios farmacêuticos vêm cada vez mais valorizando as pesquisas naturalísticas, considerando a atuação dos medicamentos na clínica, ou seja, com o paciente real como sujeito da pesquisa (se contrapondo ao paciente ideal), não é raro encontrarmos* na clínica atual o caminho inverso, levando o modelo científico para os consultórios, com o paciente sendo examinado através de escalas e encaixado-o em protocolos de diagnóstico e conduta, fazendo corresponder ao duplo-cego da pesquisa um duplo-surdo na clínica! *(Paoliello, 2003, grifos nossos)*

Um sujeito em tratamento psicanalítico o confirmou: encaminhada por amigos, Lucia relata estar em tratamento há alguns meses com uma médica neurologista, em razão de um *sintoma neurológico* – em nosso diagnóstico, fobia de altura e lugares fechados. No momento que apresenta uma nítida melhora do sintoma – conosco, elabora seus conflitos diante de uma possível maternidade que a prenderia –, a neurologista aumenta a dosagem da medicação, numa visível manobra de tentar se assenhorar dos resultados.

Para questionarmos essas inusitadas manobras de discurso, em que, como diz Gilda Paoliello (2003), até mesmo o modelo utilizado pelos laboratórios parece valorar mais os sujeitos enquanto tais do que a própria prática clínica, retomemos nossa história, teoria e doutrina. Examinemos o lugar da psicanálise na saúde mental, a fim de verificar de que maneira a psicopatologia geral da humanidade pode encontrar abrigo também na clínica cotidiana e nos serviços de saúde mental, se é verdade que ela encontra na psicanálise "a sua casa mais confortável".

Ingênuo seria acreditar que três séculos de elaboração da revolução científica que aqui identificamos com Descartes não fossem ter seus efeitos na prática cotidiana. Aqui, a prática em questão é a da clínica, cuja história tentamos às vezes esquecer, apesar de tantos estudos críticos na segunda metade do século XX (Foucault [1980], Clavreul [1978/1983] & Lacan [1966/1985], para citar somente os autores que, quanto a isso, nos norteiam mais particularmente).

A fim de melhor enquadrar as afecções mentais e orgânicas, os nomes das doenças crescem como suas novas formas. Tal situação é definida por Laurent (2000) como a de um novo nominalismo: efeito do evolucionismo na psiquiatria que leva somente à feitura de novos medicamentos, mas que não tem como consequência o tratamento psíquico. Inúmeras são as nomeações nosológicas que pretendem corresponder aos diferentes fenômenos apresentados pelos sujeitos aos médicos e que invadem a clínica até mesmo neurológica, em que, por exemplo, se prescrevem imipraminas, utilizadas para a hiperatividade e para o distúrbio do déficit de atenção e o inibidor de recaptação de serotonina, para o transtorno obsessivo compulsivo. A massa de produção de fármacos e sua utilização pelos profissionais médicos – neurologistas e psiquiatras – relega os problemas de saúde mental às trocas químicas, às deformidades anatômicas ou aos danos neurofisiológicos.

Desde 1890, em *Tratamento psíquico ou anímico*, Freud (1989b) já estava a par de que a química produzia mudanças comportamentais. Essa verdade é irrefutável, mas valer-se dela para explicar toda e qualquer causa para os fenômenos que assolam os sujeitos com transtornos psíquicos significa não só excluir a existência do que em psicanálise nomeamos de efeito sujeito, para além do corpo orgânico, como também excluir a possibilidade inversa: de que transtornos psíquicos podem assolar o organismo. Há uma outra cena para ser investigada, êxtima ao corpo de órgãos.

Os avanços da medicina até hoje têm sido fundamentais, mas o que ocasiona essa devoção ao científico experimental, para além do experimento? Que pregnância há para a humanidade nas demonstrações feitas pelos exames de ressonância magnética ou de tomografia computadorizada que excluem da cena da investigação o que há de particular em cada caso: o sujeito. À medicina foi necessária uma reviravolta para ganhar estatuto de ciência, marco que produziu efeitos na condução atual dos tratamentos. Os estudos por meio das estatísticas e dos grupos de controle retratam esse quadro.

A investigação médico-científica visa, por meio de certo número de casos, possibilitar inferir uma ação maior, em larga escala. Afinal, a falta de cuidado poria em risco a humanidade. Esse é o trabalho das campanhas epidemiológicas, mas é assim que também surgem as idiossincrasias. São elas que justificam a psicopatologia, não levada em conta na epidemiologia. Trata-se, na realidade, de dois campos diferentes – um visando a higiene, o outro, a clínica. E não se dar conta disso certamente traz problemas.

A partir do caso Márcia,[4] foi possível articular uma denúncia do que acontece no campo da saúde mental.

Márcia tem 5 anos quando é atendida em um serviço de saúde mental de um grande hospital, encaminhada para a neurologia. Sua história no hospital começou quando chegou com diarreia crônica ao setor de pediatria, aos 2 anos e meio. Os médicos que a atenderam nessa época também suspeitaram de distúrbio de comportamento

---

4 Nome fictício. Originalmente apresentado na Semana de Iniciação Científica da Universidade do Estado do Rio de Janeiro, pela aluna de graduação Daniela Vasconcellos Prata Veloso, no trabalho intitulado *Questionando a medicação*, em 2001.

e a encaminharam para a neurologia, o que já denota uma particularidade na interpretação da fenomenologia.

A neurologista identificou dificuldade para dormir, comportamento irascível, impulsividade e agressividade e diagnosticou distúrbio de comportamento secundário (ADHA), pressupondo, portanto, uma disfunção neurológica como primária. Receitou Dogmatil, um neuroléptico.

Meio ano depois, não teria ocorrido qualquer alteração do quadro, e a médica preencheu o prontuário com a seguinte observação: transtorno de déficit de atenção e hiperatividade (TDAH) –que talvez tenha alguma analogia com o tal ADHA anterior? – e "problemática social secundária ao comportamento da menina". O que podemos entender daí? Que o contexto social no qual a criança está inserida está sendo influenciado por seu comportamento? Ou que este mesmo contexto social também é um fator secundário e, portanto, menos importante na condição de Márcia? Sem insistir nessas questões não respondidas, a neurologista fez outra tentativa: trocou de remédio. Agora, era Ritalina o melhor remédio para o caso, apesar da juventude da paciente. Justificativa: a hiperatividade é grave – mesmo se não há no prontuário qualquer descrição sobre sua *natureza*. Aos 4 anos, Márcia fez um eletroencefalograma e, por esse exame, foi sugerido "anormalidades indicativas de epilepsia focal"; foi receitada Carbamazepina e Tegretol, além de Ritalina. Mais tarde considerados desnecessários, esses remédios foram substituídos por Depakene. Receitou-se ainda Anafranil, um antidepressivo que, à semelhança dos medicamentos anteriores, não é comumente indicado para crianças com menos de 6 anos. Esse remédio também foi suspenso, sem qualquer indicação no prontuário nem para seu uso, nem para a suspensão.

Finalmente, solicitou-se uma tomografia computadorizada de crânio e recomendou-se "após controle das crises – tratar comportamento", com "psicologia e psicomotricista/psicopedagogia para auxiliar em sua atividade escolar".

É interessante notar que o encaminhamento realizado pela neuropediatria para a saúde mental se dá pelos mesmos motivos que nortearam o encaminhamento para a neurologia, dois anos e meio antes: distúrbios de comportamento secundários. Durante esse tempo, a neurologia fizera: a) inúmeras experiências medicamentosas por causa do comportamento e tentou contornar efeitos secundários à medicação; b) um eletroencefalograma que levantou a suspeita de uma epilepsia focal; e c) como não cessaram as queixas, a indicação de uma tomografia do cérebro, provavelmente na tentativa de ver na imagem o mal que estaria acometendo Márcia. Ao fim disso tudo, jogava-se a toalha para o que tange o comportamento e encaminhava-se a menina para uma profilaxia psicopedagógica.

Atendida no setor da saúde mental, Márcia iniciou entrevistas preliminares para um atendimento psicanalítico. Ali, o diagnóstico foi de histeria, os tremores dos membros eram provavelmente sintomas conversivos determinados pela história da criança e inscritos no corpo a partir dos efeitos medicamentosos a que fora submetida em tão tenra idade, fazendo valer a hipótese da complacência somática à que Freud (1905/1989a, p. 45) alude na determinação do sintoma histérico. *Não foi possível observar hiperatividade* durante todo período de atendimento na saúde mental.

O destino do caso Márcia no hospital é muito significativo, pois demonstra claramente a falta de comunicação e de conhecimento existente entre as equipes. Durante mais de seis meses foram feitas reiteradas tentativas de contato com a neurologia, mas não foi possível uma única entrevista com algum médico que atendera Márcia.

Bem diferente foi o resultado do contato direto com Márcia, nas entrevistas preliminares. A menina de 5 anos contou muitas histórias, e sua mãe, que finalmente encontrou alguém com quem falar, pôde tecer observações sobre as difíceis condições de vida em que ambas se encontravam e que, certamente, dizem muito mais respeito a um problema a ser levado ao serviço social do que à neurologia. Nunca se procurou escutar essa senhora – ao contrário, se solicitou uma tomografia do cérebro. "A neuropediatra", explicou-nos a mãe de Márcia, "pediu essa tomografia, mas eu não tenho como fazê-la [ela não tinha recursos financeiros, e no hospital não havia tomógrafo] e fiquei com medo de dizer isso para ela, pois ela é muito rígida". Refém de uma mãe alcoolista e violenta – o que certamente teve um papel na transferência com a neuropediatra –, na casa de quem essa senhora cria seus filhos, a mãe de Márcia diz não ter a coragem necessária para mudar de vida e ir embora, apesar de sua própria mãe aterrorizar os netos com crises agressivas que deixam Márcia apavorada. Essas cenas violentas ocorrem com bastante frequência à noite, razão para Márcia apresentar *distúrbios do sono*.

Por que é tão difícil parar um pouco e se dedicar a tentar escutar a história de um paciente? O caso Márcia é paradigmático para isso. Aconteceu em um contexto hospitalar que recebe alunos, ou seja, um hospital que, além da assistência, também visa à formação de novos profissionais. Como já dito, o caso denuncia a ausência de intercâmbio entre os diferentes serviços num grande hospital; a dificuldade de dedicação a um caso clínico, em decorrência, provavelmente, da grande quantidade de pacientes a serem atendidos; a tentativa de solucioná-los por meio da medicação, na esperança de, com isso, responder rapidamente a uma queixa; o uso do rápido diagnóstico a partir nem mesmo de uma fenomenologia, e sim de índices de comportamento; e, quando isso se mostra um pouco falacioso, se lança mão de aparelhos – dos mais tradicionais (eletroencefalograma) aos mais modernos (tomografia) – para, então, se fiar a resultados inferidos, nem sempre verdadeiros. O acompanhamento psicológico é medida profilática para possíveis problemas de aprendizagem, e assim por diante... Velhas questões que se repetem.

No entanto, há novas: por que o encaminhamento para a neurologia se o exame clínico inicial, aquele que respondia a uma queixa de diarreia aos 2 anos e meio, levanta a hipótese de *distúrbio de comportamento*? Por que a neurologia procura diagnosticar, tratar tais distúrbios, e acredita saber responder a tal encaminhamento? Por que se utiliza, para responder, uma medicação que é, na origem, psiquiátrica? Trata-se aqui de uma crença ou de uma tentativa de subsumir a clínica psiquiátrica, psicológica ou mesmo psicanalítica? Evidentemente são perguntas que poderiam ter sido respondidas se tivesse sido possível falar com os médicos que atenderam Márcia; na ausência de respostas, ficaram as perguntas. A ideia subjacente, no entanto, é clara: acreditou-se que um problema de comportamento pudesse ter uma causa única e, sobretudo, cerebral, razão para ter sido receitada uma medicação que interviesse quimicamente. Além disso, acreditou-se que, com uma técnica de exame mais avançada, seria possível ver essa causa em retratos do corpo interno, em imagens. Em nenhum momento foi sequer levantada a hipótese de que talvez houvesse alguma coisa em outra cena... O fato é que o sujeito Márcia e o sujeito mãe de Márcia só puderam ser efetivamente levados em conta enquanto sujeitos quando chegaram finalmente à saúde mental, porque ali havia alguém que se interessou em fazer entrevistas preliminares para um atendimento psicanalítico.

Da clínica da res cogitans *à saúde mental*

Não há sujeito sem corpo, isso é necessário. Eis onde se justifica o paradoxo observado anteriormente, do texto de Berlinck. Mas no próprio âmbito dessa necessidade há muito real em jogo. Tal é a dificuldade que se presentifica quando se quer trabalhar na clínica a partir de um discurso que se dirige ao sujeito. Mais do que isso: quando se procura transmitir a psicanálise, no contexto dos serviços de saúde mental, para os colegas de trabalho que creem, muitas vezes, encontrar maior conforto no cientificismo, no diagnóstico rápido e no poder dos medicamentos. Dessa maneira, tenta-se driblar o mal-estar na cultura, para não experimentar o real da clínica. Ao foracluir[5] o sujeito, a medicina tenta proteger-se ante o surgimento do inexplicável, por exemplo, da própria resistência à cura de determinado paciente seu. Mas é também por estar avisado do inassimilável, ou seja, de que não pode tudo curar, que o médico, às vezes, se *defende* da emergência de todo sinalizador do mal-estar, inclusive o próprio. Impossível sequer supor nesse contexto qualquer avanço do conhecimento sobre o sofrimento psíquico, já que para isso é fundamental levar em conta o mal-estar na cultura, conceituado por Freud para todos os campos (1930/1974b).

Para fazer frente a isso, é preciso a ancoragem teórica que a psicanálise pode dar, por ter descentrado o sujeito da consciência. O inconsciente postulado por Freud fez um corte na história da subjetividade que, até então, contava com a primazia da consciência. Sem essa especificação, não é possível sustentar o sujeito na articulação com o discurso da ciência. Com efeito, todas as tentativas de pensar o homem a partir da consciência levam à foraclusão do sujeito do modo como a psicanálise o conceitua, ou seja, ele é inconsciente. A partir daí, a clínica psicanalítica exige a ancoragem teórica que implica grande dedicação e investimento para cada psicanalista que quiser arriscar uma conexão com outros campos. E mais: é preciso saber que nem todos os clínicos têm a possibilidade de fazê-lo, mas é função do psicanalista transmiti-lo em cada interlocução. Como então?

Sujeito *de* e sujeito à fala, nosso paciente existe simbolicamente como marca mnêmica, significante, ou ainda, traço; *ex-siste*

---

5 Um tipo de negação que leva à escotomização e à expulsão, retomado também por Lacan no contexto da psicose (Kaufmann, 1996, pp. 214-215). Sua conceituação é dada por Quinet (1991, p. 24).

como efeito ao que escapa do simbólico – no umbigo do sonho, no *Unheimliche*, no mais além do princípio do prazer –, e, mesmo assim, tem uma consistência, uma *gestalt* na qual procura se ver representado. É porque todas essas coisas só se articulam de forma claudicante que o sujeito sofre e sintomatiza na tentativa de articulá-las de algum jeito. Cansado dessas tentativas, meio sem jeito, busca tratamento. Toda sua demanda se tece, a partir da fala, nas cadeias associativas que surgem na transferência, permitindo entrever que o próprio sujeito é efeito de tal tecedura. Mas isso não é uma rede? Sem dúvida.

Conceito muito atual, se adapta em particular para pensar as redes tanto do pensamento – *res cogitans* –, quanto das estruturas neurais, além, é claro, de já ter sido usado na conceituação da articulação da rede dos significantes que determinam o sujeito. E se pudéssemos supor não uma simples clínica da *res cogitans*, como poderiam ser entendidas as contribuições atuais das ciências cognitivas, da psicologia cognitiva e do estudo correspondente do pensamento e da linguagem, que ainda se calcam completamente na consciência, mas uma clínica que, ao primaziar o sujeito do inconsciente, pode se associar aos esforços das ciências conjecturais na articulação do saber?

Assim como os dois movimentos – o do cientificismo e o das ciências conjecturais –, que se instituíram com a primazia do discurso da ciência em todos os campos dos saberes e das práticas, as próprias neurociências se dividem entre mais organicistas e mais lógicas. Há aquelas que apostam na hipótese localizacionista; outras que sustentam a hipótese funcionalista e ainda outras, em particular aquelas que trabalham com as redes neurais, visam hipóteses matemáticas (cf. Sutton & Ratey, 1998, p. 180). Tal pluralidade das neurociências "pretende abranger desde a microestrutura do cérebro e o funcionamento subneuronal,[6] às redes de relações entre neurônios, chegando às relações que se dão no organismo como um todo" (Campos, 2001, p. 9). No discurso comum e, particularmente naquele praticado hoje nas clínicas neurológica e psiquiátrica,[7] se desenvolve a crença numa neurociência una, que cai na mesma falácia já denunciada por Freud há mais de cem anos no contexto do estudo das afasias. Na realidade, as verdadeiras pesquisas – e já pudemos observá-las acima no próprio âmbito das pesquisas de laboratório – se dão de forma bem diferente! O cientista sabe que o mais importante a ser feito é delimitar bem seu campo. E, se não for mero instrumento do discurso capitalista, está advertido das implicações ideológicas que buscam submeter a ciência...

Há, pois, outro campo possível, quando os neurocientistas procuram uma interlocução com as psicologias. Em algum lugar, até sabem que a psicanálise tem uma teoria que muito poderia contribuir para suas pesquisas, mas quem são os interlocutores do lado dos psicanalistas? Será que os psicanalistas têm conhecimento suficiente da descoberta freudiana para poder transmiti-la na psicanálise em extensão? Não poucas vezes escutamos que é desnecessária a teoria, ou até mesmo lemos confissões de sua ignorância (Soussumi, 2001), o que nos deixa bastante preocupados quanto a uma transmissão viável. A mesma situação se dá no contexto dos serviços de saúde mental. Até onde não somos nós, psicanalistas, os responsáveis pela ainda maior resistência à psicanálise para além daquela que lhe é intrínseca? (Freud, 1914/1974a) Resistências outras que provêm de nossa própria dificuldade em transmitir a descoberta freudiana para nossos colegas de trabalho e de pesquisa...

---

6 O nível sub-neuronal é do funcionamento interno ao próprio neurônio, distinto do nível neuronal que é anatômico.
7 Cf. caso Márcia e a observação comentada de Gilda Paoliello (2003), respectivamente.

Senão, vejamos. Neurocientista de reconhecimento internacional, Edelman (1989) foi capaz de escrever que "há um longo caminho entre a acetilcolina e o tabu do incesto, e precisamos ter muito cuidado quando relacionamos estados fisiológicos aos conteúdos da consciência em animais falantes (*in language-bearing animals*)" (p. 212, tradução nossa). Enquanto cientista, ele sustenta um campo diferente daquele das descobertas de uma ciência da consciência e não pretende ter a capacidade para criticar Freud. Mesmo assim, quando procura saber alguma coisa mais sobre a psicanálise, seus interlocutores nesse campo visivelmente deixam a desejar... pois, como outros, privilegia o inconsciente dinâmico em detrimento ao econômico (Freud, 1915/1974c), além de definir o inconsciente muito mais pelo que não é do que pelo que é: não é atividade consciente o que deixa de fora toda articulação lógica do processo primário – uma rede, aliás, muito particular!

Para concluir, sugerimos o aprofundamento do estudo teórico da psicanálise por uma prática que sustente sua transmissão na multidisciplinaridade tanto da clínica quanto da pesquisa científica. Sem tal dedicação e investimento não há como fundamentar a transmissão da psicanálise que, sabemos, sempre será a oferta de outra coisa, da outra cena, para aqueles que puderem articular uma demanda. Nem todos podem, uns não querem... não é com esses que podemos contar!

Levantamos a hipótese de que é somente com um profundo conhecimento da psicanálise – mais ainda, somente a partir de se estar definitivamente atravessado pela psicanálise – que nós psicanalistas poderíamos nos render ao reconhecimento de nossa total ignorância quanto às neurociências. Que nós psicanalistas poderíamos nos dirigir a este saber que, distintamente da psicanálise, é da ordem da ciência, para querer saber alguma coisa sobre ele. Não para nos dar melhores instrumentos, nem para nos ensinar o que é, finalmente, a mente humana – pois se somos profundos conhecedores da psicanálise devemos ter, ao menos, uma resposta para tal questão –, mas para saber e poder debater com elas em prol de um avanço.

Referências

Abbgnano, N. (2000). *Dicionário de filosofia*. Martins Fontes. (Trabalho original pubicado em 1971).

Berlinck, M. T. (1998). O que é psicopatologia fundamental. In *Psicopatologia fundamental* (pp. 11-27). Escuta.

Berlink, M. T. (1999). Catástrofe e representação. Notas para uma teoria geral da psicopatologia fundamental. In *Psicopatologia fundamental* (pp. 27-56). Escuta.

Bilder, R. (1998). Preface. In Neuroscience of the mind on the centennial of Freud's Project for a scientific psychology. *Annals of the New York Academy of Sciences*, 843(1), ix.

Campos, F. S. (2001). Psicanálise e neurociência: dos monólogos cruzados ao diálogo possível. Tese de Doutorado. Dep. de Psicologia, PUC-RJ.

Clavreul, J. (1978/1983). *A ordem médica – poder e impotência do discurso médico*. Brasiliense.

Edelman, G. M. (1989). *The remembered present: a biological theory of consciousness*. Basic Books.

Figueiredo, A. C. (1997). *Vastas confusões e atendimentos imperfeitos*. Relume Dumará.

Foucault, M. (1980). *O nascimento da clínica*. Forense Universitária.

Freud, S. (1974a). História do movimento psicanalítico. In *Obras completas* (Vol. 12). Imago. (Trabalho original publicado em 1914).

Freud, S. (1974b). Mal-estar na cultura. In *Obras completas* (Vol. 21). Imago. (Trabalho original publicado em 1930).

Freud, S. (1974c). O inconsciente. In *Obras completas* (Vol. 12). Imago. (Trabalho original publicado em 1915).

Freud, S. (1976a). A questão da análise leiga – Pós-escrito. In *Obras completas* (Vol. 20). Imago. (Trabalho original publicado em 1927).

Freud, S. (1976b). Esboço de psicanálise. In *Obras completas* (Vol. 23). Imago. (Trabalho original publicado em 1938).

Freud, S. (1977). *A interpretação das afasias: um estudo crítico*. Imago. (Trabalho original publicado em 1891).

Freud, S. (1987). Projeto para uma psicologia. In *Obras completas* (Vol. 1). Imago. (Trabalho original publicado em 1895).

Freud, S. (1989a). Fragmentos da análise de um caso de histeria. In *Obras completas* (Vol. 7). Imago. (Trabalho original publicado em 1905).

Freud, S. (1989b). Tratamento psíquico (ou anímico). In *Obras completas* (Vol. 7). Imago. (Trabalho original publicado em 1890).

Fulco, A. P. L. (2004). *Entre medicina e psicanálise: as afasias e o caso Renato*. Dissertação de Mestrado. Programa de Pós-Graduação em Psicanálise, do Instituto de Psicologia/UERJ.

Garcia-Roza, L. A. (1988). *Freud e o inconsciente*. Jorge Zahar.

Gordon, N. (2018). *O físico*. Rocco. (Trabalho original publicado em 1986).

Henneman, R. H. (1985). *O que é Psicologia*. José Olympio. (Trabalho original publicado em 1966).

Jackson, H. (1878). On affections of speech from disease of the brain. In *Selected writings of John Hughlings Jackson* (Vol. 2). Hodder and Stoughton Limited.

Kaufmann, P. (1996). *Dicionário enciclopédico de psicanálise: o legado de Freud e Lacan.* Jorge Zahar.

Kuhn, T. S. (1970). *The structure of scientific revolutions.* Chicago University Press.

Lacan, J. (1998). Função e campo da fala e da linguagem. In *Escritos.* Jorge Zahar. (Trabalho original publicado em 1953).

Lacan, J. (1985). Psicoanalisis y medicina. In *Intervenciones y textos.* (Vol. 1). Manantial. (Trabalho original publicado em 1966).

Lacan, J. (1992). *O Seminário, livro 17: O avesso da psicanálise* (1968-69). Jorge Zahar.

Lalande, A. (1999). *Vocabulário técnico e crítico da Filosofia.* Martins Fontes. (Trabalho original publicado em 1926).

Laurent, E. (2000). Há algo de novo nas psicoses? In *Revista Curinga*, 14.

Organização Mundial da Saúde. (2002). *Relatório sobre a saúde no mundo 2001: Saúde mental, nova concepção, nova esperança.*

Paoliello, G. (2003, outubro). [Alocução apresentada] no Colóquio Brasileiro de Psiquiatria. Universidade de São Paulo, São Paulo, Brasil.

Pollo, V. (2004). Exílio e retorno do corpo: Descartes e a psicanálise. In S. Alberti & M. A. C. Ribeiro *Retorno do exílio. O corpo entre a psicanálise e a ciência* (pp. 15-28). Contra Capa.

Quinet, A. (1991). *As 4 + 1 condições da análise.* Jorge Zahar.

Soler, C. (2004). Discurso e trauma. In S. Alberti & M. A. C. Ribeiro. *Retorno do exílio. O corpo entre a psicanálise e a ciência* (pp. 71-87). Contra Capa.

Solms, M. (1998). Before and after Freud's "Project". In *Annals of the New York Academy of Sciences*.

Soussumi, Y. (2001). Afetos, emoções, instintos, psicanálise e neurociência. In *Alter – Jornal de estudos psicanalíticos*, 20(1), 2001, 75-106.

Sutton, J. P e Ratey, J. J. (1998). Beyond the "Project": it's about time. In *Annals of the New York Academy of Sciences*, 843(1), 179-184.

16. Metodologia psicopatológica e ética em psicanálise: o princípio da alteridade hermética

Nelson da Silva Junior

A expressão "modelos de subjetividade" associada à problemática da alteridade em psicanálise merece alguns comentários. Conceber modelos de sujeito equivale não somente a representar o outro, mas também, naturalmente, representar a si mesmo. Como bem demonstra Renato Mezan em seu livro *Tempo de muda*[1] (1999), a recente banalização da crítica psicanalítica ao dito "sujeito da representação", tende a eliminar sumariamente da discussão uma respeitável tradição cultural que, embora problemática em alguns de seus aspectos, constitui-se enquanto a própria condição de possibilidade da crítica em questão. Por tal compreensão do sujeito da representação, entendamos, com o autor, a ideia de que o sujeito é "causa única das suas representações" (p. 354). A principal crítica a esse modelo de subjetividade é imediata: peca por partir de um solipsismo radical que se impõe a tarefa não pouco complexa de simplesmente construir o mundo a cada instante. O sujeito da representação seria, assim

---

[1] Sobretudo os capítulos "Ética como espelho da psicologia", p. 238 e ss., e "Metapsicologia: porquê e para quê", p. 328 e ss.

entendido, uma espécie de atlas metafísico, mas também infinitamente arrogante, já que seria ativamente ignorante da impenetrável noite que o envolve e pouco interessado pelo enigmático solo sobre o qual se apoia.

Entretanto, outra crítica seria também imediata ao sujeito da representação, esta do ponto de vista não mais epistemológico, mas do ético e moral. O fato é que esse atlas metafísico deve reconstruir um mundo não somente de objetos, mas também de pessoas. Representar o outro, contudo, é "reduzi-lo" a um conjunto de estímulos sensoriais que "funcionam" desta ou daquela forma. Com efeito, a dimensão teórica da psicanálise, a metapsicologia, se esforça por reduzir a faixa da intencionalidade a uma rede de causas anteriores (Mezan, 1999, p. 345). Se sua intencionalidade é aparente, ou melhor, mera ilusão de causas anteriores voltadas para o futuro, e sem liberdade, a alteridade abordada pela psicanálise jamais poderia ser reerguida da materialidade mecanicista para reaver a dignidade ética suposta pela ideia, por exemplo, de "igualdade, fraternidade e liberdade". A dimensão humana do encontro não tem aqui lugar, uma vez que não faz diferença se tais estímulos sensoriais e minha ideia sobre seu funcionamento partem de uma pessoa ou de um *robô orgânico*, para retomar uma expressão de Phillip K. Dick, autor de *Blade Runner: caçador de androides*, escrito em 1968 e inquietantemente atual. Note-se que tal expressão implicitamente descarta a pretensão das éticas vitalistas, por exemplo, aquela de Albert Schweizer, em que a máxima *Ehrfurcht vor dem Leben* – respeito temeroso diante da vida – implicitamente postula a transcendência do fenômeno da vida, que seria marcada por um enigma e mistério inacessíveis à inteligência humana e que, por esta razão, ofereceria a garantia de um limite à ambição humana e à *hybris* dela decorrente. Assim, se a psicanálise freudiana aborda, sobretudo, a alteridade por meio de modelos representacionais e causalistas, nela é inevitável esta redução, e, portanto, a falta de ética perante o outro.

Gostaria de avançar aqui uma possibilidade de solução do impasse ético entre a psicanálise como ciência do inumano e como saber do humano no homem. Essa possibilidade repousa no exame de uma das bases da metodologia da pesquisa freudiana, a saber aquela oriunda da tradição psicopatológica. Dissemos que a reflexão ética depende da manutenção do registro das finalidades e intenções na alteridade que imaginamos. Para a manutenção da alteridade nesse registro, não é, contudo, necessário que se saiba de antemão quais são essas intenções. As intenções e finalidades do outro podem igualmente se constituir como um objeto de investigação, e, nesse caso, se supõe que sejam necessariamente existentes, porém desconhecidas.

Supõe-se que o respeito pelo ser humano, seja pelo "louco", seja pelo supostamente "normal", é uma qualidade essencial para aquele que pretende pesquisar em ciências humanas. A humildade de manter-se diante do outro como diante de um enigma é, a meu ver, uma condição de possibilidade na reflexão sobre o humano em harmonia com uma postura ética. Ficará claro, a seguir, que esse cuidado não é fortuito, isto é, que ele não depende meramente do juízo ético que guia cada analista em suas ações singulares, mas que, no caso da psicanálise, tal cuidado se apoia em suposições metodológicas que conduzem a reflexão por vias consequentes, reiterando, de certo modo, a afirmação de que, em nossa área, ética e conhecimento são indissociáveis. Retomarei, de modo a explicitar suposições fundamentais em relação à questão ética da modelização do sujeito, alguns aspectos da tradição da metodologia psicopatológica, na qual se localiza a psicanálise.

O pensamento psicopatológico e as diferentes concepções de "normalidade"

A medicina em sua compreensão da estrutura das doenças opõe seu aspecto visível e seu aspecto invisível. Um sintoma é precisamente um sinal sensível de uma doença insensível, já uma síndrome se compõe de um conjunto de sintomas. "Diagnosticar", em grego, significa "discernir, reconhecer separando". Para o diagnóstico, isto é, o reconhecimento de doenças invisíveis, a arte da leitura dos sinais (a semiologia) representa o instrumento à disposição do médico. O diagnóstico é assim um procedimento clínico e, enquanto tal, está mediata ou imediatamente vinculado a uma finalidade terapêutica. O médico deve, segundo Hipócrates, tentar curar a doença, e não o conseguindo, aliviar o sofrimento. A oposição entre a patologia e a saúde em medicina é assim, de certo modo, evidente e fundamental.

A arte semiológica tem uma finalidade inscrita em sua constituição e a finalidade do diagnóstico é desvelar a doença invisível. Transpondo tal ideia para o domínio anímico, a palavra "psicodiagnóstico" supõe a existência de uma doença que afeta o psiquismo. Seria, então, algo velado dessa doença da psique que exigiria a intervenção de um instrumento capaz de o revelar. Entretanto, se, em medicina, a diferença entre o normal e o patológico se apresenta como fundamental e evidente desde o início, em se tratando do psiquismo, não é tão fácil classificar comportamentos humanos na divisão entre o são e o doente. Tal classificação exige a realização de um passo metodológico preliminar: a medicalização da loucura e a normativização da saúde mental.

Sabemos todos que não é recente a noção de que a loucura é uma forma de doença e não resultado de influências divinas. A compreensão científica da loucura existe desde a Antiguidade Grega, onde a melancolia e a mania seriam decorrentes de disfunções dos humores, por exemplo. Entretanto, a ampliação dessa compreensão científica, inicialmente reduzida ao meio médico, para a cultura é um fenômeno que surge apenas no Iluminismo, isto é, entre os séculos XVII e XVIII. A Idade Média, por exemplo, compreendia as doenças mentais enquanto possessões demoníacas, castigos ou sinais de santidade. A medicalização da loucura é assim, antes de tudo, um fenômeno cultural, ou melhor, um dos fenômenos de socialização do conhecimento científico típicos do Iluminismo europeu.

Apenas a partir de tal momento histórico foi possível o desenvolvimento de um progressivo interesse no diagnóstico de doenças mentais. Um interesse capaz de fomentar novas estruturas sociais em torno da loucura, uma ampliação nas investigações e um enriquecimento do saber da psiquiatria, até torná-la epistemologicamente independente do resto da medicina. Mas a medicalização da loucura não foi um processo simples. Pinel, por exemplo, o primeiro psiquiatra digno deste nome, apesar de descrever claramente quatro formas de loucura (mania, melancolia, idiotismo e demência), diagnosticava sempre apenas uma doença: a alienação mental, a monomania. A terapêutica, por conseguinte, era sempre uma só: isolamento, banhos frios etc.

A psiquiatria começa assim a se constituir enquanto disciplina específica a partir da suposição de determinação orgânica da loucura. O diagnóstico das patologias mentais já pode ser realizado, pois a estrutura epistemológica das doenças pode ser transposta para o domínio do psiquismo.

Em tal transporte, mantém-se uma separação fundamental: o indivíduo são e o louco nada têm em comum, uma vez que a loucura seria fruto de uma perturbação orgânica exterior à razão. A ideia de que a loucura é um fenômeno de mesma natureza que a normalidade é uma conquista teórica relativamente recente (final do século XIX). Até então era considerada como uma entidade estranha à pessoa, de origem alterava e que perturbava sua razão. Com efeito, em Pinel ainda, a loucura tinha causas morais ou físicas essencialmente exteriores ao psiquismo, ainda que fosse possível pensar em uma cura médica do psiquismo doente, ao agir e extirpar as causas da doença.

A suposição de uma continuidade entre os fenômenos normais e patológicos da psique se deve a dois passos fundamentais (Wildöcher, 1994, p. 3). Em primeiro lugar, a uma mudança na compreensão da natureza da doença na medicina, após os trabalhos de Claude Bernard sobre as relações de continuidade entre a fisiologia normal e as doenças. Em segundo lugar, a partir dos trabalhos de Herbert Spencer, na Inglaterra, e de Théodule Ribot, na França, que avançam a hipótese de que não somente distúrbios orgânicos, mas também as representações, as ideias, poderiam exercer um fator etiológico nas doenças mentais.

Tal hipótese permite o desenvolvimento da *psicologia clínica*, que se define negativamente em relação à psiquiatria, a partir da *subtração da causalidade orgânica*, e se mantém exclusivamente dentro do estudo e tratamento da causalidade representacional das patologias mentais. Aqui, devemos localizar as origens da psicanálise, que, se não se limita a uma hipótese etiológica exclusivamente representacional (o aspecto dinâmico, isto é, conflitivo exige, com efeito, um recurso a modelos não representacionais), certamente parte de modo privilegiado da hipótese traumática dos sintomas. Ora, a hipótese traumática é um tipo de causalidade eidética (representacional) que atua de forma nociva no psiquismo, independentemente da consciência e fora do campo de percepção desta.

A partir da hipótese de uma etiologia oriunda da representação, uma mudança radical pode se dar na concepção das patologias mentais: duas ordens de causalidade passam a poder determinar o fenômeno psicopatológico – a ordem material, isto é, orgânica, e a ordem "informativa" representacional, eidética. As ideias, que eram exclusivamente efeito de uma disfunção orgânica, tornam-se igualmente uma causa possível da loucura. Normal e patológico se aproximam e a psicopatologia se constitui e enquanto uma disciplina apesar de investigação dos fenômenos psíquicos. Sua metodologia se guia a partir de um procedimento *comparativo*, que parte do *princípio hipotético* de uma *continuidade* entre os fenômenos normais e extremos (patológicos ou não). A suposição de tal continuidade entre os fenômenos normais e patológicos da psique permite a investigação do psiquismo normal por meio dos fenômenos patológicos e vice-versa. As relações entre a patologia e a normalidade mudam aqui. Na abordagem de Pinel, como vimos, a patologia se opõe à normalidade e nada tem em comum com esta. A partir do ponto de vista psicopatológico, normal e patológico, serão sempre duas expressões diferentes de um mesmo *princípio de organização* dos fenômenos psíquicos. Aqui, a patologia será uma amplificação de um processo normal do psiquismo. A pesquisa, nessa tradição, supõe que a patologia – tal como a genialidade, a propósito – traz à tona uma verdade imperceptível sob o silêncio da normalidade. Sob esse manto de silêncio, a normalidade é um enigma a mesmo título que o é a patologia. A pesquisa tem como seu ponto de partida empírico apenas as diferenças quantitativas entre ambas.

Esse princípio de continuidade na natureza psíquica tem efeitos radicais e importantes na abordagem clínica e terapêutica das doenças mentais. Se normalidade e doença se excluíam numa concepção exclusivamente organicista da loucura, na concepção psicopatológica, o normal e o patológico tendem a se aproximar. Canguilhem, médico e filósofo francês, discute pela primeira vez as profundas diferenças entre dois tipos de sentido do termo normal. Em primeiro lugar a normalidade entendida enquanto convenção; assim, os estudos epidemiológicos em psiquiatria, se já abandonaram há muito uma concepção meramente organicista da loucura – e, atualmente, estão em vias de abandonar até mesmo a categoria da causalidade em favor daquela categoria de "associações estatísticas" entre os fenômenos, que é menos teórica e mais pragmática –, continuam a utilizar médias aritméticas, visando delimitar a homogeneidade de um grupo de fenômenos normais diante da outra homogeneidade, dos fenômenos patológicos. Em segundo lugar, a normalidade pode ser entendida enquanto princípio de organização, enquanto razão inerente a um grupo de fenômenos que atravessa tanto a faixa da normalidade quanto a da doença, de onde essa oposição não é mais essencial, pois seriam fenômenos igualmente oriundos de um só processo.

Pode-se, assim, compreender que Freud investigue nos próprios sonhos os mecanismos que havia encontrado em pacientes neuróticos e que procure esclarecer o luto normal e a melancolia a partir de uma reflexão simultânea sobre os dois. Na verdade, trata-se de "reencontrar, tal como dizia Freud, a aparente simplicidade do normal a partir de conjecturas a partir das distorções e exageros do patológico" (Freud, 1914, p. 88). Assim, longe de simplesmente psicopatologizar a cultura, a investigação psicanalítica supõe um profundo desconhecimento desta e parte da visibilidade do patológico para questionar a invisibilidade do normal. A "normalidade" é uma grande incógnita no método psicanalítico de investigação, e o esquecimento desse princípio transforma rapidamente a psicanálise em uma versão mística da reengenharia de comportamento. Com efeito, é a própria *alteridade enquanto enigma*, seja ela normal, seja patológica, que confere uma posição forte, isto é, um princípio constitutivo à psicopatologia psicanalítica.

Ora, a alteridade enquanto enigma é, por assim dizer, a garantia metodológica do método psicopatológico, mas também sua garantia ética. A normalidade enquanto tal é um objeto de estudo da psicopatologia – eis o que leva Freud a avançar as hipóteses psicanalíticas sobre a cultura, a religião e as artes, sem, contudo, adotar uma posição normativa. Sabemos que não é tarefa simples guiar a pesquisa sobre este fio de navalha. Trata-se de um avanço difícil, mas essencial à noção de respeito, não somente em psicanálise, mas em ciências humanas em geral.

Duas consequências em psicanálise: tolerância diante dos sintomas e modelos diferenciais de cura

Caberá agora, a fim de tornar mais palpáveis as reflexões acima, apresentar duas consequências éticas na psicanálise, imediatamente determinadas pela metologia psicopatológica que esta segue. Sobre a primeira delas, a tolerância diante dos sintomas, cabe retomar Renato Mezan, que afirma com clareza a comunhão íntima entre ética e teoria em psicanálise:

> A neutralidade e a abstinência são requisitos indispensáveis ao trabalho analítico, afirma o autor, salientanto porém que, são também atitudes de um sujeito moral, que se apóiam na tolerância ao desvio como consequência lógica do que ensina a teoria psicanalítica sobre o funcionamento da alma. A psicanálise se defronta por natureza com o desvio, entendido como aquilo que não tem explicação lógica aparente, e que, ao se impor ao sujeito, o perturba e o desconcerta: o sintoma, a aberração sexual, a idéia absurda ou delirante, a compulsão, o luto impossível, a angústia, a culpa [...]. O analista só pode manter-se como tal se aceitar ver, nestas manifestações por vezes intensas e angustiantes, processos psíquicos que cabe acolher e elucidar: é por isso que a meu ver a "tolerância ao desvio" é um valor propriamente analítico, um valor, se posso dizer assim, "eticamente analítico". (1999, p. 206, grifos nossos)

Na sequência, Mezan aponta o principal obstáculo a esse valor *eticamente analítico*. Será sobretudo uma onipotência típica do registro do narcisismo a grande responsável pela *intolerância ao desvio*, o que tem como consequência inevitável formas mais ou menos veladas de abuso de poder por parte do terapeuta. Nesse sentido, a melhor garantia da postura ética do analista seria a consciência da própria vulnerabilidade diante dos processos inconscientes, assim como uma atitude consequente diante de tal vulnerabilidade, sob a forma da "análise da contratransferência", de modo a separar seu próprio *interlocutor ausente* – para retomar uma noção cara a Pierre Fédida – das representações que faz do paciente. Assim, o que pode, em princípio, permitir e proteger a neutralidade do analista, isto é, sua autoanálise, supõe como inseparáveis a teoria e a ética em psicanálise. A autoanálise interminável do analista funciona aqui como a garantia técnica da manutenção e recuperação de uma *salutar incompreensão do outro*, necessária ao trabalho analítico. Com efeito, Lacan, em seus seminários, apreciava reiterar para seus discípulos a advertência contra a tentação de compreender os pacientes.

A metodologia psicopatológica tem determinações igualmente precisas sobre o segundo ponto, isto é, em relação aos modelos de cura em psicanálise, implicações que valem a pena ser comentadas. Algumas diferenças se colocam entre a ideia de cura com base na psicopatologia como ciência da continuidade entre o normal e o patológico e aquela baseada em outras formas de conceber a loucura. Assim, se na concepção de Pinel da doença mental, esta nada tinha a ver com a saúde, o projeto de cura implicava naturalmente apenas na supressão dos sintomas anormais, isto é, no retorno do paciente a uma ordem de comportamentos convencionalmente aceitos como "normais".

Como dissemos, partir do pressuposto de continuidade, a patologia, longe de ser um *erro da natureza* e um *desvio da normalidade*, deve ser considerado como um processo de aumento e de exagero de processos normais. Claro está que se a postura convencionalista não exige um posicionamento crítico diante do que a sociedade define como comportamento normal, a metodologia psicopatológica permite, eventualmente, considerar como patológicos fenômenos aceitos como normais.

Ao tomar a própria normalidade como seu objeto de estudo, ao lado da patologia, a psicopatologia não pode partir de um princípio de adesão às convenções da normalidade. Isso permite que o psicopatólogo venha a julgar a conveniência de certas convenções para o gênero humano, justamente comparando as soluções de diferentes culturas para situações semelhantes. Freud, por exemplo, não se furta a atribuir certos fatores etiológicos da neurose a algumas convenções da sociedade, como no texto sobre a moral sexual civilizada e a neurose comum (1908/1976). Em *O mal-estar da civilização* (1930/1996), por exemplo, Freud critica como excessivamente superegoica a ética paulina de "amar o próximo como a si mesmo" e acusa esta máxima como fomentadora de uma posição infantil e masoquista nos indivíduos. Em cada uma dessas críticas, o que a sociedade convenciona como normal se constitui como um objeto de julgamento explicitamente negativo de Freud: a moralidade normal é aqui condenada e não pacificamente aceita como uma medida de saúde a ser recuperada com a cura dos sintomas. Assim, concebe-se igualmente em psicanálise a possibilidade de uma transformação favorável dos valores sociais de modo a se adequarem o melhor possível às disposições "naturais" do psiquismo humano.

É a partir dessa possibilidade crítica aberta pela metodologia psicopatológica em relação às convenções morais aceitas como normas que a tolerância para com o sintoma se legitima. O sentido de tal tolerância não se confunde, contudo, com aquele de indulgência diante dos desvios com relação à norma. Além do tempo necessário para a compreensão da estrutura dos sintomas enquanto dotados de um sentido, essa tolerância supõe a possibilidade de uma transformação das próprias normas sociais a partir dos devios. Assim, a ideia de cura em psicanálise implica necessariamente um ultrapassamento dos modelos de agenciamento individual de certas dificuldades e conflitos para um registro necessariamente cultural dos efeitos do trabalho de análise.

Há, contudo, uma última observação sobre essa relação entre o sintoma e a normalidade segundo a psicanálise. Com efeito, se o sintoma é apenas exagero do normal, ele é, ao mesmo tempo, fruto de uma intolerância dessa mesma normalidade para aquilo que ele tenta expressar. Assim, a potencialidade produtiva dos sintomas será sempre marcada por um conflito, por uma postulação essencialmente tensa de transformação da cultura que, direta ou indiretamente, o produziu. Nesse sentido, podemos compreender a sugestão de Pierre Fédida de que a escuta dos sintomas deve partir da possibilidade imanente desses para a produção de uma nova obra de civilização.

Caberia, a partir de tais considerações metodológicas, retomar o modelo lacaniano de cura como transformação do paciente em analista. Com efeito, esse modelo afirma uma transformabilidade da cultura, uma vez que, em seu horizonte, a cura psicanalítica se concretizaria em um ato. Naturalmente, trata-se de um analista *latu sensu*, isto é, não definido pelo exercício da prática cotidiana junto a pacientes, mas, essencialmente, enquanto transformação no sujeito do seu discurso cotidiano a partir da estrutura discursiva inerente à situação analítica (associação livre, alteridade enigmática, interlocutor ausente etc.). Entretanto, tal não foi o destino da máxima lacaniana, o que solicita críticas consequentes dos princípios teóricos desse modelo transformativo de cura analítica, assim como de seus avatares sintomático-institucionais (Dunker & Ingo, 1998, pp. 57-87).

Referências

Dick, P. K. (2007). *Blade Runner: caçador de androides*. Rocco.

Dunker, C. & Ingo L. (1998). Crítica da ideologia estética em psicanálise: um estudo sobre o fim de análise, In I. Carone. *Psicanálise fim de século. Ensaios Críticos*. Hackers Editores.

Freud, S. (1914) *Pour introduire le narcissisme in La vie sexuelle*. PUF.

Freud, S. (1976). Moral sexual civilizada e doença nervosa moderna. In *Obras completas* (Vol. IX). Imago. (Trabalho original publicado em 1908).

Freud, S. (1996). O mal-estar na civilização. In *Obras completas* (Vol. XXI). Imago. (Trabalho original publicado em 1930).

Mezan, R. (1999). *Tempo de muda*. Companhia das Letras.

Widlöcher, D. (1994). *Traité de psychopathologie*. PUF.

Sobre os autores

Christian Ingo Lenz Dunker é psicanalista, realizou estágio pós-doutoral na Manchester Metropolitan University, é professor titular em Psicanálise e Psicopatologia do Instituto de Psicologia da Universidade de São Paulo (USP), coordenador do laboratório de Teoria Social, Filosofia e Psicanálise da USP, Analista Membro de Escola (A.M.E.) do Fórum do Campo Lacaniano, articulista da Boitempo e da UOL-Tilt e *youtuber*. Duas vezes agraciado com o Prêmio Jabuti, é autor de mais de 100 artigos científicos, professor convidado em mais de 15 países e possui 11 livros publicados, entre eles *Paixão da ignorância* (Contracorrente, 2020), *O palhaço e o psicanalista* (Planeta, 2018), *Transformações da intimidade* (Ubu, 2017), *Mal-estar, sofrimento e sintoma* (Boitempo, 2015), *Estrutura e constituição da clínica psicanalítica* (Zagodoni, 2012) e *Biografia da depressão* (Paidós, 2021).

Renato Mezan é psicanalista, membro do Departamento de Psicanálise do Instituto Sedes Sapientiae, no qual coordena a revista *Percurso*, e professor titular no Programa de Pós-graduação em Psicologia Clínica da Pontifícia Universidade Católica de São Paulo (PUC-SP), onde orientou até o momento cerca de 150 dissertações e teses. Sua formação em Filosofia o levou a se interessar pela arquitetura conceitual das teorias psicanalíticas e, posteriormente, pela história, tanto dessas teorias quanto dos autores e das instituições que estes vieram a fundar. Também foi determinante para suas pesquisas o campo da Psicanálise Aplicada, ao qual dedicou numerosos artigos e capítulos em obras coletivas. É autor de diversos livros, entre os quais: *Freud: a trama dos conceitos* (1982), *Freud, pensador da cultura* (1985), *Tempo de muda* (1998), *Interfaces da psicanálise* (2002), *Figuras da teoria psicanalítica* (2010), *Intervenções* (2011), *O tronco e os ramos* (2014) e *Sociedade, cultura, psicanálise* (2017). Dos seus livros publicados no exterior, vale apontar o intitulado *Lacan, Stein et le narcissisme primaire* (Ithaque, 2020).

Linda A. W. Brakel é membro do corpo docente da Universidade de Michigan, onde trabalha nos departamentos de Psiquiatria, como professora associada adjunta, e de Filosofia, como pesquisadora associada. É psicanalista há aproximadamente 40 anos, juntamente com a realização de pesquisas empíricas sobre aspectos testáveis da teoria psicanalítica. Foi coautora de três livros e autora de outros quatro. Todos esses sete volumes exploram assuntos interdisciplinares, com temas envolvendo teoria psicanalítica, filosofia da mente, filosofia da ação e biologia evolutiva. Os livros de sua autoria são: *Philosophy, psychoanalysis and the a-rational mind* (Oxford University Press, 2009); *Unconscious knowing and other essays in psycho-philosophical analysis* (Oxford University Press, 2010); *The ontology of psychology: questioning foundations in the philosophy of mind* (Routledge, 2013); e *Investigations into the Trans self and moore's paradox* (Palgrave-Macmillan, 2021).

Morris N. Eagle é professor emérito do Derner Institute of Advanced Psychological Studies, na Adelphi University, em Nova Iorque, e da

York University, em Toronto. É *Distinguished Educator in Residence* pela California Lutheran University, ex-presidente da Divisão de Psicanálise da American Psychological Association, membro da Royal Society of Canada e recebeu o Prêmio Sigourney pela contribuição vitalícia à Psicanálise. Também é autor e coautor de mais de 150 artigos em periódicos e mais de 100 capítulos em livros editados. Os títulos de seus livros incluem: *Recent developments in psychoanalysis: a critical evaluation* (Harvard University Press, 1989), *Psychoanalytic therapy as health care: effectiveness and economics in the 21st century* (Analytic Press, 1999), *From classical to contemporary psychoanalysis: a critique and integration* (Routledge, 2011), *Attachment and psychoanalysis: theory, research, and clinical implications* (The Guilford Press, 2013) e *Core psychoanalytic concepts: evidence and conceptual critique* (Routledge, 2018).

Jerome C. Wakefield é PhD em Filosofia e possui um DSW e um MSW em Serviço Social Clínico, bem como um M.A. em Matemática com especialidade em Lógica e Metodologia da Ciência, todos pela Universidade da Califórnia, em Berkeley. Após realizar estágio de pós-doutoral com pesquisas em teoria feminista na Brown University e Cognitive Science em Berkeley, ocupou cargos docentes na University of Chicago, Columbia University e Rutgers University. Isso antes de se tornar professor universitário da New York University (NYU), em 2003, onde atualmente é professor de Serviço Social e de Fundamentos Conceituais de Psiquiatria (2007-2019), é parte do corpo docente afiliado em Filosofia, do corpo docente associado no Centro de Bioética da Escola de Saúde Pública Global e do corpo docente honorário da Associação Psicanalítica de Nova York, afiliada à NYU Grossman School of Medicine, na New York University. É autor de mais de 300 publicações abordando questões na interseção da Filosofia e das profissões de saúde mental que aparecem em revistas e livros de Psicologia, Filosofia, Psiquiatria, Psicanálise e Serviço

Social. É autor e/ou editor de quatro livros, sendo o último *Freud and philosophy of mind: reconstructing the argument for unconscious mental states* (Palgrave, 2018). Seu livro em coautoria, *The loss of sadness: how psychiatry transformed normal sorrow into depressive disorder* (Oxford, 2007), foi nomeado o melhor livro de Psicologia de 2007 pela Association of Professional and Scholarly Publishers. Em 2021, o MIT Press publicou *Defining mental disorder: Jerome Wakefield and his critics*, com 13 ensaios críticos de filósofos sobre a análise de Wakefield do conceito de transtorno mental e suas respostas.

Carlota Ibertis é graduada em Filosofia pela Universidad de Buenos Aires, mestre e doutora em Filosofia pela Universidade Estadual de Campinas (Unicamp) com estágios pós-doutorais nas universidades de Paris I e de Málaga. Atualmente, é professora associada do Departamento de Filosofia e membro do Programa de Pós-graduação em Filosofia da Universidade Federal da Bahia (UFBA). Ex-coordenadora do GT Filosofia e Psicanálise da Associação Nacional de Pós-graduação em Filosofia (Anpof), membro do Colégio de Psicanálise da Bahia, da Associação Brasileira de Estudos do Século XVIII e da Associação Brasileira de Estética. Seus trabalhos versam sobre variados aspectos da relação entre Filosofia e Psicanálise: arte e percepção, memória, literatura e identidade, o princípio do prazer na filosofia moderna entre outros.

Aline Sanches é psicóloga pela Universidade Estadual de São Paulo (Unesp), mestre em Filosofia pela Universidade Federal de São Carlos (UFSCar), doutora em Filosofia pela UFSCar e em Psicanálise e Psicopatologia pela Université Denis Diderot – Paris 7 (cotutela com a École Doctorale Recherches en Psychanalyse). Atualmente, é professora adjunta do Departamento de Psicologia da Universidade Estadual de Maringá (UEM) e membro do GT Filosofia e Psicanálise da Associação Nacional de Pós-graduação em Filosofia (Anpof). Possui formação em Psicanálise pelo Grupo de Transmissão e Estudos de Psicanálise (GTEP), do Instituto Sedes Sapientae. Atua como docente no ensino superior desde 2008. Dedica-se a pesquisas nos seguintes temas: epistemologia e história da Psicologia e da Psicanálise, clínica psicanalítica, filosofia de Gilles Deleuze, *O anti-Édipo*, filosofia da psicanálise, pulsão de morte.

Caroline Vasconcelos Ribeiro é professora titular da Universidade Estadual do Sudoeste da Bahia (UESB), membro e colaboradora do Programa de Pós-graduação em Memória, Linguagem e Sociedade (PPGMLS/UESB). Psicóloga pela Universidade Federal de São João del Rei (UFSJ), mestre em Filosofia pela Universidade Federal da Paraíba (UFPB), doutora com estágio pós-doutoral em Filosofia pela Universidade Estadual de Campinas (Unicamp), sob a orientação de Zeljko Loparic. Autora de artigos que apresentam uma leitura heideggeriana acerca da psicanálise freudiana e de outros que apontam para um diálogo entre Heidegger e a psicanálise winnicottiana. Membro do corpo docente do curso de formação do Instituto Brasileiro de Psicanálise Winnicottiana (IBPW) e do GT de Filosofia e Psicanálise da Anpof. Organizadora, junto com Zeljko Loparic, do livro *Winnicott and the future of psychoanalysis*, publicado pela IWA Books em parceria com a DWW Editorial. Organizadora, junto com Eder Santos, do livro *Winnicott e a filosofia*, publicado pela DWW Editorial.

Vitor Orquiza de Carvalho é professor de Psicologia e Ética da Fundação Getúlio Vargas (FGV-EAESP). Doutor em Psicologia Experimental pela Universidade de São Paulo (USP), mestre em Filosofia pela Universidade Estadual de Campinas (Unicamp) e graduado em Psicologia pela Universidade Estadual de Maringá (UEM). Sua pesquisa concentra-se na área de fundamentos metodológicos e epistemológicos da Psicologia e da Psicanálise, assim como na área de investigações sobre os processos subjetivos que acompanham as transformações sociais e éticas no trabalho e nas organizações.

Luiz Roberto Monzani (*in memoriam*) possuía graduação e doutorado em Filosofia pela Universidade de São Paulo (USP) e livre-docência pela Universidade Estadual de Campinas (Unicamp). Foi professor do Departamento de Filosofia da Unicamp e professor colaborador do Departamento de Filosofia da Universidade Federal de São Carlos (UFSCar). Pesquisava na área de Filosofia, com ênfase em História da Filosofia Moderna e Epistemologia da Psicanálise. Autor de *Desejo e prazer na idade moderna* (Champagnat, 2011) e *Freud, o movimento de um pensamento* (Editora da Unicamp, 2015), entre outros.

Marcelo Galletti Ferretti é professor da Escola de Administração de Empresas de São Paulo da Fundação Getúlio Vargas (FGV-EAESP), onde ministra e coordena disciplinas de Psicologia e de Ética. Graduado em Psicologia e em Filosofia pela Universidade de São Paulo (USP), é doutor em Filosofia pela Universidade Estadual de Campinas (Unicamp). É integrante do Laboratório de Teoria Social, Filosofia e Psicanálise da Universidade de São Paulo (Latesfip-USP), membro do Comitê Consultivo do Movimento Mente em Foco, iniciativa do Pacto Global da ONU no Brasil, e participante do Núcleo Semente – Saúde Mental e Direitos Humanos relacionados ao Trabalho, vinculado ao Instituto Sedes Sapientiae.

Ana Maria Loffredo é psicanalista e membro filiada à Sociedade Brasileira de Psicanálise de São Paulo. Tem artigos publicados em periódicos nacionais e internacionais e inúmeros capítulos de livros, sendo que seu campo atual de investigação se expressa, particularmente, em seu último livro publicado: *Figuras da sublimação na metapsicologia freudiana* (Escuta, 2014). Professora titular e diretora do Instituto de Psicologia da Universidade de São Paulo (USP).

João Geraldo Martins da Cunha é professor de Filosofia na Universidade Federal de Lavras (UFLA), membro fundador do GT Fichte da Anpof, líder do Grupo de Pesquisa Gênese e Crítica da Modernidade (UFLA). Membro da Associação Latino-Americana de Estudos sobre Fichte (Alef). Tradutor de *Kant e o poder de julgar* (Béatrice Longuenesse, Editora da Unicamp, 2020). Autor de *Algumas considerações em torno das pretensões da razão prática em Kant: a espontaneidade como chave para a dedução do princípio supremo da moralidade* (Studia Kantiana, 2020), *The concept of the image in the Berlin lessons on transcendental logic* (Fichte-Studien, 2019) e *Fichte leitor de Rousseau: crítica da civilização ou crítica da cultura?* (Cadernos de Filosofia Alemã, 2017).

Léa Silveira é professora de Filosofia na Universidade Federal de Lavras (UFLA), membro fundadora do GT de Filosofia e Psicanálise da Anpof, membro do Grupo de Estudos, Pesquisas e Escritas Feministas (Gepef) e do comitê executivo da International Society of Psychoanalysis and Philosophy (SIPP-ISPP). Organizadora de *Freud e o patriarcado* (Hedra/Fapesp, 2020) e autora de *A travessia da estrutura em Jacques Lacan* (Blucher, 2022).

Paulo Beer é psicanalista, mestre e doutor em Psicologia Social pelo Instituto de Psicologia da Universidade de São Paulo (IP-USP), com estágio de pesquisa na Université de Rennes 2 e no Birkbeck College da University of London. Membro do Laboratório de Teoria Social, Filosofia e Psicanálise (Latesfip-USP), da Associação Universitária de Pesquisa em Psicopatologia Fundamental (AUPPF) e da Sociedade Internacional de Psicanálise e Filosofia (SIPP-ISPP). Professor do Instituto Gerar de Psicanálise e professor colaborador do Departamento de Psicologia Social da USP. Coordenador do Núcleo de Estudos e Trabalhos Terapêuticos (NETT), editor da revista de psicanálise *Lacuna* e editor associado da *Revista Latinoamericana* de *Psicopatologia Fundamental*. Autor de *Psicanálise e ciência: um debate necessário* (Blucher, 2017) e co-organizador de *The truths of psychoanalysis* (Leuven University Press, 2022).

Luiz C. Tarelho é psicólogo, psicanalista e pesquisador ligado à Fondation Jean Laplanche. Mestre em Psicologia Social pela PUC-SP (1988) e doutor em Études Psychanalytiques pela Université Denis-Diderot – Paris VII (1997). Realizou estágio pós-doutoral na Faculdade de Ciências Médicas da Universidade Estadual de Campinas (FCM-Unicamp), entre 1998 e 1999, onde participou da implantação do Laboratório de Psicopatologia Fundamental e atuou como orientador convidado no Programa de Pós-graduação. Autor de vários artigos na área da Psicanálise e do livro *Paranoïa et théorie de la séduction généralisée* (PUF, 1999), traduzido para o espanhol em 2004, sob o título *Paranoia y teoria de la seducción generalizada* (Editorial Síntesis), e para o português em 2019, sob o título *Paranoia e teoria da sedução generalizada* (Zagodoni). Coautor do livro *Por que Laplanche?* (Zagodoni, 2017) e organizador de *Entre sedução e inspiração: como situar o Eu na obra de Jean Laplanche?* (Zagodoni, 2022).

Helio Honda é graduado em Psicologia pela Universidade Estadual de Maringá (UEM), mestre em Filosofia e Metodologia das Ciências pela Universidade Federal de São Carlos (UFSCar), doutor em Filosofia pela Universidade Estadual de Campinas (Unicamp), com estágio pós-doutoral no Centre de Recherches en Psychanalyse, Médecine et Sociétés (CRPMS), École Doctorale Recherches en Psychanalyse et Psychopathologie, Université de Paris VII – Denis Diderot. Professor aposentado do Departamento de Psicologia e do Programa de Pós-graduação em Psicologia da UEM, onde atuou principalmente na área de Fundamentos da Psicanálise e da Psicologia.

Nelson Ernesto Coelho Junior é psicanalista, doutor em Psicologia Clínica pela Pontifícia Universidade Católica (PUC-SP). É professor e pesquisador do Instituto de Psicologia da Universidade de São Paulo (USP) desde 1995. Idealizador e primeiro coordenador do curso de Especialização em Teoria Psicanalítica (Cogeae-PUC-SP). Autor do livro *Dimensões da intersubjetividade* (Escuta/Fapesp, 2012), coautor, com Luís Claudio Figueiredo, dos livros *Adoecimentos psíquicos e estratégias de cura*. *Matrizes e modelos em psicanálise* (Blucher, 2018) e *Ética e técnica em psicanálise* (Escuta, 2008), e organizador, com Adriana Barbosa, do livro *Sonhar. Figurar o terror, sustentar o desejo* (Zagodoni, 2021). Autor de artigos publicados em periódicos como *International Journal of Psychoanalysis, American Journal of Psychoanalysis, Revue Française de Psychanalyse, Le Coq-héron, Revista Brasileira de Psicanálise, International Forum of Psychoanalysis, Percurso – Revista de Psicanálise, Culture and Psychology* e *Cahiers de Psychologie Clinique* (Bélgica).

Sonia Alberti é professora titular e procientista da Universidade do Estado do Rio de Janeiro (UERJ), pesquisadora do CNPq, psicanalista membro da Escola de Psicanálise dos Fóruns do Campo Lacaniano (A.M.E.). Membro fundadora do Colegiado do Programa de Pós-graduação em Psicanálise (mestrado e doutorado acadêmicos) e da Residência em Psicologia Clínica Institucional, ambos do Instituto de Psicologia da UERJ. Psicóloga e mestre em Filosofia pela Pontifícia Universidade Católica do Rio de Janeiro (PUC-RIO). Tem um Diplôme D'études Approfondies (D.E.A.) em Psicanálise pela Universidade de Paris VIII – St. Denis, revalidado como mestrado em Psicologia pela Universidade Federal do Rio de Janeiro (UFRJ). É doutora em Psicologia pela Universidade de Paris X – Nanterre, e realizou estágio pós-doutoral sob a supervisão do professor doutor João Ferreira, no Instituto de Psiquiatria da UFRJ. Autora dos livros *Esse sujeito adolescente*; *Crepúsculo da alma: os discursos de psicologia no século*

XIX no Brasil; O adolescente e o Outro. Organizadora de outros livros, nos quais também publicou capítulos, e autora de vários artigos em revistas nacionais e estrangeiras.

Ana Paula Marques Lettiere Fulco é psicóloga, psicanalista e professora universitária. Possui graduação em Psicologia pela Universidade Gama Filho, especialização em Psicologia Clínica pela Universidade do Estado do Rio de Janeiro (UERJ) e mestrado em Pesquisa e Clínica em Psicanálise (UERJ). Atualmente, é professora titular da Universidade Veiga de Almeida (UVA), no Programa de Pós-graduação em Teoria Psicanalítica, e da Faculdade São Judas Tadeu (FSJT). É como professora convidada da Pós-graduação da Faculdade Integrada AVM, da Universidade Salgado de Oliveira (Universo) e do curso de Orientação Profissional Orientando. Tem experiência na área de Psicologia, com ênfase em Psicanálise e Programas de Atendimento Comunitário, atuando principalmente nos seguintes temas: cuidado, paciente, reabilitação, psicanálise e mapeamento institucional. Também é membro da Escola de Psicanálise dos Fóruns do Campo Lacaniano (EPFCL-Brasil).

Nelson da Silva Junior é psicanalista, doutor em Psicopatologia Fundamental pela Universidade Paris VII e professor titular do Departamento de Psicologia Social e do Trabalho do Instituto de Psicologia da Universidade de São Paulo (USP). É membro do Departamento de Psicanálise do Instituto Sedes Sapientiae e da Associação Universitária de Pesquisa em Psicopatologia Fundamental e coordenador do Laboratório de Teoria Social, Filosofia e Psicanálise (Latesfip), juntamente com Christian Dunker e Vladimir Safatle. Editor da *Revista Latinoamericana de Psicopatologia Fundamental* e autor, entre outros, dos livros *Le fictionnel en psychanalyse. Une étude a partir de l'œuvre de Fernando Pessoa* (Presses Universitaires du Septemprion, 2000), *Linguagens e pensamento. A lógica na razão e desrazão* (Casa do Psicólogo, 2007), *A psicologia social e a questão do hífen* (Silva Junior & Zangari, orgs.) (Blucher, 2017), *Patologias do Social* (Dunker, Silva Junior & Safatle, orgs.) (Autêntica, 2018), *Fernando Pessoa e Freud: diálogos inquietantes* (Blucher, 2019) e *Neoliberalismo como gestão do sofrimento psíquico* (Dunker, Silva Junior & Safatle, orgs.) (Autêntica, 2021).

Série Psicanálise Contemporânea

Adoecimentos psíquicos e estratégias de cura: matrizes e modelos em psicanálise, de Luís Claudio Figueiredo e Nelson Ernesto Coelho Junior

O brincar na clínica psicanalítica de crianças com autismo, de Talita Arruda Tavares

Budapeste, Viena e Wiesbaden: o percurso do pensamento clínico-teórico de Sándor Ferenczi, de Gustavo Dean-Gomes

A cientificidade da psicanálise: novos velhos horizontes, de Vitor Orquiza de Carvalho e Marcelo Galletti Ferretti

Clínica da excitação: psicossomática e traumatismo, de Diana Tabacof

Chuva n'alma: A função vitalizadora do analista, de Fátima Flórido Cesar, Marina F. R. Ribeiro e Luís Claudio Figueiredo

Da excitação à pulsão, com organização de Cândida Sé Holovko e Eliana Rache

De Narciso a Sísifo: os sintomas compulsivos hoje, de Julio Verztman, Regina Herzog, Teresa Pinheiro

Do pensamento clínico ao paradigma contemporâneo: diálogos, de André Green e Fernando Urribarri

Do povo do nevoeiro: psicanálise dos casos difíceis, de Fátima Flórido Cesar

Em carne viva: abuso sexual de crianças e adolescentes, de Susana Toporosi

Escola, espaço de subjetivação: de Freud a Morin, de Esméria Rovai e Alcimar Lima

Expressão e linguagem: aspectos da teoria freudiana, de Janaina Namba

Fernando Pessoa e Freud: diálogos inquietantes, de Nelson da Silva Junior

Figuras do extremo, de Marta Rezende Cardoso, Mônica Kother Macedo, Silvia AbuJamra Zornig

O grão de areia no centro da pérola: sobre neuroses atuais, de Paulo Ritter e Flávio Ferraz

Heranças invisíveis do abandono afetivo: um estudo psicanalítico sobre as dimensões da experiência traumática, de Daniel Schor

Histórias recobridoras: quando o vivido não se transforma em experiência, de Tatiana Inglez-Mazzarella

Identificação: imanência de um conceito, de Ignácio A. Paim Filho, Raquel Moreno Garcia

A indisponibilidade sexual da mulher como queixa conjugal: a psicanálise de casal, o sexual e o intersubjetivo, de Sonia Thorstensen

Interculturalidade e vínculos familiares, de Lisette Weissmann

Janelas da psicanálise: transmissão, clínica, paternidade, mitos, arte, de Fernando Rocha

O lugar do gênero na psicanálise: metapsicologia, identidade, novas formas de subjetivação, de Felippe Lattanzio

Os lugares da psicanálise na clínica e na cultura, de Wilson Franco

Luto e trauma: testemunhar a perda, sonhar a morte, de Luciano Bregalanti

Matrizes da elaboração psíquica no pensamento psicanalítico: entre Freud e Ferenczi, de Thiago da Silva Abrantes

Metapsicologia dos limites, de Camila Junqueira

Os muitos nomes de Silvana: contribuições clínico-políticas da psicanálise sobre mulheres negras, de Ana Paula Musatti-Braga

Nem sapo, nem princesa: terror e fascínio pelo feminino, de Cassandra Pereira França

Neurose e não neurose, 2. ed., de Marion Minerbo

A perlaboração da contratransferência: a alucinação do psicanalista como recurso das construções em análise, de Lizana Dallazen

Psicanálise de casal e família: uma introdução, com organização de Rosely Pennacchi e Sonia Thorstensen

Psicanálise e ciência: um debate necessário, de Paulo Beer

Psicossomática e teoria do corpo, de Christophe Dejours

Psicopatologia psicanalítica e subjetividade contemporânea, de Mario Pablo Fuks

Razão onírica, razão lúdica: perspectivas do brincar em Freud, Klein e Winnicott, de Marília Velano

Relações de objeto, de Decio Gurfinkel

Ressonâncias da clínica e da cultura: ensaios psicanalíticos, de Silvia Leonor Alonso

Sabina Spielrein: uma pioneira da psicanálise – Obras Completas, volume 1, 2. ed., com organização, textos e notas de Renata Udler Cromberg

Sabina Spielrein: uma pioneira da psicanálise – Obras Completas, volume 2, com organização, textos e notas de Renata Udler Cromberg

O ser sexual e seus outros: gênero, autorização e nomeação em Lacan, de Pedro Ambra

Tempo e ato na perversão: ensaios psicanalíticos I, 3. ed., de Flávio Ferraz

O tempo e os medos: a parábola das estátuas pensantes, de Maria Silvia de Mesquita Bolguese

Tempos de encontro: escrita, escuta, psicanálise, de Rubens M. Volich

Transferência e contratransferência, 2. ed., de Marion Minerbo